人生由我松弛感——财信·名筑印象项目团队合影

房地产行业培训
地产精英培训系列

地产营销力 ②

财信·名筑印象全案策划纪实

范世兴 ◎ 著

中国经济出版社
CHINA ECONOMIC PUBLISHING HOUSE
·北京·

图书在版编目（CIP）数据

地产营销力. 2，财信·名筑印象全案策划纪实／范世兴著. -- 北京：中国经济出版社，2024.5

　　ISBN 978-7-5136-7742-4

Ⅰ.①地… Ⅱ.①范… Ⅲ.①房地产市场－市场营销学 Ⅳ.① F293.352

中国国家版本馆 CIP 数据核字（2024）第 079242 号

策划编辑	葛　晶
责任编辑	焦晓云
责任印制	马小宾
封面设计	任燕飞

出版发行	中国经济出版社
印 刷 者	北京富泰印刷有限责任公司
经 销 者	各地新华书店
开　　本	710mm×1000mm　1/16
印　　张	15.5
字　　数	254 千字
版　　次	2024 年 5 月第 1 版
印　　次	2024 年 5 月第 1 次
定　　价	98.00 元

广告经营许可证　京西工商广字第 8179 号

中国经济出版社　网址 http://epc.sinopec.com/epc　社址 北京市东城区安定门外大街 58 号　邮编 100011
本版图书如存在印装质量问题，请与本社销售中心联系调换（联系电话：010-57512564）

版权所有　盗版必究（举报电话：010-57512600）
国家版权局反盗版举报中心（举报电话：12390）　　服务热线：010-57512564

现身说法：松弛感的学习型组织
（排名不分先后）

当前的房地产业，应该坚持以客户为中心，着力推进高质量发展，从粗放地"卖产品"转变为高质量地"卖生活"。谁能创造客户向往的美好生活，谁就能赢得未来。

——财信城市发展有限公司总经理　管震

在名筑印象的景观设计中，我们希望呈现一个更真实有趣的生活场景，一个可以感动业主的未来梦想。通过营造各种空间，我们尝试着去叙述另一种有关时间的"道场"：或许没那么神秘与恢宏，反而是以一种松弛慵懒的基调让人们在短暂休憩之余，不经意地卷入场景和情绪共振的"游戏"之中。这种发自人内在的自我觉照，才是真正松弛修行的"道场"。

——蓝调集团创始合伙人　任刚

名筑印象周边自然景观优美，文化氛围浓厚。"比邻鸿儒雅士，隐贵文脉之地"便是整个社区设计的出发点。我们采用围合式的空间规划布局，打造了"大繁至简，礼序东方"的传世经典立面、"入则宁静，出则繁华"的递进式礼序空间，以及"林隐方间，院藏大境"的园林景观，让名筑印象成为人人都喜欢的现代都市全龄社区。

——中国建筑上海设计研究院院长　杨亚军

在小城市做房地产也十七八年了，经历过彻夜排队的热销，也直面过疫情封城的整月不开张。我深爱着这个城市，也热爱着这个行业，如今市场回归理性，决定我们输赢的还是专业基本功。

我们虽然是代理公司，但是责任和压力重于泰山。一个项目，十几亿元的货值。对开发商来讲，关系企业生死；对老百姓来讲，是用大半辈子积蓄买一套正常交付的好房子。只有双方都满意了，我们的努力才有意义。

感谢各位战友：设计、工程、策划、一线销售的小伙伴，以及前线的所有同事。所有光芒万丈的背后，都藏着辛勤的汗水，像名筑印象的那排娜塔栎，美丽而夺目。

接下来，让我们一起继续敬畏市场，共同进步，不要临阵磨枪，而要一直端着枪。

——聊城启点营销副总经理　徐萍

名筑印象就像一股清流，具备了逆势生长的实力：产品让人惊艳，看了就想买；营销让人松弛，人文浸润着书香。

产品即营销，好产品自己会说话。从园林景观、样板间，到地下车库、流水美学馆，每次的实景呈现，都能带给客户超预期的体验。很多客户来到现场后，兴奋地说：我一直以为你们发朋友圈的图片是效果图，原来现场真的有这么好啊！

产品是一，营销则是放大器。感谢范老师赋予项目人文、松弛的精神内涵，还给我们列书单，让我们不仅能从容面对工作，更能正视各种困境，做到松弛有度。我们带着这种状态，时刻保持自信热情，去感染客户，使他们产生共鸣，产生积极的情绪价值，进而激发他们的购买欲望，让他们切实感受到，没有一套财信·名筑印象的房子会让人感到遗憾。

——财信·名筑印象销售经理　郎红岩

干了这么多年房产销售，我第一次接触宣传图书馆的楼盘，之前都是以学校、商业配套为营销噱头。从入职到现在，我也接触了几十组业主了，印象最深的是李姐的老公，每次来售楼处办手续都陪着，来了就在售楼处休息区的书架上找书看，还时不时地拿起手机把经典的段落拍下来。他说，等售楼处撤场的时候一定把这几本书给他留着。李姐说，他们在这儿买房子，就是因为他家大哥爱看书，去图书馆方便，他一有时间就会带两个孩子去图书馆，家里也买了很多书。确实，对于爱读书的人来说，图书馆就是自己家的书房。

——财信·名筑印象置业顾问　张彩虹

相比这个城市的其他项目，名筑印象呈现了一种新的生活方式——松弛感，并通过有力的执行把它具体地展示了出来，让身在四线城市的客户得到了超出预期的置业体验。感谢范老师的专业指导，让案场营销力得到了极致的展现，拔高了整个项目的价值调性。

记得有一次，我跟孩子唠叨说要学好数学，还说了"学好数理化，走遍天下都不怕"之类的名言。他却噘起小嘴，脸上写满了拒绝：你们售楼部都写着"得语文者得天下"。我竟无言以对。

——财信·名筑印象客服经理　窦居秀

名筑印象不仅是我谋生的地方，还是我的社会学堂。来到这里以后，我真正读懂了"松弛感"的意义，很庆幸我现在已经走在松弛感的路上了。

松弛以后，可以说家庭的幸福指数直线飙升，原来真的可以像书上说的那样，和孩子成为好朋友，有时候，在孩子面前，我才是需要被保护的人。

松弛一点，慢一点，不要"催熟"孩子，他的成长反而会快一点，慢慢地，你会发现对孩子的教育越来越轻松。父母拥有松弛感，才是送给孩子最好的礼物。

——财信·名筑印象置业顾问　郭彦会

有一次，开车等红灯，百无聊赖，我打开喜马拉雅，无意中点开《人性的弱点》，一连几天，都觉得车里有些声音，不那么无聊，至于听进去多少，并不关心。偶然一次，听到书里讲的某个生活场景似曾相识，细细回想，原来在自己身上发生过，它还给了我一个分析，让我当时的心理活动、所作所为有了学术上的依据。

听书的时间久了，我发现可以把自己归为某一类别，这个类别有它特定的思考问题的方式，并且很容易在与人交往的过程中找到自己的同类。人是需要认同感的，但首先要知道自己属于哪一类，要解决这个问题，看书就好了。

——财信·名筑印象置业顾问　杨玉银

首次与名筑印象接触是在七月，只一眼就被它气派的围合式大门所折服。但是，相较于硬核的产品力，名筑印象营造的浓厚人文气息更令人印象深刻：在售楼处内部，书籍也是随处可见。在这种环境的影响下，人们总会想着去读会儿书！

——财信·名筑印象案场经理　冯明涛

"人文所在，人杰在！"起初，我对这句话是懵懂的，卖房和人文有什么关系呢？事实证明，我成交的大部分客户，还真的都是学识和眼界非一般的塔尖人士。他们能有现在的地位，靠的是渊博的学识。有时候，我在想，那些选择了名筑印象的业主，在和朋友谈起人文书香时，嘴角应该都是上扬的吧！

——财信·名筑印象置业顾问　蒋云

我是做销售工作的，读书让我变得更加自信，让我学会了更好地管理自己的时间，还提高了我的认知能力，使我掌握了很多沟通技巧，与客户建立了良好的关系，从而能够更好地了解客户的需求，并提供相应的解决方案。

——财信·名筑印象置业顾问　刘书锋

接触名筑印象，我最大的感触就是自己读的书太少了，甚至一度为自己荒废了二十多年没有好好读书而懊悔自责。后来，我有意识地提醒自己去读书，去参加读书会，去听讲座，跟爱读书的人交流，并加入了读书打卡群等，通过各种方式精进自己。虽然一开始是痛苦的，但是时间久了就养成了习惯，反而不焦虑了，我想这大概就是松弛吧！

——财信·名筑印象文案　张凌丽

第一次去聊城市图书馆，我是带着三岁的女儿左左去的。记得那天是周五，图书馆的绘本馆里，加上左左，一共有三个小朋友，从没去过图书馆的她，竟然知道要保持安静。我跟其中一个小朋友的家长聊天，她就住在附近的小区，图书馆开放后，经常带着孩子过来。当时，我就有了在图书馆周边安家的想法。孟母三迁，择邻而居，好的居住环境，会影响孩子的一生！

——财信·九州印象销售经理　马淑静

刚开始接触松弛感，联想到的是放松，甚至摆烂。直到看了名筑印象的宣传语"人杰地灵，书香家风，全家松弛安逸""人文所在人杰在，通透不苛责自己"，我才释然。简单点、糊涂点、开心点，慢度日常也是一种愉悦自己的方式。越来越喜欢现在的自己，车会开，钱能赚，有闲时读史，有空时旅行。明白了不能世事如人意，那就努力找到柴米油盐中的平衡点，感受每个阶段的松弛感，对生活保持滚烫的热爱吧！

——财信·九州印象客服经理　吴燕

看完了《人生由我》，我把人生坐标改成了：千万别因为你是女性，就随着年龄的增长而放慢脚步。月亮只有一个，我也只有一个！你是梅耶·马斯克，我是我自己。人生就应该酷，就要做自己的女王。

——财信·云境客服经理　袁玉杰

独特的地理位置，和图书馆仅有500米的距离，让名筑印象沉浸在浓浓的书海中，整个售楼部也是书香家风的氛围。我也会在不忙时，拿本书，翻翻看看，并将一些感悟发到朋友圈，没想到每次都会有客户点赞评论。或许，读书也是维系客户关系的一种有效方式。

——财信·名筑印象置业顾问　李杨杨

在名筑印象，我个人对松弛感的感受，是保持自己的生活节奏。工作就工作得开心，工作也是生活嘛。卖房子也一样，心态很重要，要放松，不要让客户总感觉你就想卖给他房子这一个目的。自己降低些期望值，把该介绍的价值点都说到，让他跟着你的情绪走，推往往比拉效果好很多。

——财信·名筑印象置业顾问　蒋鹏

名筑印象每个月的读书会，让我增长了很多知识，我感觉自己也成长了很多。名筑印象是聊城国有企业财信城发的标杆项目，时刻让我有一种一定要不断学习的动力，这样才不会掉队。

——财信·名筑印象置业顾问　徐亚

踏上工作岗位后，每天忙于工作，读书便成为我日常中极小的一部分。名筑印象每月组织的读书会，让我学会了更好地思考，并努力成为一个更有辨别和反省能力的人。通过读书，我感觉自己每天都在进步，在家庭教育方面也有了很多的感悟。

——财信·名筑印象置业顾问　路桐桐

来到名筑印象，整个营销中心书香四溢，摆满了形形色色的书，墙上挂的是"得语文者得天下""学会自主学习""书香弥漫的家风"等标语，还有深受读书影响的名人大家的介绍……松弛的生活方式完全打破了我对传统营销中心的印象。范老师每月都会举办读书会，给我们的工作和生活带来了全新的思路和感悟。

受此影响，我也会在午饭后，时不时地徒步三五分钟到一路之隔的聊城市图书馆，哪怕只是看看别人认真看书的模样，也能让我身心倍感舒适。能住图书馆附近，真好！

——财信·名筑印象置业顾问　高道昌

在名筑印象，耳濡目染，我明白了读书的意义：读的是书，看的却是世界。读书，可以知不足而奋进，望远山而前行。桌上的书本，是将来你选择时的意气和拒绝时的底气。

——财信·名筑印象置业顾问　黄广彩

在快节奏的现代生活中，阅读能帮助我们舒缓紧绷的情感关系，找到生活中的松弛感和内心的宁静，就像我们名筑印象，打造的是让业主从繁忙尘世回归安定生活的松弛氛围。

——财信·名筑印象置业顾问　杨胜泉

现身说法：松弛感的学习型组织

我们通过读书这种方式，去感受生活的美好，享受心灵的愉悦，让身心得到放松。希望大家都能养成读书的好习惯，让松弛感与读书成为我们生活中不可或缺的一部分。

——财信·名筑印象置业顾问 孙东慧

想象一下，你正乘着一艘小船，悠哉地荡漾在平静的湖面上。湖水轻拂着你的脸庞，周围是一片宁静。此刻，你全身心地投入，感受故事中角色的情感，品味文字的韵味。

再和现实切换一下，"书中故事"变成"售楼部里的书香、生活场景"，"书中角色"变成"看房的客户"……你了解了客户买房的动机，你全身心地讲解，客户被名筑印象提倡的松弛感感染，动心起念，产生了喜欢和向往。

读书和销售工作一样，既要有饱满愉悦的松弛感，又要有感同身受的代入感！

——财信·名筑印象置业顾问 张勇

我印象特别深的是，有一组客户完全是因为图书馆买了名筑印象。客户一开始看不上我们项目的位置——不在主城区，太偏，周边还没什么商业配套。同事接待完之后，建议客户去图书馆看一看。结果去了之后，客户整个人都变了。他说，从来没见过这么智能化的图书馆，他的孩子在里面都不愿意出来了，一直在看书。客户感慨地说，商业遍地是，图书馆最稀缺，繁华不一定会带给孩子好未来，但有人文的地方一定会带给孩子好的未来。

——财信·名筑印象置业顾问 贾迅生

名筑印象是一个有书香气息的楼盘，虽然我们是物业岗，销售不是我们的本职工作，但是为了让团队每个人多学习，跟上大家的步伐，我去旁边图书馆借了二十几本书，让大家认真阅读，不断成长进步。

——财信·名筑印象物业经理 陈飞

在名筑印象工作的这段时间里，一切都恰到好处，生活的节奏由我随心掌控：可以一时兴起去项目向东500米的图书馆打个卡，也可以周末去徒骇河畔露个营……无须在城市的喧闹和自然的治愈中纠结，直接在自然与繁华的状态中自由切换。

——财信·名筑印象平面设计　张凌晨

如何用一句话证明名筑印象的"人文所在，人杰在"？最好的一个例证就是，一位聊城市书法家协会的会员送给置业顾问一本自己的作品集。这就是所谓的志趣相投吧！好的楼盘都有"侵略性"，不是入了眼，就是占了心。

——财信·名筑印象策划经理　周留杨

对名筑印象来说，一方面，核心地段高端产品，这是顶流！另一方面，书香充盈人文荟萃，这是底蕴。在这里上班久了，一日不读书便觉面目可憎。所以，此刻打盹你将做梦，而此刻学习你将圆梦！

——聊城启点营销办公室主任　张意兵

序言 | PREFACE
心中的那一团锦绣，终有脱口而出的一日

这本书，是个意外！

这本书本不在我的写书计划中，奈何服务的楼盘财信·名筑印象太有料了，值得为它著书立说！

这是一次非常顺利、非常愉快的合作。我们得到了完全的信任，也获得了足够广阔的发挥空间。我们的所思所想、建言献策，几乎全被采纳并落地执行了。更让人欣慰的是，最终楼盘取得了不错的销售业绩！

最大的进步是不退步，最高的效率是不返工。有时候，效率低不是因为做得慢，而是因为返工太多，做了太多的无用功。回过头来想想，其间，我们没有写过一个方案，所有想法，当面或者电话一沟通，觉得可行，立即就能执行；我们也没有改过一句文案、一个设计画面，几乎都是一稿过。正因如此，我们才得以腾出大量的时间和精力打磨更多更出彩的作品。

可能要出乎你的意料了，和我们合作的并不是开发商，而是一家代理公司——一家在聊城深耕了二十多年的代理公司——启点营销！

可能又要让你大跌眼镜了，我们只是去聊城见了一面，合同都还没签，他们就直接打了二十万元的预付款。起码在我十余年的从业生涯里，这是第一次。

太难得了，行业这么难，市场这么不景气，还能有这样至诚至信的合作方！你待我不薄，我必投桃报李，付出百分之二百的心血，专心致志，全力以赴！我不可能满足所有人，我只需要服务好信我的人。

好的合作关系，就是孔子评论《诗经》的那句话：《诗》三百，一言以蔽之，曰：'思无邪。'"没有任何小心眼、小算盘，没有任何不信任、不放心。你痛快

付款，我不遗余力。双方标准一致，共同做出成绩，这就是最好的关系。

当然，这无形中也对我们提出了更高的服务要求。

诚如董卿所言：我始终相信，读过的所有书都不会白读，它们总会在未来日子的某一个场合帮助我表现得更出色。

自诩为终身学习写作者，在服务了财信·名筑印象之后，我突然发现，之前看的那些书、听的那些课都派上了用场，甚至一度感觉不够用了，真是书到用时方恨少。

我们身上最有价值的东西，不是证书和技能，而是过去一切经历的总和。你读过的每一本书，都算数！所学，皆为所用。知识，就是营销的根本！

知识的赋能，加上开发商财信城发的硬核产品力、启点营销的高效执行力，成就了财信·名筑印象在冰冷市场中的逆势成功！

创意大神陈绍团说过：我们入行十几二十年，基本每一家公司每一个人都在琢磨方法论。我看来看去，基本上没有看到什么特别出挑的方法论。大部分方法论基于自己擅长的，把经典方法论跟自己擅长的链接起来再包装。

功力第一，方法论第二。以后的房地产市场，越来越倾向于向专业要效率、向管理要红利。才华之类的东西，不能一直当饭吃；唯有依靠废寝忘食的认真，与自我折磨的努力，才可以一路走下去。

有时候，成长就如种子发芽一般，需要积蓄足够多的力量，才能冲破土壤。在人生的跑道上，一旦认准目标，你就只管努力，总有一天会惊艳所有人。

我们营销人的职责就是平整土地，而非焦虑时光。四五月做的事，在七八月自有答案。人犯的最大错误，就是丢掉了自己的基本盘，种了别人的地，荒了自己的田。

现在看来，上一本《地产营销力：房地产广告物料的底层逻辑和使用方法》，虽然直击行业现实，毫不留情地剖析了行业弊病，但多少有些不够阳光。

这本《地产营销力2：财信·名筑印象全案策划纪实》，延续了小说体的风格，是上一本书里营销方法论的全新实践。关于财信·名筑印象的销售力物料，基本上浓缩在了最后的楼书里，累计53页的内容，也一并毫无保留地展示出来。细心的你一定会发现，项目的销讲说辞，其实也在书里，零零散散地和盘托出了。

在某种意义上，这本书已经突破了地产营销类书籍的边界，展现的是一种价值观！想想也是，房地产本来就是围着人转的行业，一直在研究人、细分人，那么，卖房子不是卖商品，而是卖价值观，自然也无可厚非。

这本书也将为我开启新的写作方向：把服务的优质地产案例记录下来，复盘总结，著书立说，然后组成"地产营销力"系列书籍，纳入行业知识库。

至于这本书里没有展开讲的，比如，灵魂三问、销售力物料、心理账户、逻辑五分法等营销方法，请翻阅上一本书。

范世兴

2024 年 1 月 7 日星期日

人物介绍

肖受历：图灵营销老板　　　　赵笑律：图灵营销文策

林　沛：图灵营销策划　　　　尚云端：图灵营销设计

贺皮久：名筑印象总经理　　　徐上进：名筑印象营销总监

郎书胜：名筑印象销售经理　　周觉册：名筑印象策划经理

郑典谦：名筑印象置业顾问　　陈竹启：名筑印象置业顾问

宋　池：名筑印象置业顾问　　金　泵：名筑印象置业顾问

人名释义

肖受历：销售力

赵笑律：找效率

贺皮久：喝啤酒（外号"啤酒小王子"）

郎书胜：朗书声（琅琅书声）

周觉册：周决策（每周开会）

郑典谦：挣点钱（口头禅"挣点钱容易吗"）

陈竹启：沉住气（经常被吐槽"沉不住气"）

宋　池：松弛

金　泵：紧绷

目 录 | CONTENTS

第一章 1 定策略

1. 结书缘
   赴一场跨越 330 公里的约 003
2. 真诚心
   合同未签先付款的满满诚意 008
3. 图书馆
   我家书房不大,不过一个图书馆 012
4. 读书月
   住名筑印象,读万卷好书 018
5. 傅坟村
   傅门新旧俩状元,500 年家风绵延 024
6. 广告语
   跑出来的灵光乍现 030
7. 巅峰期
   40 岁的人生需求 042
8. 价值观
   人生由我松弛感 056

手册一
爱上图书馆的 100 个理由 065

第二章 2 转化率

9. 长者松弛
   逍遥之乐·优雅轻龄　　　　　　　　081
10. 中年松弛
    包容通透·富足有为　　　　　　　　089
11. 学霸松弛
    快乐成长·幸福成才　　　　　　　　094
12. 家庭松弛
    家人亲密·生活滚烫　　　　　　　　111
13. 人生遗憾
    生命中最重要的事　　　　　　　　　118
14. 超级案场
    欢迎开启松弛人生　　　　　　　　　123

手册二
人生由我松弛感　　　　　　　　　　　127

第三章 3 来访量

15. 饱和攻击
    阵地为王，全城渗透　　　　　　　　143
16. 高考中考
    人生松弛考试指南　　　　　　　　　146
17. 最文艺发布会
    读书人的理想家　　　　　　　　　　149

目 录

18. 最人文伴手礼
   人见人爱帆布包 　　　　　　　　　　　162

19. 最高调性楼书
   人生巅峰期手册 　　　　　　　　　　　168

20. 家风征集
   给孩子最珍贵的资产 　　　　　　　　　171

21. 开盘爆火
   最好的团建是打胜仗 　　　　　　　　　180

22. 名筑之歌
   《名筑印象欢迎你》 　　　　　　　　　184

手册三
人生巅峰期生活手册 　　　　　　　　　　189

第四章 4 复盘

23. 丙方思维
   公平独立，合作共赢 　　　　　　　　　207

24. 贯彻到底
   一切小生意，都要亲力亲为 　　　　　　211

参考文献 　　　　　　　　　　　　　　　215
后　记 　　　　　　　　　　　　　　　218
致　谢 　　　　　　　　　　　　　　　219

赵笑律笔记

时间：2023年4月4日

地点：财信·名筑印象临时售楼部

财信·名筑印象介绍：

财信·名筑印象，位于聊城市江北水城旅游度假区（以下简称"度假区"），松桂大街与清泽路交会处，是国有企业聊城市财信城市发展有限公司（以下简称"财信城发"）开发的第4个楼盘。目前，现场的临时售楼部已经开放。

聊城市位于山东省西部，是一个常住人口约590万的四线城市，因黄河而筑，因运河而兴，被誉为"江北水城，两河明珠，运河古都"。徒骇河、小运河、南湖以及北方最大的城市内湖——东昌湖等众多河流湖泊，形成了"湖水相连，城湖相依，城在水中，水在城中"的独特水城风貌，聊城也因此成为北方少有的水上城市，素有"中国北方威尼斯"之称。

聊城拥有5000多年的历史，人文古迹超过400处。比如，乾隆皇帝御笔题名的天下第一楼——光岳楼，不仅是我国现存最高大、最古老的古楼阁之一，更享有"虽黄鹤、岳阳亦当望拜"的美誉。还有我国三大铁塔之一、我国佛教文化瑰宝——隆兴寺铁塔，以及雕梁画栋的山陕会馆，清代著名私人藏书楼海源阁，历史风貌保存完好的聊城古城，等等。

纵然人文古迹众多，旅游资源丰富，聊城的经济发展始终不尽如人意。2022年，聊城市生产总值在山东省16地市中，排名倒数第三，人均生产总值更是惨淡，直接垫底，排名倒数第一。

然而，聊城的房价却妥妥进入了"万元俱乐部"，一直排在山东省前列，直逼济南、青岛，连靠海的烟台都自叹不如，东昌湖边上的房价甚至达到了2万元/平方米。

虽是四线城市，却有着二线城市的高房价，居高不下的房价和经济发展极不匹配。聊城也成了山东省房价最离谱的城市，经常被人诟病。

更尴尬的是，聊城至今没通地铁，连城市高架都没有，就连高铁，也是在 2023 年 12 月才通车，被网友调侃为"没有大城市的命，却得了大城市的病"。

聊城市中心城区的整体发展战略是"中梳、东进、北拓、南展、西优"，形成"一城、五区、多组团"的城市功能布局。其中，"南展"指的就是财信·名筑印象所在的度假区。

度假区于 2013 年 7 月揭牌成立，功能定位为"聊城市文化旅游业发展核心区，宜居、宜业、宜游新城区和产城融合示范区"，是聊城的"南部新区、活力新城"。2014 年 8 月，山东省政府正式批复度假区为"省级旅游度假区"。

如今，经过长达十年的发展，度假区形象展示良好，生态资源丰富，科教文卫资源优越，可以说是聊城居民身心改善的首选宜居地。

财信·名筑印象位于度假区的核心位置，周边优质资源聚集。门前的松桂大街全程双向八车道，等到徒骇河大桥段通车，度假区和主城区的通勤距离将大大缩短，助推度假区成为聊城名副其实的后花园。届时，松桂大街也将直接贯通高铁新城、度假区、东昌府区和高新区，成为聊城东西向的交通大动脉。

松桂大街周边分布的都是城市地标，比如，聊城新一中、北大培文学校、"一校三馆"（市委党校、市图书馆、市档案馆、方志馆），还有聊城动物园、姜堤乐园、东昌府区政府、东昌府区医院、东昌府区法院等。财信·名筑印象能咫尺享受这些教育、文化、生态、医疗、行政等优质配套资源。

与财信·名筑印象一路之隔，正对面的就是聊城高中界的天花板——聊城新一中。它是聊城第一所省级规范化学校，与省实验高中并列山东第三，是最受清华、北大欢迎的高中。2022 年，聊城新一中升学率为 98%，"985"学校上线率 30%，是名副其实的"鲁西小宝塔"。

与财信·名筑印象东北相望的是颐中外国语学校，它是公立学校中的佼佼者，开车约 2 分钟、步行约 10 分钟即可到达。而聊城最好的私立学校——北大培文，距离项目仅约 5 分钟车程。再加上度假区实验小学等众多学校的加持，相当于在家门口就能完成 15 年全龄优质教育。

沿着松桂大街向西行约 500 米，一路之隔就是"一校三馆"。这是聊城市政府投入 15.42 亿元重点打造的聊城市规模最大、功能最强、内容最丰富的城市文化教育地标。其中，聊城市图书馆按照国家一级馆规划设计，占地 2.7 万平方米，整体建筑 5 层，有阅览席位 1200 多个、藏书 120 多万册，是一座充分展现智能化、数字化和人性化特征的现代化公共图书馆。

财信·名筑印象总占地面积约74.36亩[①]，地上总建筑面积123932平方米，容积率2.5，建筑密度22%，由14栋住宅组成，包含4栋24F住宅、10栋18F及以下住宅，是度假区的第一个改善楼盘。

财信·名筑印象整体采用南低北高、外聚内合的风水格局，小区内部围合形成中心景观花园。建筑立面采用现代、简洁的风格，立面材质选用米白色铝板、米白色水包水真石漆，并采用了LOW-E玻璃，还设计了南向超大窗墙比，采光效果极佳。财信·名筑印象还打造了双精装入户大堂、星空顶地库入库等高端配置。

总的来说，财信·名筑印象是紧邻松桂大街、距离图书馆最近、与新一中仅一路之隔的度假区首个高端改善楼盘。

只是，这样高端的配置，并不具有稀缺性。2023年，聊城有一波改善盘集中入市，那些引以为傲的建材、园林景观，普遍雷同，成了标配，甚至采用的设计公司也高度重合。聊城外来房企很少，基本上是本土国有企业、民营企业在主导，它们在这里深耕多年，品牌力、产品力都有口皆碑。

此外，财信·名筑印象的土拍价格高达650万元/亩（含两栋租赁用房），度假区其他楼盘土拍价格约400万元/亩。当然，如果算上两栋租赁用房和市区高端楼盘（地价约700万元/亩），财信·名筑印象的地价更高。从这个层面来看，财信·名筑印象是妥妥的"城市地王"。

毫不夸张地说，财信·名筑印象天生就具有话题性，还没上市，就引起了众多关注。现在临时售楼部开放了，市场也有传言单价将会超过12000元/平方米，而周边刚需楼盘房价才不过每平方米八九千元。

改善扎堆，产品很卷，更严重的是，市场逐渐遇冷，主城区某楼盘开盘甚至只卖了个位数。来访量不足、成交量减少已是不争的事实。一时间，团队也被深深的焦虑和担忧所笼罩。

一个很现实的问题摆在眼前：市场下行，在普遍以刚需为主导的度假区，财信·名筑印象该如何突破区域价格天花板呢？

---

① 1亩≈666.67平方米。

聊城市城市总体规划（2014—2030年）

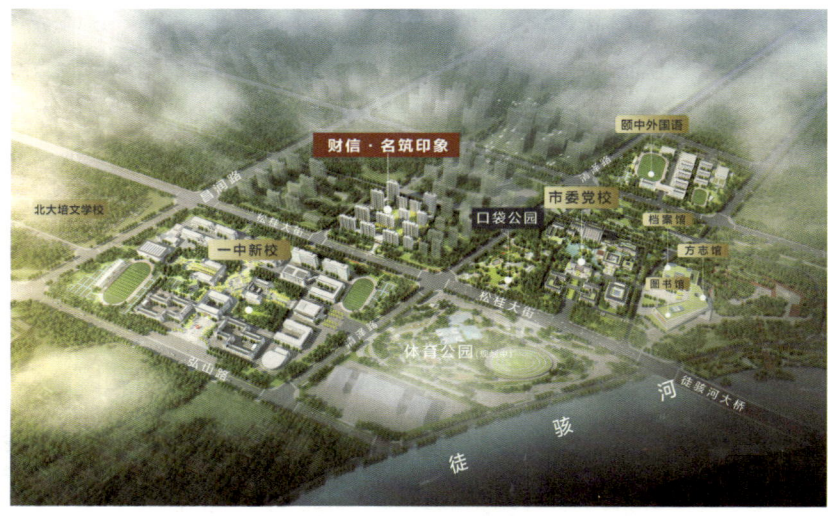

财信·名筑印象区域鸟瞰

第一章　定策略

我家书房不大·不过一个图书馆

永远不要等到"一切准备就绪了"才去行动,因为你不可能一下子把策略想得很清楚、很完整。最好的办法就是"以战养战",边干边想,边想边干,在干中学,在学中干!

1. 结书缘：赴一场跨越 330 公里的约

刚上高速不久，阴沉的天空就被飘来的雨云，以迅雷不及掩耳之势，遮蔽得严严实实。顷刻间，瓢泼大雨应声而至。

整个世界都变得昏暗起来。肖受历紧握方向盘，专注地盯着前方。雨水挡住了视线，道路也变得模糊不清，他只能以前方车辆的尾灯做引导。

黄豆般大的雨滴砸在车窗上，噼里啪啦，如同天神擂鼓，搅得人内心烦躁不安。从京州到聊城，330 多公里，开车需要三个半小时，还剩三个小时的车程。

肖受历把车窗摇下，露出一丝缝隙，随即点燃一支烟，一番吞云吐雾之后，说道："到底靠不靠谱啊，这鬼天气，还大老远地跑过去，不会又白跑一趟吧？"

赵笑律心里也没底，毕竟之前答应过财信·名筑印象总经理贺皮久，总不能爽约吧！不过，被肖受历这么一问，他也隐隐地多了些担心，谁让之前被骗的次数太多了呢。

赵笑律侧着头靠在车窗上，听着外面的雨声混沌，看着天空的电闪雷鸣出神。他故作镇定地自我安慰：既然来了，那就硬着头皮去呗。

五天前，正是因为《地产营销力》这本书，赵笑律受九龙辰品校长刘显才的邀请去苏州做分享，并在交流会上认识了很多行业大咖，比如宁夏易联房策的强哥、重庆的朱珠姐、鹤壁天智顾问的标哥、安徽的兰姐和鲁旻总，以及搜好房的海洋总……

这次前往聊城要拜访的贺皮久，也是那时候认识的。在交流会前一天的晚宴上，贺皮久到的比较晚。他到场之后，赵笑律已经不胜酒力，有些头晕了。贺皮久是看了《地产营销力》之后，专门来见作者本人的，用他自己的话说，就是来"验人"。两人碰了几杯酒，聊了一会儿后，贺皮久邀请赵笑律分享结束后随他一起去聊城看看项目，谈谈合作事宜。

赵笑律还想在苏州、上海逛逛，最终把去聊城的时间定在了下周一。为了防止赵笑律酒后忘事或者日后变卦，贺皮久还拍了照、录了视频做"证据"。第二天早上，在酒店吃早饭时，贺皮久再次找到赵笑律，确认赵笑律没有忘记他们的约定后，才放下心来。赵笑律也在第一时间打电话告诉了肖受历，于是才有了今天的这次出行。

谁知道，天公不作美，下起了瓢泼大雨，让本就充满未知的合作变得更加扑朔迷离。

"你们当时是怎么聊的？"

肖受历的突然问话，打断了赵笑律的思绪。此时的大雨依旧滂沱，丝毫没有减弱的迹象。

"也没怎么深入聊，就说让去看看项目。"

"那你直接答应了？"

"没有，我说我们收费不便宜，也不能保证一定能解决问题。"

"那贺总怎么说呢？"

"他说没事，你们只要来，一切都好说。"

"那说明还有戏……"肖受历悬着的心放下了一半。

"我看王志纲老师写的《大国大民》，里面说山东人忠勇、靠谱、说一不二，我们应该对他们多一些信任。"

"嗯，山东人确实忠厚仗义，但愿不虚此行！"

就这样，他们紧赶慢赶，在服务区简单吃了饭，又继续开了一个多小时车，终于在下午两点左右赶到了财信·名筑印象。

这时候，雨基本停了，天也亮了起来。空气清新湿润，路边的花朵也愈加美丽动人。这场突如其来的暴雨，虽然给外出的行人制造了不小的麻烦，但是也给人们带来了希望和惊喜。

贺皮久带着财信·名筑印象营销总监徐上进、销售经理郎书胜，以及全体销售团队，已经在项目上等候多时了，他们还准备了鲜花，列队欢迎。这让肖受历和赵笑律很不适应，尤其是赵笑律，他本就不善社交，面对这般热情的迎接，更是不知所措。

看过财信·名筑印象，营销总监徐上进又陪同赵笑律他们看了市场上的其他项目，不知不觉已经到了晚上。

贺皮久带着团队大摆宴席，携同开发商财信城发的领导，以最高规格的礼仪接待了肖受历和赵笑律。

来到好客山东，自然少不了喝酒。肖受历酒量不差，应对自如，千杯不醉。赵笑律可就惨了，主陪、副陪轮番敬酒，他还勉强能应付，可一开始

"打圈",他就顶不住了。还没等到他敬酒,他已经感觉昏天暗地了,跑到厕所抱着马桶就吐。再后来他就"断片"了。赵笑律的第一次山东之行,以醉成烂泥收尾。后来他才知道,是贺皮久和肖受历一起把他拖回的酒店,他硬是抱着垃圾桶在酒店沙发上躺了一宿。

第二天的天气很争气,尽管仍有些阴沉,却暂时劝走了"雨神",留下一整天的干爽。赵笑律虽然酒醒了,但脑袋昏昏沉沉的。

贺皮久带着肖受历和赵笑律去吃了本地的特色早餐——清炖牛肉汤,说是暖胃,有助于醒酒,之后便直接带他们去了公司。财信·名筑印象营销总监徐上进和销售经理郎书胜,已经提前赶到了。

赵笑律意外发现,《地产营销力》里的脑图,竟然被打印出来贴在了贺皮久的办公室。这对一个作者来说,无疑是最大的尊重。赵笑律默默地站在图前,端详了好一会儿。

贺皮久见状,一边清洗茶具,一边笑着说:"你们这本书,我是在抖音上看到的,当时买了一本,看完以后觉得非常不错,就推荐给他们几个管理层。我要求他们三天之内必须看完,不看完就罚钱。"

"我们贺总是真心喜欢你们这本书,他之前也给我们推荐过很多书,但从来没有像这本书一样,他不仅自己看了好几遍,还盯着我们看完。"徐上进补充道。

"不光是书,你们在明源地产研究院的直播课,我们也完完整整地听了。"郎书胜接着说。

贺皮久把茶水泡好,便招呼肖受历和赵笑律过来入座。他一边倒茶,一边说道:"这本书给我最大的收获就是,'慢一点,反而快',我经常拿这句话去和开发商沟通。他们听不进去,我就说'这不是我说的,这是《地产营销力》书里说的',你可以怀疑我,但不能否认这本书吧。结果每次他们都无言以对,只能接受我的提议。"

贺皮久说完便大笑了起来,其他人也跟着笑了起来。

肖受历说:"这也是我们这些年总结的经验和教训。其实,在正常情况下,时间都是够用的。为什么很多人都觉得时间不够用呢?第一点是因为决策拖延,一直纠结,总是不拍板,拖到时间不够用了才匆忙开始。

"最重要的是第二点——不现实地追求快。本来要三个月才能完成的工作,非得要求一个月完成,结果一个月后返工,两个月后再返工,三个月后还在返工。所以，慢一点不是说什么都不干，而是一定要把握好时间，这样工作才能稳步推进。"

"最大的进步是不退步，最高的效率是不返工。"赵笑律补充道。

"确实如此。来，喝茶！"贺皮久说完，便端起茶杯抿了一口。肖受历喝完放下茶杯，便给贺皮久递了一支烟。一番吞云吐雾之后，他若有所思地说道："贺总，你们团队太优秀了，我们也很希望能找到同频的人，这样大家沟通起来就能省去很多麻烦，工作就更高效了。"

贺皮久也吸了一口烟，沉思了一会儿，说道："我为什么要去苏州听课啊，就是为了见赵笑律。说白了，我是去'抓人'的。见到本人之后，我觉得成了，这个人我必须合作。"

赵笑律与贺皮久相视一笑。贺皮久和他在苏州的接触，不过就是三五天前的事情，依然历历在目。

"要不是赵笑律说要在苏州多待几天，我当时就想带着他直接回聊城了。虽然和他约定了周一见，但我还是担心夜长梦多，万一他反悔了，或者被别人抢先一步，那就没时间搭理我们了。没办法，我只能又拍照、又录视频的，抓住了他的'把柄'。直到你们昨天来，我才放心了。"贺皮久又哈哈大笑起来，还没等众人完全反应过来，又说道，"你们准备合同吧，内容就按你们的要求来，越快越好。"

返回京州的路上，肖受历很有感触。他点燃了一支烟，一番吞云吐雾后，说道："这真是一家好公司啊，以前怎么就没遇到呢？"

"可不是嘛，公司成立二十多年，几个高层待在这儿都有二十年了，也就是说，他们一路打拼到今天，中间就没离开过。而且，十年以上工龄的员工，更是一大把。据说，还有一个财务去年已经干到退休了。"赵笑律说。

"能在民营企业干到退休，太不容易了。山东人的忠厚仁义，在他们身上体现得淋漓尽致。"

"主要是贺总太牛了，个人魅力太大了。我今天还听徐上进私下讲，十年前贺总就鼓励员工多生孩子。公司的高层，如果生了二胎，他就个人奖励两万元，如果生三胎，他就个人奖励五万元。关键都是贺总自掏腰包啊！"

"这种理念，确实很超前啊。贺总为什么要这么做呢？"

"徐上进说，是因为贺总觉得公司需要人，国家需要人，需要人了就要多生。你看，就是这么朴素的想法，这点挺让我感动的。"

"惭愧惭愧,这点真是比不了。"

"关键他们还爱学习,不仅全员共读《地产营销力》,还在操盘中不断落地优化!而且,我后来去他们公司转了转,发现书里的脑图,不仅贺总办公室贴了,策划部和设计部墙上也贴了!"

"感恩遇到一家好企业。"

赵笑律也受到了很大触动,忍不住发了一条朋友圈,末了写了一句话:

"好企业,提振行业信心!"

2. 真诚心：合同未签先付款的满满诚意

多年以后，手捧这本书，赵笑律将会回想起那个还没签订合同就收到预付款的激动人心的下午。那是他混迹地产行业十多年以来，第一次有客户预付款，而且是在合同没有正式签订的情况下！

当天晚上回到京州，第二天贺皮久就通知赵笑律提供公司账号，因为合同走流程需要时间，贺皮久当即决定自己和营销总监徐上进两个人，用个人的钱将预付款打了过来。

那一刻，赵笑律的眼眶竟有些湿润了。商场如战场，本就人心险恶。没想到，这么短时间的接触，还没怎么深入了解，就得到了泼天的富贵和诚意。太感恩，太感动了！想想以前那些被坑、被骗的心酸与无奈，此时此刻，赵笑律竟觉得那么不真实！

赵笑律相信这是《地产营销力》结的善果，他更相信这是专业的力量，是信任的力量！赵笑律突然想起了黄永玉先生的那句至理名言，激动地感慨道：明确的爱，直接的厌恶，真诚的喜欢，站在太阳下的坦荡，大声无愧地称赞自己。

扎根行业数十年来，对待合作的客户，他们没有曲意逢迎，也没有刻意讨好，而是踏踏实实地做好每一项工作，扎扎实实练好基本功，并把所有经验沉淀成了《地产营销力》这本书。

如今，坚持终于赢得了回报。遇到这般好的客户，怎么办？无以为报，唯有全力以赴，往死里干！

又是一个周一，赵笑律收拾好行囊，便和公司策划林沛、设计师尚云端一起开上车，奔赴聊城！短短几天后，赵笑律他们便再一次踏上了这330多公里的跨城之旅。

策划林沛和设计师尚云端是第一次来聊城，贺皮久带着团队再次高规格接待。吃饭自然少不了喝酒，赵笑律因为有了前车之鉴，"惨痛"记忆还历历在目，不敢再喝。贺皮久知道他的酒量，也看出了他的顾虑，便也不强求。喝酒的任务自然落在了林沛和尚云端身上。因为不知道他们二人的酒量深浅，贺皮久本着"一定要招待好"的原则，和团队轮番上阵敬酒。贺皮久不仅白酒不在话下，更是被称为"啤酒小王子"，酒量可见一斑。果不其然，林沛和尚云端当场被喝倒。

此后的两三天，贺皮久依然每天晚上设宴招待赵笑律他们。赵笑律以为这是山东礼仪，是待客之道，不好意思拒绝，并想着很快就会结束。谁知道，到了第五天快下班时，贺皮久又来招呼大家去吃饭。赵笑律实在承受不了了，林沛和尚云端也暗暗叫苦，三人迅速达成一致，请求"免战"。

对营销人员来说，夜深人静不受打扰，是效率最高、出活最快的时候。如果晚上喝多了，就什么工作也干不成了，而且大概率会影响第二天的工作状态。喝酒误事，切莫贪杯！这是赵笑律近年来刻骨铭心的感受！

赵笑律不禁想起《大国大民》里，王志纲先生谈到他的员工去山东胶东文登做项目的故事。一下车就被接过去喝酒，一喝就喝了三天。主陪、副陪，然后"三中全会"（先喝白酒，再喝红酒，末了喝啤酒漱口）、水陆杂陈，喝得天昏地暗。三天之后，人不是接回来的，而是抬回来的。负责接待的文登朋友，也都身先士卒，带头冲锋去喝酒，最后全被撂倒。这就是山东人的待客之道，宁伤身体不伤朋友，先用喝酒表明诚意，至于做项目，以后再说。

为了避免发胖，赵笑律平时有少吃甚至不吃晚餐的习惯。结果来了聊城，每天大吃大喝，而且一天一个地方，绝不重样。

对赵笑律来说，以前晚上不吃饭就很满足，现在不喝酒就很幸福。如果哪天凑巧没有喝酒也没吃饭，那真是天赐良机，能偷着乐了。

后来，贺皮久和徐上进总算答应了晚上不喝酒，只吃饭。结果，一吃饭两三个小时过去了，回去又是什么工作也做不成。来聊城一个多星期了，每天就是吃吃喝喝，工作却没怎么推动。赵笑律着急了，他和林沛、尚云端统一战线，直接回绝了所有吃饭请求，坚决要求晚上让他们自行安排。贺皮久见状，和徐上进一商量，说："不吃饭可以，那就给你们买些水果吧……"

其间，赵笑律认识了财信·名筑印象的营销团队：策划经理周觉册、设计师张凌晨、视频剪辑张飘飘、文案张凌丽。他们算是团队里比较年轻的一批人，但也来公司六七年了。大家为人都很真诚，做事更是踏实。赵笑律和他们相处得很愉快，没有任何生疏感。一个企业能走多远，团队文化是关键。或许，这就是贺皮久这个团队离职率很低、二十多年屹立不倒的真正原因。

财信·名筑印象人文价值海报

既然来到了江北水城,品美食、赏美景自然必不可少。

赵笑律对聊城的认识,是从一块刚出锅的呱嗒开始的。色泽金黄、香酥可口的呱嗒,瞬间就击中了他的味蕾。还有阳谷肉饸、荷包、烧饼、琉璃丸子,以及高唐老豆腐、烧羊肉、魏氏熏鸡,轮番引诱他。那块琥珀般剔透的阿胶,也对他的视觉下起了手。就像房琪在视频里说的:如果你想探寻一个城市为何那么多美味,那大概,离不开它的水。

对于聊城这个坐落在水上的四方城来说,水是最鲜明的特质。北方最大的城市内湖——东昌湖,媲美西湖,总面积比济南大明湖还大5倍。因此,这里既有南方的婉约,也有北方的大气,既有朝气蓬勃的活力,也有自由自在的慢生活。

这里,不仅有东昌湖缠缠绵绵的柔,还有光岳楼彩霞明灭的秀。无论风吹杨柳岸,还是光影夜阑珊,无不惹人沉醉。其实,烟花三月何必下江南,江北的人间,也值得看一看。

但,它不是江南,而是聊城。

方正的城墙为形,流动的水为灵。京杭大运河穿城而过,造就了齐鲁大地的昌盛年岁。这里的城墙下有浪漫,阿胶里有历史,水城中有灵秀。千百年来,聊城在黄河与运河的滋养下,生出了几分灵动,有人将它比作西方的水城威尼斯。

但，它不是威尼斯，而是聊城。

书卷记载的聊城，是历史底蕴的繁华静逸，是怡然自乐的闲情雅致，是沐浴民风的质朴慢谈，是街巷里的耕读品酌。

记忆中的聊城，是安谧简静的万家灯火，是城隍庙里热闹的杂艺表演，是古桐垂荫下慢慢摇的老藤椅，是红墙小院里芬芳袅袅的一盏清茶……无论是书本还是生活中的聊城，都是静的、闲的、慢的，也是可品的。有人说，这里城墙下的玫瑰和紫藤花瀑布，像大理的一首诗。

但，它不是大理，而是聊城。

聊城记录着水浒故事，也记录着大宅门里的情仇往事。聊城装得下市井百态，也承载着万家灯火。无论是光岳楼、东昌湖，还是山陕会馆、铁塔、海源阁……每一张聊城的"城市名片"都分量十足。

山陕会馆建筑不朽，飞檐斗拱处，雕梁画栋间，尽是惊艳。光岳楼作为最古老、最雄伟的木构楼阁之一，距今已有650年的历史，比故宫还要悠久，"虽黄鹤、岳阳亦当望拜"。

米市街，作为当时最富庶的街道，随处可见曾经盛极一时的名胜古迹和金字招牌：民生染织厂、粉末冶金厂、鞋厂、家具厂、县豫剧团、二轻供销科等，无不象征着昔日的灿烂和辉煌。

如果你决定探索聊城的书海，那怎么能错过海源阁呢？清代四大私人藏书楼之一，红墙黛瓦是守了它百年的卫士，它记得这里的秋收冬藏、寒来暑往，它也记得这里的日光倾城，以及夏日的绿、秋日的黄。当然，还有傅斯年纪念馆、民族英雄范筑先纪念馆、孔繁森纪念馆等文化景点。

它们都是聊城绕不开的记忆，也是聊城忘不掉的荣光。

聊城是一座古老而充满活力的城市。这里有全球首座摩天轮与建筑结合的地标，亚洲第三大摩天轮——水城之眼。聊城的夜市文化也很丰富，赵笑律去过几次的铁塔商圈，连廊飞架，业态繁华，城市的烟火气在这里升腾，众多年轻人在天桥上下汇成一片"人的海洋"。还有朱雀街、当街、久和夜市……这里有让人熟悉又难以割舍的市井百态。

自此，赵笑律和这座江北水城，便有了交集，也开启了一段新的人生记忆。他也慢慢喜欢上了这个城市，还忍不住发了一条朋友圈：

"江北水城，萍水相逢；好客山东，不胖不中；峰值巅峰，松弛人生；高铁快通，聊城必红。"

3. 图书馆：我家书房不大，不过一个图书馆

无论吃饭喝酒多晚，回到卧室，赵笑律都要工作一会儿。然而，这天晚上，当他坐在书桌前，打开电脑，手指轻敲键盘时，任凭他绞尽脑汁，思绪都像被困在了创意的迷宫中，进入了一片茫然的荒野。

屏幕上，只有孤寂的光标在闪，仿佛在嘲笑赵笑律的无能。赵笑律的眉头微微皱起，眼神迷茫而焦虑，最后只能对着电脑发呆，直到眼皮不由自主地下沉，昏昏欲睡地点头。

贺皮久并没有给赵笑律他们任何压力。不需要提报方案，没有任务指标，没有时间节点，给了他们完全自由的发挥空间。除了每天嘘寒问暖，想尽办法照顾到位，并不干涉他们的工作。这种前所未有的尊重，让赵笑律干劲十足，却也压力倍增，生怕辜负了人家的信任。

奈何，灵感的枷锁仿佛将赵笑律紧紧束缚住了。他翻阅了大量的方案资料，虽然找到了灵感的蛛丝马迹，但不足以让他兴奋，总觉得火候不够。时间一天一天地流逝，除了酒量和饭量见长，关于项目的策略始终没有太大的进展。

赵笑律和林沛套用了逻辑五分法，严格对照方法论拆解，结果发现好像哪个逻辑选型都说得通。

"财信·名筑印象在度假区的核心位置，享受着城市发展的利好，这符合城市逻辑。周边紧邻徒骇河、城市公园等稀缺自然资源，关键还有'一校三馆'这个大型城市公建地标，非常符合土地逻辑。"林沛说。

"确实，不过品牌逻辑也很适合啊。现在这个市场，国有企业的信任背书肯定更高，财信城发在聊城的品牌认知度越来越高，号召力也越来越大了。"赵笑律补充道。

"另外，我对比了财信·名筑印象和其他项目的规划指标，我们的建筑用材、景观园林设计理念，还有大宽厅、大阳台的户型设计，虽然不能说绝对出众，但有一定的优势。从这个层面来看，产品逻辑也能说得通。"

"这样来看的话，人群逻辑也成立。毕竟，财信·名筑印象的客群标签很明显，都是教师、医生、公务员等高知客群。"

"五个逻辑选型都成立，以前确实没有遇到过这样的优质项目。"

逻辑五分法

城市逻辑
☐ 依托项目在城市发展中的"利好"
☐ 城市未来发展中心
☐ 城市新中心
☐ 与成熟核心板块强相关

土地逻辑
☐ 依托土地本身物理价值的"利好"
☐ 山、海、湖、河、森林等稀缺自然资源
☐ 城市中央公园、大型市政公建、商业中心

品牌逻辑
☐ 品牌认知基础与品牌号召力
☐ 依托品牌,与其他逻辑全面强相关
☐ 品牌的价值易于被感知和体验

产品逻辑
☐ 独特的产品研发
☐ 明显区隔竞品的"利好"
☐ 市场稀缺或是顶级产品

人群逻辑
☐ 只为单一人群服务,或适合特定的单一人群

逻辑五分法(具体解读请参阅《地产营销力》)

"不过,逻辑五分法要求聚焦,逻辑选型最多不超过两个,我们必须做取舍。"

"我知道,方法归方法,具体怎么用,还是要看项目。不过,话又说回来了,其实选哪个逻辑,或者选几个逻辑,真的很重要吗?无非是一个宣传的切入点而已。"

"我们也别纠结了,之所以做不了决策,还是因为对项目的了解不够。等对项目熟悉了,自然就有答案了。"

"嗯,一切答案都在现场,不如去图书馆看看吧,一直说图书馆离项目才500米。咱们来这几天,一直在公司总部待着,是该去项目四周看看了。"

"行,聊城市图书馆走起!"

下午,赵笑律便和徐上进、林沛、尚云端一起,来到了聊城市图书馆。刚一下车,赵笑律便被图书馆的外立面深深吸引住了。气派,绝美,设计感满分。赵笑律不由自主地加快了脚步,他迫不及待地想穿过前面的大广场,进去一睹图书馆的芳容。

走进图书馆大门,过完安检,赵笑律一抬头,不由得发出了"哇"的惊叹声。因为对面那面墙有两层楼高!乍一看,墙上摆出来的只是许多藏书,其实那是用藏书刻画出了光岳楼的模样,很是震撼。

聊城市图书馆外部实景

  作为财信·名筑印象的营销总监，徐上进对周边配套耳熟能详，自然对图书馆也十分了解。她便当起了导游，带着几人从一楼一直逛到了五楼，近距离观摩图书馆内的一切。通过徐上进的介绍，赵笑律真正意识到了聊城市图书馆的价值。

  "一校三馆"是聊城市政府投入15.42亿元，大手笔、大气魄、大格局规划建设的，规模最大、功能最强、内容丰富，是城市文化教育地标。

  聊城市图书馆是按照国家一级馆规划设计的，总占地面积2.7万平方米，整体建筑5层，有阅览席位1200多个、藏书120多万册，是一座融入"城市客厅""知识服务"理念，充分展现智能化、数字化和人性化特征的现代化公共图书馆。

  为了充分满足不同读者的阅读需求，聊城市图书馆还规划了少儿借阅区、低幼借阅区、期刊借阅区、古籍书库等12个借阅区域，设有24小时自助借阅、朗读亭、国学体验馆、数字红色文化资源体验馆等特色功能区。尤其是自助借还和智能分拣传输系统，在山东省乃至全国图书馆系统，技术水平都处于领先地位，实现了便捷的读者借阅和图书调配功能。

  赵笑律虽然平时喜欢逛书店，却很少去图书馆。他印象中的图书馆老旧、落后，里面的藏书也和图书馆的历史一样悠久。但是，参观聊城市图书馆，

第一章　定策略

聊城市图书馆内部实景

　　他着实被惊艳到了。这座图书馆规划设计理念前卫、眼光超前，充分吸收了艺术元素、糅合了科技力量，完美实现了自助进入服务区域、自助办理借阅证、自助查阅检索系统查询书籍、自助完成预约座位等诸多自助功能，让一切简单而高效，时尚且实用。特别值得一提的是，这里的图书都可以免费借阅。

　　毫不意外地，自去年10月1日正式开放，聊城市图书馆成了网红打卡地，无论是扶梯，还是拐角的栏杆，或是俯拍、仰拍，都很出片。小红书、抖音上关于它的内容随处看见。

　　聊城市图书馆是周末遛娃的好去处，学习打卡两不误。这里配备了开放式自习桌，还能免费用电脑……在这里，你不学习都不好意思！周末，有很多学生来这里自习，座无虚席，学习氛围非常浓厚。

　　气势恢宏、藏书丰富、设备先进、环境优雅……对一个读书人来说，很难不喜欢这里。图书馆二楼、三楼的自习区，很多人在默默地看书、学习、备考。赵笑律全程都在不停地拍照，喜爱之情溢于言表。他还在散发着浓浓书香的书架前驻足流连，时而拿起这本书翻翻，时而打开那部经典看看。书香沁人心脾，赵笑律陶醉其中，难以自拔，久久不愿离去。

　　财新传媒总编辑王烁曾感慨：见过的杰出人物多了，发现他们无一不是终身学习,在漫长的人生马拉松中,渐渐把停止学习的同侪落下,一骑绝尘。世事无常,精进不已,是唯一靠谱的人生策略。过去的学者,是知识的农耕民族。自己有一亩三分地,精耕细作就可以了。但是,这个时代,我们必须成为知识的游牧民族,哪里水草丰美,就向哪里迁徙。随着自己的兴趣和需求,在知识的原野上,用旺盛的好奇心,四处奔跑。

在赵笑律看来,聊城市图书馆就是这样一个水草丰美的知识海洋。120多万册藏书,12个借阅区,24小时自助借阅,能充分满足人们对知识的渴求。人们可以在落地窗前翻翻图书、杂志,也可以在阶梯座席听音乐放松,享受最惬意的"慢生活"。

在聊城市图书馆一楼,还有一家大树咖啡。徐上进给每人点了一杯饮品,一行四人便坐在了露台休闲区。赵笑律静静地看着图书馆的天花板,心想:真好,宁静,呼吸自由,心安。

临走时,赵笑律精选了9张照片,发了一条朋友圈,并有感而发配了一句文案:"我家书房不大,不过一个图书馆。"

聊城市·聊城市图书馆新馆

赵笑律朋友圈截图

这个凡尔赛体,被置业顾问疯狂转发,也成了日后财信·名筑印象出现频率最高的一句广告语。

一切答案在现场。看完了聊城市图书馆,赵笑律的第一直觉就是,财信·名筑印象必须放大图书馆的价值。因为,目前在售的项目,只有它们距离图书馆最近。

"看完图书馆,感觉怎么样啊?"晚上回到住处,尚云端问道。

"特别赞,绝对是图书馆的天花板,我就是天天去都不会腻。"赵笑律回想起白天去的情景,还有些兴奋。

"那就是策略有想法了。"林沛插嘴道。

"那倒没有。"赵笑律喝了口水,接着说道,"不过我最大的感受就是,永远不要等到'一切准备就绪了'才去行动。因为你不可能一下子把策略想得很清楚、很完整。你们看,我发了一条朋友圈,很多人在点赞。置业顾问也很认可,大家都在转发。所以,最好的办法就是'以战养战',边干边想,边想边干,在干中学,在学中干!今天去了一趟图书馆,就有了点方向,接下来还要多去几次。去得多,感受得多,灵感就来了。"

很快,去图书馆的机会就来了,因为世界读书日如约而至。

4. 读书月：住名筑印象，读万卷好书

2023年4月23日，是第28个世界读书日。聊城市文化和旅游局、聊城市广播电视台，联合聊城市图书馆、聊城市广播电视台融媒体民生中心，以及财信·名筑印象，共同举办的"书香聊城"2023年聊城市读书月系列活动，于读书日当天正式启幕。

这次读书月系列活动以"知识、书籍、阅读"为主题，号召家长"放下手机，陪孩子同读一本书"，并规划了"知识环游记"、"春天'野'要读书"（室外网红打卡区）、"好书共读"等十余个活动。

这也是财信·名筑印象临时售楼部开放以来，举办的最高规格的活动。唯一让赵笑律觉得美中不足的是，活动主阵地并不在售楼部，没办法给项目更好地导流。

"哪有十全十美的事。"徐上进笑着说，"真要是在售楼部举办了，我们场地那么小，也没地方啊。"

"不管怎么说，这也算是一场城市量级的活动了，值得好好宣传一下。"林沛说道。

"是的，既借了图书馆的势，又借了电视台的力。"赵笑律沉思了片刻，接着说，"我们争取通过这一个月的读书活动，把名筑印象的形象建立起来，把楼盘的影响力扩大到全城。"

"不过，图书馆是公立性质的，馆长特意强调了，我们的活动不能太过于广告化和商业化。"徐上进补充道。

"嗯，这是应该的。像图书馆这种神圣的殿堂，我身为一个读书人，断然不能接受它被商业广告污染。"赵笑律说。

"哈哈，那我们要怎么宣传？"徐上进笑着问。

"既然是读书月，那我们就干脆彻底一些，只围绕读书做文章，把读书玩出新花样。比如，在图书馆前广场和里面设置一些打卡点，加强互动性，让来的人自发拍照自发传播。最终，让来过的客户一提到图书馆，甚至一想到读书，就能联想到财信·名筑印象。"赵笑律说。

"行，就按你说的办。从本月开始，财信·名筑印象不卖房，只谈书。"

徐上进表示赞同。

"名筑印象读书月"聊城市图书馆包装图

接下来的几天，赵笑律他们便和徐上进的团队一起，搜资料，找参考，经过反复商讨，设想了多种形式的打卡点。比如，书本造型的门、CD 造型的窗户、名著名言展、金句落地字、指示牌……甚至帆布包、T 恤，以及手举牌、书签、抽纸盒等物料，都在读书日之前陆续落地了。

经过几天的"头脑风暴""集中生智"，"读书是最低成本的投资""读书是最低门槛的高贵""读书是高段位的化妆术""读书让你低着头，却在向上看""读书有三好，有品、经撩、笑点高""眼睛到不了的地方，文字可以""P 图美颜爽一时，读书气质美一世""体肥还须少吃饭，想美就要多读书""好看这种事，化妆更快，整容更直接，健身更立体，读书更持久……"这些金句已经深深刻在了赵笑律的脑海里，他不仅耳熟能详，随便一句都能脱口而出，甚至倒背如流。

自然地，这些金句都成了聊城市图书馆现场包装、户外跨街广告、楼体广告，以及朋友圈海报的内容来源。聊城市图书馆内部近三层楼高的巨幕广告，为了弱化商业性质，赵笑律直接站在了图书馆和读书人的角度，从资料库里淘出来这几句非常贴切的话，"要博览或专精，到图书馆去""要解惑，到图书馆去""要探索诗和远方，到图书馆去""要巧遇，到图书馆去"，而且是以聊城市图书馆和财信·名筑印象联名的形式设计的，只在巨幕的最下方植入了一句小小的项目信息："我住图书馆西 500 米财信·名筑印象。"

设计师尚云端本就特别喜欢研究人工智能，这次他大展身手，直接用 Midjourney 生成了画面素材，再搭上爱马仕的配色。张扬的橙红色调，无比饱胀的热情，顿时让广告画面从市场上跳脱了出来，既简单又高级。现场悬挂出来的效果，也绝对显眼和震撼。

徐上进看后赞不绝口，说这是拿最好的颜色来匹配最好的项目，并直呼名筑印象要做聊城的"显眼包"，"名筑橙"就是项目的主色调。

功夫不负有心人，聊城市图书馆本来就是聊城的网红打卡地，现在有了这些装置的加持，来图书馆的人纷纷驻足拍照。刷小红书、抖音都能看到财信·名筑印象读书月的广告。

更令人意外的是，即使后来读书月活动结束了，图书馆门口广场的书本造型大门，以及图书馆里的巨幅广告也还在。无他，好看，出镜率高，关键是很贴合聊城市图书馆的形象，绝对是锦上添花。

关于巨幅广告，在读书月启动仪式当天，还有一段小插曲。

"你们设计的这个画面用的是哪个名家的作品啊？"财信·名筑印象策划经理周觉册突然问道。

"名家？哪有名家的作品？"赵笑律一头雾水。

"就是图书馆里挂的那几幅巨幕广告，下方那几张图片。"周觉册补充道。

"哦，那不是什么名家作品，是用人工智能生成的。"赵笑律这才恍然大悟。

"这样啊。刚才电视台的主持人看到了，觉得像是哪个名家的画，让我来问问，他们想当作视频素材，专门介绍一下。"

"哈哈哈！……"

4 月 23 日世界读书日，正好是周日，来图书馆的人明显比以往要多。楼上楼下，座无虚席，热闹非凡。读书月启动仪式结束后，赵笑律一个人自由活动，在图书馆里闲逛，看到了倍感温馨的一幕：一个妈妈带着两个孩子，老大在写作业，老二在看书，妈妈坐在一旁自顾自地也在看书。

赵笑律看了好一会儿，忍不住上前去跟那位妈妈聊了一会儿。原来哥哥上三年级，喜欢来这里写作业。他说这里比家里能更快地把作业写完，还能顺便看看书。弟弟上幼儿园大班，妥妥的一枚开心果，他说最喜欢来这里看书，因为这里的书比家里的多，还更好看。

第一章 定策略

"名筑印象读书月"聊城市图书馆内巨幕广告

这是妈妈第三次带着他们兄弟俩来。其实，他们住的离图书馆并不近，每次都要开车来。妈妈说，主要是想让小孩来这里感受一下读书的氛围，省得在家里总看电视。老二去少儿阅读区，不用管他，随便看。老大自己写作业，也不用盯着他。这样能有点儿自己的时间，看看书、追追剧，安静地独处一会儿。

其实，最好的教育，就是"不教育"。给孩子提供一个好的学习环境，胜过任何一位好老师。比如，在图书馆里，孩子自由学习成长，还能解放家长。家长每天围着孩子转，鸡飞狗跳，为家庭琐事操碎了心，此刻终于能安安静静地做回自己，心灵自由，舒适放松。

接着，赵笑律又看到了另一幕。妈妈看书，女儿坐在对面写作业。任凭周边人来人往，他们始终沉浸在自己的世界里，不受打扰，寂静欢喜。

还有孩子坐在中间，父母围坐两边，一家三口共同读一本书的。世界上最近的距离，就是放下手机，一家人一起看一本书。有些时间，金钱买不到；有些陪伴，谁也替代不了。

021

赵笑律之前参加过读书会，遇到许多因为孩子不爱读书，想通过自己多读书影响孩子的家长。这真的不失为一个好方法，就像这位爸爸说的："当你坐在这里看书时：'来，你背书，我看书。'孩子就老老实实在那儿背，检查时效果很好。如果你在那儿玩手机，顺便丢一句'你背书啊，等会儿我抽查'。你放心，等会儿你过去看，他学习的效果绝对好不了。"

我们能给孩子的最好教育就是以身作则。想让孩子多看书，你就要经常捧起书。想让孩子远离手机，你就不能天天盯着手机。父母应该是孩子教育的参与者、陪同者，而不是观望者、指挥者。你优秀了，孩子也不会差到哪里去。

赵笑律把这些都记录了下来，作为素材，发表在了自己的朋友圈，每一条都引来了很多人点赞评论。其中，有一条留言，他印象非常深刻："父母从小就注重孩子的阅读，孩子长大了一定会很优秀吧。"

确实，生在一个爱读书的家庭，是一个人最好的运气。有研究表明，藏书多的家庭，教育回报率是藏书少的家庭的 5 倍之多。因为家庭里的藏书就像一个支点，无声中影响了孩子的认知能力，从而会影响他未来的学习和工作。

其实，父母与孩子就像两条平行线，只有父母自己走在成长的路上，才能真正担负起陪伴孩子成长的责任，并成为孩子成长路上的榜样。

赵笑律非常赞同《郑渊洁家庭教育课》里说的：家庭教育不是管理，是示范和引导。言传不如身教，靠别人不如靠自己，要求孩子优秀不如先要求自己优秀。

每一个家庭里，大人和孩子彼此认同、守望相助的时间，必须多点，再多点。因为真正优秀的孩子，都是父母"陪"出来的。

接下来的几天，赵笑律时不时到聊城市图书馆，逛一逛，坐一坐。这里自带流量，每天都人来人往，连组织小朋友研学的活动也多了起来，赵笑律几乎每次都能遇到这样的学生队伍。

更令人动容的是，他还遇到了一位 83 岁的张奶奶。张奶奶出生于曲阜，深受儒家文化影响，从小就养成了阅读的习惯。5 年前，她随小孙子上学搬到了聊城，家就在聊城市图书馆附近。她每天坚持读书看报，家中的书架塞满了各种图书、报刊。

去年 10 月图书馆开馆后，因为"环境亮堂，有书读，有热水喝，工作人员很照顾",张奶奶第一次来就喜欢上了这里,之后便成了这里的常客。她说,唯有读书,才能立身于社会。

还有正上初二的钱同学,每到周末,都会和同学一起来聊城市图书馆,这里安静的氛围很适合读书、写作业。

"因为我们现在学习比较忙,不怎么出去玩。来图书馆可以拓宽眼界,看到更多书本之外的东西。"聊城市图书馆开馆第一天钱同学就来了,而且一下就爱上了这里。对他来说,读书最重要的意义就是提升认知、看问题更全面、思考更深入。

…………

这些图书馆的常客,爱读书的人,都被财信·名筑印象负责视频拍摄剪辑的张飘飘和文案张凌丽做成了专访,并发表在了官方视频号和抖音号上,引起了极大的反响。

或许,这才是图书馆最大的价值吧:人文熏陶,沐浴墨香,在每个孩子心中悄悄种下一颗学习的种子,等待日后他们自己浇灌,长成参天大树,贪婪地汲取知识能量,为自己的人生赋能加持。

虽然在图书馆里没有固定的老师,但在实际生活中,生活、书籍就是最多元的老师。

生活里的每一件事,从器物到精神,从过程到结果,从颂扬到诅咒,一切的一切,书里都写过。一本一本,从古至今,织成历史,铺展出丰富的生活百态。想必正是因为如此,黄永玉才会说:"人一辈子跟着书走不会坏。"

当然,如果你住在聊城市图书馆旁边,那么完全不用焦虑买书、读书的问题。因为120多万册藏书的图书馆,就是你家的一个书房,而且不限时、不限量,永久免费。**图书馆就是撬动你整个家庭,从优秀到卓越,那个最低成本、最硬核的支点。**

赵笑律梳理着这几天的感受,又忍不住发了一条朋友圈:

"人与人的区别不是'受过教育'和'没受过教育',而是'喜欢阅读'和'不喜欢阅读'。阅读是终极元技能,可以换来其他任何东西。

"我住图书馆西500米财信·名筑印象。我家书房不大,不过一个图书馆。

"你买的不是一套房子,而是整个120多万册藏书的图书馆,是下一代的锦绣前程,更是整个家族的家风传承。

"家庭优秀,从你和孩子一起逛120多万册藏书的聊城图书馆开始。"

5. 傅坟村：傅门新旧俩状元，500年家风绵延

如果要问来聊城最大的收获是什么，赵笑律绝不会承认是提升了酒量，而会说是学会了夹菜。

按照山东酒局的礼仪，酒陪和宾客交叉着坐。每一个酒陪，不管主陪、副陪，都要照顾好左右两边的客人。

之前的每次吃饭，不只是贺皮久和徐上进，无论和谁坐一起，他们团队里的每个人都会频繁地给你夹菜、倒水，以至于到最后，你的餐盘里不能空一点儿，但凡你吃了几口，立马就有菜夹进来，茶杯里的水不能喝一口，喝一口立马就续上。任凭你如何婉拒，都无济于事。礼仪之邦的热情好客，在一场饭局上体现得淋漓尽致。

读书月的工作告一段落了，时隔多日，贺皮久再次带着团队和赵笑律、林沛、尚云端三人共进晚餐。作为酒陪，他们还是一个劲儿地夹菜、倒茶。赵笑律也见怪不怪了，谁夹菜都照单全收。

不过，他已经提前和尚云端、林沛统一了战线，待酒过一巡之后，便一起"礼尚往来"发起了反击，不停地给贺皮久及其同事夹菜、倒茶。无论他们怎么摆手拒绝，都不停下。很快，贺皮久和徐上进他们也体会到了"幸福的烦恼"……直到双方一致叫停，各吃各的，才善罢甘休！

吃饭，自然少不了喝酒。喝酒，自然免不了喝多。林沛和尚云端又毫不意外地喝醉了，而且是烂醉如泥。直到第二天早上，两人还在呼呼大睡。

赵笑律喝得少，并无大碍。洗漱完毕，他便决定溜达着去售楼部，正好再次用脚步丈量一下这个城市。

穿过东昌湖国家湿地公园，路过凤凰苑植物园，便拐到了城市主干道聊阳路。赵笑律猛然一抬头，竟发现路对面赫然写着"江北水城傅家坟村"，顿时来了兴致：怎么会有把"坟"当村名的？还没来得及细想，他又被下面一副对联吸引住了：

上联：神光钟暎灵秀地。

下联：文行端良帝师家。

横批：齐鲁文化世家。

第一章　定策略

傅家坟村大门实拍

赵笑律的好奇心更重了，他迅速穿过马路，急欲走进村子一探究竟。

这是一个因名字而被"误闯"的村落。毕竟，把"坟"当村名的，赵笑律还是第一次见，这背后必然有故事可以挖掘。

傅家坟村，顾名思义，一座因傅家陵园而兴起的村子。村里共有5000余人，傅姓占半数以上。傅氏一族自明成化年间（1465—1486）扎根聊城后，已经在这里生活了500多年。

从表面上看，傅家坟村就是一个普普通通的村子，但翻阅历史，你会惊讶于它丰厚的文化底蕴。更令人意想不到的是，这里竟然是国学大师傅斯年的老家，赵笑律这才反应过来，难怪叫"傅家坟村"！

当然，这里还有另一位大人物，他就是傅斯年的七世祖，清朝第一位开国状元傅以渐。

据史料记载，傅以渐幼时聪明过人，三岁能诵诗，五岁熟记经史不遗一字，十岁工属文，博览群书。少时虽家贫，但勤学不辍，作文苦于无纸，每起草于墙壁间，夜以香头照读，苦志力学，二十年犹如一日，终成大器。清顺治三年（1646），清廷举行开国后第一次殿试，傅以渐中士，夺清代首科殿试状元，尤受顺治皇帝器重，后被加封为太子太保，也就是康熙皇帝的老师。

在聊城古城北门里路东相府街，还有傅以渐的府邸——相府，因此傅以渐家族还被称为"北门里傅"或"阁老傅"。

如果用几个字来形容傅氏家族，那必然是"大""多""长"。

"大"指的是官职大、学问大。傅以渐官至武英殿大学士兼兵部尚书，由太子太保加少保进阶光禄大夫，官阶正一品。学问方面，傅以渐被京城学士尊为"星岩先生"，是顺治、康熙两代帝王师。傅斯年则以第一名的成绩考入北京大学预科，通晓英语、德语、拉丁文等数种语言，对数学、物理、化学、医学、地质学等自然学科也有广泛的涉猎乃至深入研究。傅以渐、傅斯年也被称为<u>"聊城傅门新旧俩状元"</u>。

"多"指的是傅氏家族人才多。傅以渐十分重视家族教育，傅氏家族子弟大多数走上了"学而优则仕"的道路。据统计，"阁老傅"家族共考取进士6人；举人10人；有姓名可考的秀才有119人，其中，武秀才12人，正七品以上官员有23人。黄埔军校的傅姓同学也超过200人。2014年，聊城傅氏家族被评为山东省"齐鲁文化世家"。

"长"指的是傅氏家族文脉延续时间长。从明清时期延续到近现代，傅氏家族可谓名人辈出。在清朝，傅氏家族是聊城首屈一指的名门望族。家族内部重视教育，既有一人之下、万人之上的当朝大学士，也有开一代学问之先河的学术大师。

民国时期，除世界级文化名人傅斯年外，"阁老傅"家族还出现了辽金史专家傅乐焕、秦汉隋唐史专家傅乐成、中西交通史专家傅乐淑，这三人从不同方面对少数民族、外国文化和中华文化交流进行研究，在学术上多有建树，享誉海内外。

"阁老傅"家族文脉不断与不断传承的家风有很大关系。傅氏先祖落户聊城虽靠经商起家，但非常重视文化教育。从傅回之子傅祥开始，经商之余，特别重视子孙攻读举业，逐步形成了傅氏家族世代相承的读书重文的优良家风。

第一章 定策略

"阁老傅"家族还注重名节、善于修身,为官者勤政爱民、两袖清风。从傅以渐、傅绳勋、傅继勋到傅斯年,都是当时著名的清官,傅氏家族无一贪官污吏。

傅家族人说,傅以渐博学多识,曾奉旨纂修《明史》《通鉴全书》,并任清太祖、太宗《圣训》总裁,与人合著《周易通注》。傅以渐因病致仕回到聊城后,曾主持编撰《聊城县志》,文采出众。与此同时,傅以渐也是易经大师,由他通注的《易经》被收录在"四库全书"中。

傅家坟村傅氏陵园实拍

从村里的大门径直走进去,是一条主干道。路两边的墙壁上都是傅家坟的历史介绍。赵笑律边看边拍照,不知不觉向前行了100多米,就到了人称"傅家坟"的傅氏陵园了。

傅氏陵园明朝就有了,到清朝康熙五十六年(1717)又奉旨扩建,直到今天仍在使用。茔地南北长360米,东西宽120米,占地约80亩,茔墙外四周有护茔地40亩,总计120亩。茔门有二,东西并列,间隔五六十米,北向而立,均为单檐歇山顶,高约一丈五尺,一洞,北向砌石,南面敷砖。西门镌石门额为"傅氏先茔",东门镌石门额为"傅状元茔"。

墓地内除傅以渐墓以外,还葬有进士 4 人、举人 7 人、监生 36 人、贡生 66 人、布政使 2 人、知府 6 人、知县 12 人。

陵园内碑石林立,石兽各异,松柏参天,庄严肃穆,蔚为壮观。

陵园里有一座享堂,赵笑律去时,并未开放。他从村民口中得知,享堂是用来祭祀的,里面摆放着傅以渐的雕像、画像和一些书法作品。

陵园里还有一处锁着门的小院子,里面是一地碎石。它们原本是傅氏家族墓中的石碑、牌坊,在"文革"时期因"破四旧"被拿去修桥、修涵洞,这几年陆陆续续被找了回来。

当时一起流失的,还有傅氏先祖坟墓里的陪葬品。这些碎掉的石碑历史很悠久,有的能追溯到顺治年间。这些碎片上雕刻的图案,如花朵、祥云纹、蟠桃、猴子、盘龙等,十分精致、生动,历经百年依然栩栩如生。

近些年,傅家后人一直积极自发捐资参与陵园的重建。得益于傅氏族人的资助,石牌坊、石马、石羊、翁仲、石虎、石狮恢复了一部分。傅氏家族墓里,还有"一品三世坊"(又称"诰赠三世坊")1 座、诰赠三代碑 1 块,均是康熙皇帝赏赐傅以渐的,前者已照原样复建。恢复后的傅氏陵园已成为聊城一处必不可少的旅游景点。

赵笑律进去时,墓地间的空地上,傅氏人正在种菜劳作,颇有几分恬淡闲适!没有其他陵园的密集肃穆,反而倍觉庄重敬慕,甚是令人感动!

陵园的甬道两旁有两通衮龙冠龟驮大碑,被称为"圣旨碑",一碑镌刻"忠朴清慎",另一碑镌刻"文行端良"。据说是康熙皇帝南巡时四次途经聊城,专门到傅以渐故居凭吊,御笔题写的,八个字全面概括了傅以渐的尊师、学问、德行。

在傅氏文化广场的宣传板上,赵笑律还看到了一副对联:上联"传胪姓名无双士",下联"开代文章第一家",横批"圣朝元老"。这也是康熙皇帝亲笔题写的,曾挂在傅以渐的相府重门两旁。

在村里的一面墙上,赵笑律看到了傅家坟村的《村民公约》,涵盖社会治安、村风民俗、尊老爱幼、邻里关系、婚姻家庭、环境卫生等方面,敦化民风,浸润民心。村里还成立了"村民议事会""道德评议会""红白理事会""禁毒禁赌会"……并明确了相应的工作职责。还有"文明信用户""好公婆好媳妇""好邻居"的评选……赵笑律端详了好一会儿,这些都是最温暖的约定。

第一章 定策略

煌煌傅家坟文化照见古今，哺育了傅氏先民，也为今人带来生生不息的滋养。

赵笑律离开傅坟村时，村里的热闹一如往常，孩子们在文化广场上跑来跑去。他们可能还不知道自己的祖先曾经如此博学，但生在这样一个大家族里，在家风的烘托下，谁能说他们不是未来的栋梁之材呢？或许，这就是中华民族千百年来的血脉与传承……

沿着聊阳路继续往南，步行1.5公里，大约20分钟，就到了聊城市图书馆。赵笑律在自习区选了一台电脑，便迫不及待地查起傅家坟村的资料。

时移世易，物是人非，若要繁华永固，几乎是痴心妄想，但依然有名门望族延续百年而越发繁盛，除去不可抗拒的大环境因素，他们的良好家风与严格家教是家族长盛不衰的秘诀。

赵笑律不由得想到了《诫子书》《颜氏家训》《曾国藩家训》，因为有好家风，这些世家大族摆脱了"富不过三代"的魔咒，家族延续千百年。

家风，是一个家族欣欣向荣的命脉。有了命脉，子孙才能在安逸环境中不失本分，在人生磨难面前不忘初心。而好的家风，与物质财富无关，它会给予你气质和价值观。

这一点林则徐看得更为透彻："子孙若如我，留钱做什么？贤而多财，财损其志；子孙不如我，留钱做什么？愚而多财，益增其过。"

《新唐书》里说："所以盛衰者，虽由功德厚薄，亦在其子孙。"

在今天的傅家坟村，傅氏先人没有留下什么深宅大院、万贯家产，留下的是忠厚朴实、勤劳节俭、崇德向善、谦恭礼让、读书重文的良好家风，这才是真正的传世财富。

望着图书馆的天花板，赵笑律又陷入了深深的思考：

家风，才是一个家族的根。唯有家风，可抵岁月漫长。而最好的家风，就是书香弥漫。

6. 广告语：跑出来的灵光乍现

来聊城，赵笑律一直没有忘记的一件事就是跑步。他住的地方，楼下就是东昌湖国家湿地公园，小运河、徒骇河、位山二干渠三条河流在此交汇。这绝对是赵笑律遇到的"跑步圣地"。水清岸绿，河畅景美，有这样一个宁静而舒适的环境，跑步变得越发有趣和愉悦。

有时候，兴致来了，赵笑律还会跑到两公里之外的东昌湖上，绕水上古城跑一圈。然后站在桥上，极目远眺整个湖面，静静地发一会儿呆，梳理这一段时间的思绪。

图书馆、傅家坟村……财信·名筑印象的策略已经有一些思路了，但赵笑律始终觉得还差点儿火候。他每天都在琢磨这件事，不停地搜集资料，还买了得到App的电子书，方便检索和查阅。自然而然地，跑步时他也不忘揣摩这件事。

要突破区域的价格天花板，名筑印象必须上升到精神属性，就是往马斯洛需求层次理论中的归属需求、尊重需求，甚至自我实现需求上靠拢。赵笑律需要给项目贴上一个标签，让它进入改善客户的选择范围。这个标签是什么呢？赵笑律还没有理出头绪。

这天，赵笑律一如往常地开始了他的晨跑之旅。戴上耳机，听着得到App的课程，迎着和煦的微风，奔跑在河岸边的小路上，那些宁静的景象再次浮现在眼前。

河里，一位游泳爱好者正在享受清凉的水域。他的身姿在水中优雅地划过，水花飞溅，与朝阳的光芒交相辉映，仿佛一幅美丽的画卷。河岸边，一些人正在遛狗。狗狗兴奋地奔跑着，尾巴摇摆着，与主人亲密地玩耍。这些欢乐与活力，让整个早晨充满了生机。还有一些人在晨练，他们或是做瑜伽，或是做一些简单的拉伸运动。他们的身体在晨光中舒展开来，伴随着轻柔的呼吸，散发出宁静和健康的气息。

游泳者、遛狗者和晨练者，每个人都在用自己的方式迎接着新的一天，享受着大自然的恩赐。赵笑律也感受到了这份活力，不知不觉迈大了步子。

等到汗水湿透了头发和衣服，赵笑律便在岸边的栏杆处停了下来。他一边大口呼吸，一边做着拉伸。看着面前广阔的水面，赵笑律觉得全身有一种酣畅淋漓的舒爽，这种痛快让他莫名地兴奋。

突然，赵笑律脑海里蹦出一句话："人文所在，人杰在。"他越品越觉得非常适合财信·名筑印象，当即把这句话发到了工作微信群，然后像个孩子一样欢呼雀跃，又冲刺跑了一圈，直到再次上气不接下气，才停下来，打开手机，群里已收到好几个赞的表情。

徐上进还给赵笑律私发了一段长语音："这句广告语我越读越喜欢。不仅把'一校三馆'、新一中、北大培文这些人文地标涵盖了，还贴合了聊城的历史人文气质。关键还升级了，住在我们这里的都是人杰，特别有身份感。以前有些高端客户会问置业顾问，你们凭什么一平方米卖一万二？置业顾问就会讲我们卖的是圈层，住在这里的都是事业单位的人。结果客户一听就不高兴了，因为客户就是事业单位的，你不能因为我这个圈层，就卖给我这么高的价格吧！这不等于是我自己在坑我自己吗？现在有了这句广告语，我们就好和客户沟通了。为什么要买名筑印象？因为人文所在人杰在啊！我现在都有点迫不及待地想看到广告画面了。"

赵笑律听完，当即回了一句话："画面今天就设计好！"

"人文所在，人杰在！……"设计师尚云端默默读了好几遍。吃早饭的时候读，坐在工位上设计画面时还在读。

"怎样，你是要念咒语啊。"坐在他对面的林沛已经不堪其扰。

"我这不是在品嘛，品出深度，品出高度，才能想到配得上的广告画面。"

"那你画面设计得怎么样了？"

"先不告诉你，我把这个任务交给了人工智能。"

"就你会'投机取巧'！"林沛说完又转过头看赵笑律，问道："这句话好像在哪里见过，有点儿熟悉！"

"原话是'境界所在，人杰在'，出自2006年万科·兰乔圣菲的广告语。"赵笑律放下手中的工作，抬起头说道。

"这句广告语很经典，算不算抄袭？"林沛接着问。

赵笑律正好在备考心理咨询师，《心理咨询基础培训教材》里刚好有关于这方面的理论知识，他想了想便说："心理学上有一个方法论叫'模仿律'，是法国社会心理学家塔尔德提出的，他还写了一本书，就叫《模仿律》。塔尔德认为，社会起源于模仿，我们日常生活中见到的一切相似性的社会根源，

<u>就是各种形式模仿直接或间接的结果。</u>再说得直白点,一切社会行为都是人与人之间的相互模仿。"

"那不就是抄袭了?"尚云端补充道。

"是的,模仿就是指任何人有任何好的、有价值的想法和做法,我都要马上模仿!一分钟都不耽误!"赵笑律说。

"我还是头一次听到把'抄袭'说得这么冠冕堂皇的,不过我喜欢!哈哈!"尚云端忍不住笑了起来。

"因为这就是事实嘛!"赵笑律义正词严地说,"尽管很多人都不同意,但人类世界是不可能避免模仿的,而且人类社会就是靠模仿传承延续的。因为有模仿,我们的文化和风俗才会代代相承。"

见林沛和尚云端都皱起了眉头,赵笑律接着说,"商业世界也是一样的。小马宋老师就说过,商业世界中,最容易打得头破血流的就是抄袭问题。早年德国就是靠山寨英国发展起来的,中国互联网早期也是靠模仿美国起步的。但移动互联网时代,好多美国公司也开始模仿中国企业。比如,我们熟悉的抖音,美国的巨头也在模仿。而且,经常某一个品牌的产品外观设计一出来,马上就引来一大堆同行模仿。即使这个品牌再气愤,也没有办法,因为这是必然的。话又说回来,这个品牌自己有没有'抄袭'别的同行?绝对不可能他设计的东西都是原创。其实,何止是外观设计,产品形态、加工工艺、口味、文案……大家其实都在相互模仿。"

"可是我们经常说'抄袭可耻'啊!"尚云端突然提高了嗓门,似乎对这事很介意!

"那想必你深受其害吧。"见尚云端不吱声,赵笑律接着说,"有这种想法的人,大多是别人模仿他时咬牙切齿,他模仿别人时却心安理得。喜茶的芝士奶盖、春水堂的珍珠奶茶、瑞幸的生椰拿铁、塔斯汀的中国汉堡、好利来的半熟芝士……不都被模仿了吗,那抄别人的原创口味算不算无耻呢?丰田的TPS方法,你要学习,算不算抄袭?华莱士的合伙人加盟制,你去学习,算不算抄袭?直播风格、包装写法、短视频剧情、私域玩法、客服话术……如果是别家公司原创,那么你是抄还是不抄?……"

林沛和尚云端都点头。赵笑律见状,端起桌子上的水杯,咕咚喝了一大口,说道:"所以,只要是商业,模仿就避免不了,不可能都是原创。"

"那怎么办?总不能任凭大家都相互抄袭吧,那谁还敢创新?"林沛问道。

"那肯定不是了！《华与华正道》这本书里有答案。"赵笑律不慌不忙地从桌子上的书架里找出一本书，迅速翻了一会儿，然后举在手里念道："我们与同行的关系，不是竞争和差异化，而是模仿与反模仿。模仿与反模仿，不是我厉害，他模仿我，我不让他模仿。模仿，是指任何人有任何好的、有价值的想法和做法，我都要马上模仿！一分钟都不耽误！反模仿，我既然模仿他，也知道他会模仿我，我要提高他的模仿难度，而提高模仿难度的方法，就是创造一组环环相扣的、独特的经营活动，他有一环模仿不了，就不成立。"

"也就是说，我们想要成功，就要模仿他人。而且，我们不要阻止别人模仿，因为你根本就阻止不了。最关键的是，我们要想办法提高模仿的难度，让别人无法模仿！"林沛思考了一会儿，总结道。

"是的，比如戴森，它的产品包括吸尘器、风扇、吹风机、空气净化器、加湿器等，不仅很畅销，而且价格高、利润高，经常让同行蠢蠢欲动，跟风抄袭仿冒。那戴森是怎么遏制竞争对手模仿的呢？一是戴森的工业设计。戴森的产品很惊艳，被称为家电界的'苹果'，即使市场售价高于竞品10倍以上，也经常出现'上架即告罄'的情况。二是戴森的技术专利。据统计，戴森申请的专利超过了12000项，覆盖数码马达、吸尘器、吹风机、无叶风扇等核心技术和产品，以及电动牙刷、干手器等产品。戴森凭借'工业设计＋技术专利'等组合拳，很好地维持了它的壁垒，提高了别人模仿的难度。"赵笑律喝了口水，接着说道，"说远了，说回广告语。我们该怎么练习广告语、文案？模仿就是一个很好的方式，无论是写口号、文章，还是短视频脚本。你只要坚持模仿，就会发现自己的文案水平突然进步了很多，这就是模仿的力量。"

"我遇到过一些刚入行的年轻人，他们一直觉得抄袭既对不起自己的良心，也不尊重创作者，所以一直坚持原创。"林沛补充道。

"那结果如何呢？"赵笑律问。

"往往坐那儿忙活半天，写出来的文案都没法看，设计出来的画面更是一塌糊涂。"

"所以还得靠模仿。你要想在某个领域钻研，就要先把这个领域最牛的作品翻出来，模仿再模仿，之后就会慢慢有自己的创新了。"

"主要很多人觉得模仿别人太没创意了。"林沛摇摇头说道。

"说句实话,我就很鄙视那些抄袭,尤其是原封不动拿来用的。"尚云端突然插话道。

"那你会抄袭别人的吗?"赵笑律笑着问。

"肯定会借鉴,找一些参考啊。"尚云端不好意思地笑了。

"你不是一直关注人工智能吗?谷歌推出了最强的人工智能模型 Gemini(双子座),说是叫板 GPT,其实呢,谷歌的很多技术思路,都在模仿 GPT。"赵笑律看向尚云端,说道。

"但是双子座,比 GPT 又进化了,性能更好,优势更胜一筹。"尚云端说。

"那是肯定啊,这个世界最可怕的,不是第二名模仿第一名,而是第一名模仿第二名。因为它底子好,起点高,一旦开始模仿,就能复制你的全套动作,没准儿还能搞出自己的创新。"见他们脸上都写着疑惑,赵笑律又说道,"我记得有本书叫《思考如何超越思考》,书里写了一个例子,说的是世界上第一个发明一次性纸尿布的公司,当时做一片尿布的成本是 8.5 美分。后来宝洁出手,直接把成本干到一片尿布 3 美分,一下就火了。

"有个市场营销学的教授还专门做过分析。结果发现,那些市场先驱,也就是第一个发明新产品的人,失败率能达到 47%,几乎死一半。即使活下来,获得的平均市场份额也只有 10%。但是,那些所谓的'快老二',也就是迅猛的模仿者,他们的份额几乎是先驱者的 3 倍。"赵笑律停顿了片刻,接着说道,"当然,这可不是说创新不好,而是说不要低估模仿的价值,模仿也是保持优势的方法。因为在一件事当中,那些已经有确定的方法,有人探索出路径的事,你就按照别人的路径来。把你的创造力,集中留在那些谁都没做过,大家都两眼一抹黑的事情上。

"很多时候,创新就是在模仿的过程中产生的,是模仿的副产品。好比拍电影,几乎所有的电影大师,他们最开始都是先认定一个人,或许是自己的老师,或许是自己崇拜的前辈,然后就使劲儿模仿这些人拍电影,结果拍着拍着,自己的风格就出来了。

"这就跟玩《王者荣耀》一样,明明队友已经替你探好了视野,你自己非要关闭小地图,在黑暗中摸索,何必呢?"

"我想起了一个冠军模型,如何成为冠军?先找到冠军,再研究冠军,然后模仿冠军,进而成为冠军,最终超越冠军!"林沛补充道。

第一章 定策略

"嗯嗯，就是这个意思。模仿的最终结果就是市场进入成熟期。像iPhone4的技术红利期已经过去了，今天我们需要换一部手机时，有华为、小米、OPPO这些选择，苹果的新鲜劲已过。"赵笑律端起水杯，喝了口茶，继续说，"我们房地产行业也是一样。每家主流的地产公司，原来都是苹果手机，它们曾经倡导和领先的行业技术，正在被行业共同使用，比如：龙湖失去了它的样板展示区和景观优势，不是龙湖的景观退步了，而是同行进步了；万科失去了它的市场研究和客户分析优势，不是万科退步了，而是同行进步了；绿城也失去了它在中高端产品线上的优势，不是绿城退步了，而是同行进步了。"

"说到这里，我突然想到一个问题。"赵笑律突然严肃地看着几人，接着说，"你们知道变优秀最直接的方法是什么吗？"

众人面面相觑，不知该如何回答。尚云端见状，弱弱地说了句："你可别告诉我也是'抄'！"

"哈哈，还真是。"赵笑律大笑着说，"小红书上有个博主李西漠，我刷到她一个观点：<mark>变优秀的直接方法就是'抄'</mark>。我个人深表赞同，比如，为什么有人一天可以做很多事，而且做得很好？

"因为他们的起床时间固定，吃饭时间固定，工作时间更是安排得井井有条。并且，有多余的时间看书、练英语。如果我们也想这样高效率，就可以'抄'他们的时间管理。"

"这太难了，而且多单调啊。"尚云端不禁皱起了眉头。

"成长本来就是这样啊。你一旦习惯了，就会很享受，并不会觉得无聊。不过，自己坚持确实很难，所以要找到标杆，要向精神支柱模仿。"赵笑律说。

"我们认识你这么多年，也没学会像你这样自律啊。"林沛一边摇头一边说道。

"就是，尤其你们俩，认识六七年了吧，你好像没受半点影响，真佩服你的定力。"尚云端忍不住吐槽起了林沛。林沛白了他一眼，笑着并不作声。

"这不怪你们，只能怪我影响力有限。"赵笑律笑了笑，接着说道，"我能坚持下来，要得益于加入了日课群。群里的小伙伴都认可曾国藩的日课系统，就建立了名为'铁人四项打卡'的日精进打卡群。每天坚持早起、读书、运动、反思，每周坚持写作。

"我的第一本书能写出来，就得益于每天的日课训练。早起让我每天多出两三个小时的时间，可以用来看书、写作和运动。运动使我精力充沛，只有精力够了，才能每天早起。这样相互促进，就启动了飞轮，进入了正循环。你们也都知道，在写书之前，我已经写了两年的公众号了。"

"自律渐渐把人分！"林沛小声说道。

"所以，每个人都有自己喜欢的偶像，羡慕谁就去模仿谁，就去抄他的思维，拓展自己的认知。我的偶像是曾国藩，我坚持学习他的日课就是了，时间长了肯定比之前有进步。"

见大家都低着头不吱声了，赵笑律转移了话题："说远了，这只是个插曲，回到刚才的话题。"

"归根结底，创意从哪里来？一靠积累，二靠套路，三靠抄袭。"赵笑律接着说，"积累，是你每时每刻的生活积累。套路，就是好方法用100遍，有用的招儿100年不变。抄袭，就是奥格威说的'Search the world and steal the best'，就是去全世界寻找，把最好的偷来。毕加索也说过类似的话：优秀的艺术家模仿，伟大的艺术家偷窃。"

赵笑律又端起桌子上的水杯，咕咚喝了一大口，说道："我最近看了一本书，叫《长安的荔枝》。看过吗？"

"知道，马伯庸写的，还被拍成了电视剧。"

"《长安十二时辰》是不是也是他写的？"

"《古董局中局》也是吧！"

"是的，马伯庸是一个极为高产的作家，基本上一年就能出版一本书，而且差不多每本都很畅销。更关键的是，他的作品，影视改编率非常高。几乎达到了'出一本就能卖出去一本影视版权'的程度。"

"我说怎么觉得这些书名好熟悉呢，原来我看的是电视剧。"

"你们知道马伯庸写《长安的荔枝》用了多长时间吗？"

"半年？"

"1个月？"

"11天！虽然这本书只有9万字，但能在这么短的时间里，进行如此酣畅淋漓的创作，马伯庸的效率实在惊人。我也算写书的过来人，所以打心底里佩服。"

"11天写完一本书，那他岂不是灵光乍现，灵感爆棚？"

第一章 定策略

"要说没灵感不可能，但主要还得归功于日常的积累。

"马伯庸在平时养成了搜集各种信息的习惯，林林总总的知识积累到一定程度后，前期的所有积累都会汇聚在这个点上，顺流而下，自然而然地形成一个故事。比如：《长安的荔枝》里关于荔枝坐果、下种、扎枝、除虫等种植知识，是马伯庸平时去广东、福建等岭南地区品尝荔枝，与当地果农闲聊中了解到的；从岭南到长安的路线，来源于他途径湖南、湖北以及西北时观察的导航地图；而对唐代市井生活细节的了解，则得益于早在创作《长安十二时辰》时就开始的针对盛唐生活的资料搜集和学习……

"我还听说马伯庸的团队有一个叫'松子库'的文件夹，里面存的都是些未来或许可以取用成书的头绪和素材。在马伯庸的电脑里，那个文件夹叫'坑'。他会把自己想写的东西，先写个大概扔进去。等手头的东西写完，就去里面挑一挑，看对哪个更有感觉，就先写哪个……

"所以，写作中的好创意也一定不是憋出来的，而是反复看资料、带着问题阅读和思考之后找到的灵感。在马伯庸看来，灵感这东西不重要，开脑洞也不难，关键在于把脑洞填成一个故事的过程。你读的书越多，走的路越多，见过的世面越多，你得到的'灵感'也就越多。

"你们看，写书尚且如此，何况我们干营销呢。《地产营销力》里不是也提到过'创意之前找参考，搜尽奇峰打草稿'吗。这一条最重要，因为你想干的事别人早就干过。你以为你搞出了新东西，其实是因为你见识太少！模仿是创新的地基，先有模仿，再有创新。"

"你把'境界所在'改成'人文所在'，也算是创新了吧！"林沛问道。

"也算是吧，其实大部分的参考和借鉴，只是抄袭的'微创新'而已。这是一种主流的工作方式，中国这种广告创意公司挺多的。我记得小丰老师说过：广告人的节操就是不抄袭，不以参考的名义抄袭。这个其实挺难的！"赵笑律笑着说，"毕竟不能完全照搬，必须适合项目。我觉得原话'境界所在'的调性太高，也不太好懂，更偏书面语，传播效率会比'人文所在'弱很多。"

"确实'人文所在'比'境界所在'更直白。"林沛说。

"不过，这么久远的广告语，你竟然还能记得。"尚云端说。

"哈哈，其他几句我记得更清楚：'踩惯了红地毯，会梦见石板路'，'一生领导潮流，难得随波逐流'，'没有一定高度，不适合如此低调'，'没有

CEO，只有邻居'……"

"难怪都说你是'行走的智库'了！"

"干地产这么多年，谁没点资料积累呢。其实，'创新'就是一场'寻宝行动'！你们想想，房地产行业这么多年，买房人的需求一直没变，因为人性没变。所以，之前那些经典的文案、成功的楼盘活动……其实都可以成为素材库为我们所用。你只需要找出来，因地制宜地改成适合项目的就行了，完全不需要绞尽脑汁再去想什么新活动。"

"那我这画面设计，不能照搬之前的老广告吧？"尚云端问。

"你是专业的，你懂时代的潮流，你也知道当下人的审美，画面你自由发挥就好。"赵笑律顿了顿，接着说，"而且，要看具体的使用场景。那时候的广告以报广居多，是拿在手里看的，字小点无妨。现在是设计户外广告，字一定不能太小，要保证能看见。毕竟人类80%的信息是通过眼睛获得的。客户连字都看不清，还怎么了解广告内容？"

经过一上午的打磨，尚云端的广告画面终于设计好了。他再次用Midjourney生成了一系列素材，并延续了之前读书月活动用的"爱马仕橙"的高级配色。用色如用兵，画面再次得到贺皮久、徐上进的一致肯定，直接一稿通过，并立即号召全员转发。

中午吃过饭，大家又一次围坐在尚云端的电脑前，看他展示自己的人工智能作图技能。

策划经理周觉册站在旁边刷了一会儿手机，抬头说道："我平时朋友圈发广告都没人看，今天的海报收到了十几个赞。有个女生评论说画面很艺术，很有格调。"

"哎哟，又收获粉丝一枚，还是女粉丝！"林沛立即起哄。

尚云端笑了笑，并不作声，随即叼上一根烟，拿起打火机，接着往椅背上一靠，然后很自然地点燃了烟，并顺势跷起了二郎腿。

"不过，也有个同行说，看不懂广告语，还说广告语要口语化，最好是'名词+动词'的组合。"周觉册说道。

尚云端耸了耸肩，刚忍不住想笑，就被一口烟呛到，瞬间涨红了脸。

林沛忍不住调侃他："看你激动的，刚夸你，你就得意得飘了，遭报应了吧。"

尚云端又咳嗽了几声，这才缓过神来。他坐起身迅速喝了几口茶水，这才把那股不舒服的感觉压了下去，缓了一下，他不好意思地说道："主要我没想到，后面还有反转！"

"嗯……他说的对。"赵笑律思考了一会儿，接着说，"像'送礼就送脑白金''爱干净　住汉庭''怕上火　喝王老吉''一年逛两次海澜之家'……这些广告语，还有'打土豪，分田地'都是'名词+动词'的组合。"

"可我觉得没有那么绝对吧，肯定还有很多不符合这个组合的……"周觉册说道。

"确实有。"赵笑律说，"比如'车到山前必有路，有路必有丰田车'，都是名词，没有动词吧，又如'农夫山泉有点甜'，名词和形容词，也没动词吧。"

"还有'赶集网，啥都有''知识就在得到'这些也没有动词啊！"林沛补充道。

"其实，那位朋友之所以说广告要口语化，是因为品牌和广告是大众的口语报道，不是活在大众的心中，而是活在大众的嘴上。多用'动词+名词'，是因为它们最能绕开客户的心理防线。当然了，不只动词、名词，还有数量词，如果多用陈述句、行动句，也能起到这样的效果，更容易让客户接受，传播效率也更高。严格来说，判断广告的好坏，要看修辞学。因为修辞学才是说服人相信任何东西，或者促使人行动的语言艺术。"赵笑律端起桌上的茶杯，喝了两口水，接着说道，"好广告有四大特征，就是符合亚里士多德的四大修辞学特征。一是普通的道理。这样能降低客户的认知门槛。二是简单的字词。这样更朴实，更容易理解。三是有节奏的句式。比如，押韵、叠词句式，让听到的人能产生共振。所以，尽量不要使用谐音，谐音属于视觉现象，传播是一种听觉现象。比如，'净下来，去生活'。听的时候就很难判断是净还是静。四是使人愉悦。人只有在好的情绪下，才更容易做决策。总的来说，好的广告语要普通和简单、押韵和愉悦。普通能普及大众，简单能直达本质，押韵能回味无穷，愉悦能让成交水到渠成。"

"我们对照一下，你觉得'人文所在　人杰在'符合哪几条？"赵笑律看向周觉册。

"嗯，好像都还行吧。每个字词都简单，都认识；还有叠字，句式有节奏；读起来有一种自豪感，也是使人愉悦的吧。"周觉册说。

"我在《地产营销力》里，也讲过要多用熟悉的词组。相比较来说，'人文'就比'境界'更让人熟悉。'境界所在'比'人文所在'更偏书面语，你会说人文所在，基本不会说境界所在。"赵笑律接着说道，"有了'人'和'在'两个叠词，读起来就会更加通畅。你想想开发商财信城发其他楼盘的案名都有哪些。"

"除了财信·名筑印象，还有财信·水城印象、财信·九州印象、财信·学府印象。"周觉册说。

"是不是都简单好记，还很通畅？"

周觉册点点头，赵笑律接着问："为什么你会觉得这些名字通畅？"

"因为没有生僻字，也都熟悉了。"

"是的，尤其是'印象'，你以前见过，这些楼盘名字你也很熟悉。这个时候你看到它们，认知上就会放松，就感觉这个楼盘真实、可靠。有研究发现，名字的通畅性甚至会影响公司的交易成本、市场冲击成本。公司名字通畅了，它的市值就会提高。"

"有没有想过，把名筑印象的案名也放进广告语里，就像你《地产营销力》书里'可以兰园墅，何必芙蓉湖'那样？"周觉册问。

"哈哈，要是能加上案名就更好了。只是，我觉得怎么改，都不如'人文所在 人杰在'这句话好，所以我就放弃了。"赵笑律说。

"你是怎么想出这句广告语的？"徐上进今天去参加甲方会议了，下午回到公司，一见到赵笑律便迫不及待地问道。

"哈哈，跑步跑出来的！"

"你是地产界的'村上春树'啊！村上春树利用每天清晨的跑步，学到了许多写小说的方法。"

"嘿嘿，当我跑步时，我到底在跑什么？跑工作呗！"

诚如村上春树所言：我跑步时，我的头脑自动清空了。我跑步时，所想的一切都服从于这个过程。我跑步时，各种思想会自动袭来，如同吹来一阵阵轻风——它们似乎突如其来，然后消失，什么都没改变。

赵笑律则觉得自己的感受更符合美国小说家乔伊斯·卡罗尔·奥茨的描述。她曾写道："跑步！我想不出有什么活动比跑步更快乐、更令人愉快、更能滋养想象力了。跑步时，头脑与身体一同飞逸，语言神秘的开花期仿佛伴随着大脑中的律动，伴随着双脚的节奏，伴随着双臂的摆动。

当赵笑律全神贯注于某一件事情（如跑步）时，会有一种驾轻就熟的控制感。沉醉其中，他感觉不到时间流逝，也忘记了自己和世界的存在。

每当赵笑律处在这种状态时，效率就特别高，进步也特别快，自己又特别享受，会有兴奋感和充实感。这便是进入了心流的状态，开启了人类的最佳体验。

之后的跑步变得更加顺理成章，成了赵笑律每天的必备运动。读书与运动也被奉为人生不可辜负的两件事。读书重在修心，运动重在修身；读书贵在用心，运动贵在坚持。

"所以，你最终选择了逻辑五分法里的哪个逻辑选型？"徐上进问。

"土地逻辑，人群逻辑。"赵笑律想了想，接着说，"不是因为确定了逻辑选型才有了这句广告语，而是因为有了这句广告语才确定了逻辑选型。这样就不用纠结了。"

"这句话确实很好，不过不具有排他性吧？我担心其他项目也能用，尤其是主城区的那些改善楼盘。"徐上进说。

"比较来说，名筑印象肯定比不过主城区那些改善楼盘，毕竟它们地段更好，客户接受度更高。不过，那些高端盘必然也是诉求精神属性，逃不了人文、圈层的概念。我们打出'人文所在，人杰在'，就是告诉客户，度假区也有一个高端盘，这样就让名筑印象进入了改善客户的选择范围。最重要的是，我们抢先一步占领了'人文'这个标签，获得了先发优势，掌握了主动权，其他楼盘再怎么打广告，都是跟随者！"赵笑律说。

事实确实如此，财信·名筑印象比主城区改善盘拿地更早，工程进度更快，抢占了先机，景观示范区和样板间也更早地呈现了出来，一经亮相便吸引了市场的注意力，获得了很多高端客户的认可。当然，这是后话。

7. 巅峰期：40 岁的人生需求

  对营销人来讲，创意很关键，但真正的考验在于落地执行！从业 10 余年来，赵笑律见过太多团队把时间花在了方案讨论阶段。它们或是为了追求想法完美而反复修改，或是受限于流程和层层审批，很多好创意胎死腹中，甚至在执行时大打折扣，久而久之，便走入了没有创意或是即使有创意也非常平庸的恶性循环。

  任何团队、任何人要想做成事，光有好想法是远远不够的，必须还有好的执行力。执行力做到极致，是贺皮久这个团队屹立行业 20 多年不倒的根本所在。

  很快，"人文所在 人杰在"的广告画面便出街了。字大，视觉冲击力强，一时间，名筑印象项目周边的路名牌、跨街天桥纷纷被"名筑橙"霸屏。主城区的电子屏、楼体夜幕也迅速被覆盖……形象是钉子，重复曝光是锤子，名筑印象便在广告的反复捶打中，逐渐建立了项目的影响力，获得了市场话语权，并一步步深入人心。而从画面定稿，到全部出街，只用了不到两天时间。

财信·名筑印象主形象画面及出街实拍

在广告出街的同时，赵笑律也没闲着。按照工作惯例，他下一步的动作更为关键，就是如何对名筑印象进行价值包装，打造超级案场。

"我们是不是要把人文落地到售楼部案场了？"策划经理周觉册问。

赵笑律想了想，说："落肯定要落，不过还不够。人文只是给项目贴上了标签，还需要深入挖掘。"

"那怎么办？"

"答案在客户！"

"哦，我想起来了，你在书里讲过：定量分析、定性分析。"

"没错，我们必须摸摸客户的情况。"

"售楼部确实积累了一些到访客户，但不是你书里说的成交客户。"

"没关系，既然来到项目了，就说明有意向，都是有效的客户样本。"

周觉册当即便联系了销售经理郎书胜，确认除了外出拓客的，案场还有七八个置业顾问在，每个置业顾问手里已经积累了一二十组意向客户。赵笑律和林沛立即动身去了售楼部，和每个置业顾问逐一询问他们积累的意向客户的需求，以及对名筑印象的看法。

第二天上午，赵笑律和林沛再次把度假区的在售楼盘完完整整地看了一遍，下午四点多才结束。之后，他们约着贺皮久、徐上进、郎书胜、周觉册在公司总部开碰头会。

会议室里，周觉册帮忙擦白板，郎书胜则张罗着给每个人倒茶。赵笑律趁大家都还没坐定，站着说道："我们今天去看了度假区的所有在售楼盘，同行都觉得我们名筑印象的位置最好，是区域的第一个改善盘。"

"不过，"见大家面露喜色，赵笑律突然话锋一转，故意停顿了几秒，随即微笑着说，"他们对咱们项目一平方米要卖一万二，也提出了质疑，觉得不太可能。"

"当然，这是题外话。"趁大家还没完全反应过来，赵笑律再次调转话题，"我们昨天还找置业顾问做了客户访谈，摸排了一下客户意向。今天主要是来汇报名筑印象的客户画像，以及基于此我们认为可行的营销策略。"

待大家全部坐定，赵笑律拿起马克笔，在白板左上角写下：定量分析。

赵笑律边写边说道："先来看名筑印象意向客户的定量分析。我们统计了40多组客户，年龄大多在40岁上下，还有一小部分五六十岁的。这些客户名下都有好几套房子，所以买房的需求并不迫切，而且普遍比较低调，文化素质比较高。

"他们大多是周边学校的老师、附近医院的医生、公务员,还有部分客户是做生意的,基本上家里都有两个或两个以上孩子,老大已经上高中或者大学,甚至有的已经成家,老二则正在上小学或初中,极少部分在上幼儿园。

"客户普遍认可项目位置,觉得名筑印象在度假区的核心位置,临着松桂大街,通勤很方便。另外,离图书馆很近,对孩子教育比较有利。由国有企业开发,比较放心。产品理念也不错,对户型大宽厅、大阳台、灵动可变设计很满意。还有就是高端圈子,客户普遍倾向价值观一致的邻里关系。

"关于买房的用途,主要有三类:第一类客户是买给已经结婚的孩子,想两代人分开住;第二类是区域内换房,现在住的是回迁房,或者小区很一般,想换个更好的,改善或者养老;第三类是跨区域改善,之前是在其他区域住的老破小,想来度假区享受更好的居住环境。"

不多时,白板的左半边已经被赵笑律的字迹占满,名筑印象大概的客户画像也出现在大家眼前。

> **定量分析——**
>
> 名筑印象客户画像。
> 年龄:40岁左右。
> 特征:多套房,文化素质高,不张扬,低调。
> 职业:老师、医生、生意人、公务员。
> 家庭结构:二胎+,老大上高中/大学,老二上小学/幼儿园。
> 客户认可:位置,离图书馆近,国有企业开发,产品品质,圈层。
> 买房用途:①买给已经结婚的孩子,分开住;②区域换房,隔代住;③跨区改善,之前老破小。

贺皮久盯着白板看了一会儿,问道:"没有客户因为学校选择我们吗?"

"客户的孩子基本上已经上学了,而且咱们这里交房还需要三年时间,就目前的数据来看,学区的需求并不强烈。"赵笑律转过身,正对着大家说。

"北大培文虽然是最好的私立学校,但需要花钱才能上,而且离我们不是最近的。颐中外国语,并不是客户首选的公立名校,况且周边楼盘划片也能上。尽管新一中的实力非常强、名气非常大,而且就在我们项目路对面,但它是高中，是需要考试的，只有考上了才有资格上。"销售经理郎书胜补充道。

"不过，新一中确实带来了陪读的需求。隔壁小区就有很多租房陪孩子上学的家长。"徐上进说完，接着问道，"客户分析里面提到了两次'两代人分开住'，这是什么情况？"

"就是年轻人和老年人因为生活理念不同，容易产生矛盾，没办法住到一起。"林沛解释道，"有的是父母想给孩子买一套，让孩子搬出去住，或者住的这套留给孩子，自己买一套搬出去住；还有的客户想把现在住的大面积，直接置换成两套小面积，和孩子各一套。"

"基本上这些客户家，孩子也已经结婚了。"赵笑律补充道，"说白了，就是想一家人保持一碗汤的距离。"

听到这里，几个人都不禁正襟危坐起来，兴致更高了。赵笑律见状，赶忙说道："这就是接下来要汇报的客户'定性分析'了。"

赵笑律踱步到白板的另一侧，转过身，在白板右上角写下：定性分析。

"我们来看几个典型的客户样本。"赵笑律思索了片刻，在白板上一边写一边说，"第一个客户自己来过，她婆婆也来过。她30岁左右，有一个3岁的孩子，夫妻双方都在旁边的党校工作。现在和公公婆婆一起住在有'公安局家属院'之称的润景苑小区，住的是200平方米的四房。她想在名筑印象买一套小的，120平方米左右，纯投资用。

"她婆婆来过三次，想买两套，打算把现在住的200平方米卖了，换成两个小面积的，这样就能和儿子儿媳妇分开住了。"

赵笑律转过身端起桌上的茶喝了几口。

贺皮久急忙插话："这肯定是有婆媳矛盾！大概率是两个人过不到一块儿。"

"不一定吧，也可能是儿媳妇看老两口不顺眼呢。"徐上进说。

"没准儿是夫妻不和，总吵架，老两口看不下去才想着分开住。"贺皮久说。

"关键是200平方米的房子，这么大的空间，住一家五口人绰绰有余啊！"郎书胜说。

…………

大家你一言我一语地争论了起来。赵笑律也不作声，就静静地看着。等没人说话了,他才似笑非笑地说:"我搜过他们的户型,准确地说是206平方米,四室两厅两卫,大客厅、大阳台,户型不算差,毕竟面积在那儿放着。"

"那到底是为什么要分开住?你别吊胃口了,快公布答案!"贺皮久按捺不住性子,有点急了。

"哈哈!其实没大家想得那么严重。"赵笑律笑着说,"就是老人觉得自己太操心、太累了,不仅要打扫卫生、洗衣做饭,还要帮忙带孩子,压根儿就没有自己的空间和时间。

"老两口就这一个儿子,一直比较疼爱。本来想退休了能轻松一点,和儿子、儿媳妇住一起,好有个照应。奈何这俩小年轻,家庭琐事从不关心,全是老两口在操持。最终他们萌生了卖掉现在的大房子,置换成一个小区的两套小房子的想法。这样保持'一碗汤的距离',既能留给自己一点空间,不活得那么压抑,还能随时去串串门,看看孙子。"

"确实,按理说他们能买得起这么大的房子,经济实力应该不错,对生活质量肯定也有很高的追求,不过还是败给了鸡毛蒜皮的生活琐事。"贺皮久说。

"是的,听置业顾问宋池讲,老太太穿得很精致,一看就很会生活。"赵笑律说。

"他们应该请个保姆,这样老两口就解脱了。"徐上进说。

"这样治标不治本!老太太其实更希望儿子和儿媳妇能担当起来,他们能持家了,老两口才能更放心,即使以后真不在了,儿子、儿媳妇也能把生活打理得井井有条。老两口想分开住,其实也是想给孩子一些锻炼的机会,如果总住在一起,孩子有依赖心理,就会很难学会持家。这些是请个保姆解决不了的问题,而且真是请个保姆,估计老两口更不放心,那样还不如自己来呢。"作为销售经理,郎书胜确实把客户了解得比较透彻。

"父母之爱子,则为之计深远。"赵笑律点了点头,接着说道,"同样是一家人买房子,需求完全不同。儿媳妇是为了投资收益,为了更好的未来。婆婆呢,则是要满足自己下一个生命阶段的需求,想让退休后的生活轻松快乐点。"

说话的间隙,白板上已经多了一组定性分析的客户样本。郎书胜当即拿起手机拍了照。

第一章　定策略

> **定性分析——**
>
> 　　女，30 岁，夫妻都在党校工作，住润景苑（公安局家属院），200 平方米四房，和公婆一起住，孩子 3 岁，没上幼儿园。想买一套 120 平方米，纯投资。
>
> 　　婆婆来过 3 次，已经退休，独子。儿子、儿媳妇不关心家庭琐事。老人太操心、太累，没有自己的空间，不想活得压抑。想买两套，200 平方米卖掉换成两套小的，分开住，保持"一碗汤的距离"。
>
> 　　儿媳妇：投资是为了收益，更好的未来。
>
> 　　婆婆：满足下一个生命阶段的需求。

　　赵笑律端起茶杯，将茶水一饮而尽，周觉册赶紧拎起茶壶帮忙蓄满。赵笑律转过头看了一眼白板，继续讲："下面再来看第二组客户样本。"他用马克笔在刚才写过的内容下面继续边写边说：

　　"这也是一位女客户，大概 55 岁，同样是退休了，住在润景苑，200 平方米的四房，有一个孩子，不过目前还没结婚，在市区机关单位上班。"

　　"看房时，是夫妻两人一起来的。他们打算把 200 平方米的平层留给孩子，再买一套小面积的，老两口养老住。"

　　"根据置业顾问描述，这对客户穿着非常精致，不张扬，很低调，知识分子的做派，很有文化素养。看她的朋友圈，非常讲究品质，生活很惬意。"

　　赵笑律停顿了片刻，侧着身子看向白板，刚准备继续写，贺皮久开口说道："这组客户虽然和上组客户有些类似，但生活质量完全不同，可能是孩子还没结婚生孩子的原因。"

　　"感觉这组客户比较有先见之明，不等孩子结婚，先分开住。"徐上进说。

　　"上组客户，是这组客户的前车之鉴。这组客户，是上组客户的理想状态。"郎书胜说。

　　"依然是父母之爱子，则为之计深远。"赵笑律点了点头，接着说道，"这组客户不仅有远见，而且恰到好处。把大平层留给孩子，是考虑到他以后结婚会进入多人口的家庭。给自己买小一点的房子，完全能满足老两口养老的需求。不被孩子牵绊，离得近还能相互照应，成功实现了'一碗汤的距离'。"

　　随着赵笑律的话说完，白板上又多了一组定性分析的客户样本。贺皮久，徐上进、郎书胜、周觉册纷纷拿起手机拍照。

定性分析——

女，30岁，夫妻都在党校工作，住润景苑（公安局家属院），200平方米四房，和公婆一起住，孩子3岁，没上幼儿园。想买一套120平方米，纯投资。

婆婆来过3次，已经退休，独子。儿子、儿媳妇不关心家庭琐事。老人太操心、太累，没有自己的空间，不想活得压抑。想买两套，200平方米卖掉换成两套小的，分开住，保持"一碗汤的距离"。

儿媳妇：投资是为了收益，更好的未来。

婆婆：满足下一个生命阶段的需求。

女，55岁，退休，住润景苑，200平方米四房，一个孩子，未婚，在市区机关单位上班。夫妻两人一起来的，平层留给孩子，买一套小的养老。知识分子，穿着精致，不张扬，很有文化素养，生活惬意。

给孩子：即将进入多人口家庭，30岁以上的需求。

给自己：小一点的房子能满足养老的需求。

大家看着白板，正若有所思，赵笑律突然说："刚才这两个典型的客户样本，都是置业顾问宋池的。另外，还有几个客户也很有代表性，他们到售楼部来了好几趟，和置业顾问聊得也比较多。我就不写白板上了，给大家简单念一下。"

赵笑律从兜里掏出手机，一边翻看记录，一边说道：

"陈女士，45岁，家庭主妇，老公是做生意的。在市区也有房，现在就住在隔壁的文馨园，130多平方米的三室。他们是六口之家，有四个孩子。大女儿今年就要上大学，二儿子上高一，三女儿上小学一年级，小儿子在北大培文上幼儿园中班。可以说，孩子教育得都非常成功，陈女士最近经常在朋友圈晒小儿子幼儿园读书打卡的活动。按她自己的话说就是，家庭很和睦，幸福指数比较高。她想买的是大户型，房间多点，方便一大家子住。最好是一大一小户型，能打通最好，这样孩子住大户型，他们夫妇住小户型，也能各自有一些私密空间。

"张女士，42岁，事业单位上班，儿子和女儿都已经结婚，现在和儿子住在同一个小区，她住多层没电梯的二楼，135平方米。儿子住高层带电梯的十楼。因为单位离名筑印象很近,也为了以后孙子孙女(现在还没有)上学更方便,考虑买名筑印象143平方米的户型。穿着比较精致,温文尔雅,懂礼节。喜欢看书、健身。

"于先生,45岁,做物流生意,现在住凤凰城二号院,140平方米,有两个女儿,一个读大学,另一个已经结婚生子。夫妻一起来的,男的穿着休闲,女的穿的比较朴素。想买名筑印象是因为这儿离大女儿家不远,走动比较方便。考虑121平方米的户型,也喜欢这边的生态环境,离徒骇河很近,适合养老,钓鱼方便,没有学区需求。

"…………"

赵笑律一口气说了七八组客户样本,连一口水都没顾上喝。趁着思绪清晰,他又起身站到白板前,思考了片刻,说道:"除了有几组置业顾问外拓了不在售楼部,我们目前获取到的代表性客户样本,差不多就这些了。"

郎书胜侧着头,若有所思,然后轻声说道:"我还是对最开始那两组客户印象深刻,我一直在想:为什么客户不想住200平方米的大房子呢?"

贺皮久突然开口打断了大家:"我看时间也差不多了,咱们边吃饭边聊吧。最近工作都比较辛苦,也尊重你们的意愿,好久没坐在一起吃饭喝酒了。今天不行了,工作要干,饭也要吃,必须喝点。"

赵笑律话到嘴边又咽了回去,只能尴尬地朝郎书胜笑了笑。郎书胜心领神会,也笑了笑。

贺皮久率先起身,看了一会儿手机,然后抬起头说道:"我把吃饭的位置发群里了,离咱公司也不远,那边不好停车,我们都走着过去,这样不耽误喝酒。"

贺皮久径直走向自己的办公室拿酒去了。周觉册去隔壁叫上了尚云端,以及策划部的几个同事。大家收拾完毕,便三三两两地往饭店走去。

贺皮久提前打电话预订了包间,郎书胜特意选择挨着赵笑律坐下。待大家都落座,你扯些闲篇,我议论些八卦,气氛很快热络起来。趁着上菜的空隙,郎书胜迫不及待地继续她未完成的话题:

"按照我的想法,肯定都希望住得更大一点。200平方米的大平层已经算是终极置业了,就算两代人有点矛盾冲突,也很正常啊。哪个家庭婆媳、父子之间不是多多少少有点磕磕绊绊,也不至于要闹到分开住吧!"

"你觉得改善就一定要住大房子吗?"赵笑律反问道。

"那必须啊!房子肯定是要越换越大,要不然干吗换房子呢?"郎书胜说。

"那你觉得,改善就一定要房间多吗?"赵笑律又问道。

"这个嘛……"郎书胜抿着嘴唇,紧锁着眉头,想了想说道,"一般来说,确实是面积大一些,房间也会多一些。"

"这个跟人的生命周期有关。"赵笑律说。

"生命周期?"郎书胜有点疑惑,其他人也好奇地看向他们这里。

"确切地说,是家庭生命周期。"赵笑律补充道。

此时,一个分酒器递到了赵笑律跟前。看着满满的、快要溢出来的酒,赵笑律面露难色,无助地看向了林沛和尚云端。贺皮久看出了他的顾虑,便说:"你随意,能喝多少喝多少,今天不劝酒。"

赵笑律悬着的心这才放了下来。趁着上菜的工夫,他继续说道:

"人的生命周期,是我在吴昊老师《人的痛苦》和《生活方式》这两本书里看到的。我们每个人都是社会分工的产物,人生的每个阶段都有对应的主题。

"因为9年制义务教育,22周岁的法定结婚年龄,60周岁的法定退休年龄……国家的这些政策把现代社会分为了六大生命周期,而且每个阶段都有必须承担的人生任务。"

赵笑律开始向众人介绍六大生命周期。

0~6岁为孵化期,主要接受语言、习惯和家庭等最初级的社会分工教育。

7~18岁为学习期,激发人的潜能和选拔优秀的人才,并且实现对资源的初步抢夺,成绩更好的人有更好的教育机会。

19~30岁为社会竞争期,对人的社会竞争能力进行锻炼和培养,每个年轻人都有得到锻炼的机会。

31~50岁为全责任期,是家庭、工作和社会秩序的主要承担者,是社会的中流砥柱。

51~60岁为交接期,将家庭和事业交给新的30岁人群。

60岁以后,便是退隐期,开始逐渐退出社会了。

"这样来看,名筑印象的主力客群都处在全责任期了,还有部分客户已经进入了交接期和退休期。"郎书胜说。

"在座的我们,大多数处在全责任期吧,上有老,下有小,中间是繁忙的工作。"贺皮久打趣道。

"就是随便骂也不敢辞职的中年人。"徐上进笑着说。

众人跟着一阵大笑。这时候,已经上了四个菜,贺皮久便提议喝一杯。赵笑律端起酒杯抿了一小口,白酒的辣味瞬间充斥了口腔和喉咙,他脸上随即露出了痛苦的神情。赵笑律紧皱着眉头,迅速吃了几口菜,待稍微舒缓了,说道:

"其实,31~50岁如果再细分的话,31~40岁才是人的全责任期。这一时期,既要肩负社会工作的责任,又要肩负家庭责任,就是刚才大家说的上有老、下有小,家庭事业都靠你。这个阶段是人一生中最辛苦、最累的时候。所以,网上才有了那个段子:你可以往死里骂那些35岁的中年人,他们不会辞职,尤其是有车、有房、有娃的那些人。

"而到了41~50岁,便进入了人生的巅峰期。因为,一般40岁以后,你的事业会到达顶峰,你的家庭收入也到了最高,这是一个人一生中最有钱的时候。对应地,家庭成员的数量也发生了变化,比如,孩子外出求学,甚至结婚成家,属于夫妻二人的时间开始变多。"

赵笑律说完,贺皮久又端起酒杯,看着赵笑律说:"咱也不能只盯着工作,也得填饱肚子。我看你这一时半会也聊不完,这样好不好,咱们先吃饭,吃饱喝足了再好好聊。"

赵笑律这才意识到,自己只顾着说话,耽误了大家吃饭,赶紧点头同意。不过,他还是故作为难地指着桌子上的分酒器,说:"就怕我这一壶酒下去,喝晕了,什么都说不了了。"

贺皮久一只手端着酒杯,一只手拍着胸脯,说道:

"放心,能喝多少喝多少,今天谁都不劝酒,全凭心情,全靠自愿!兄弟们在一块儿,就是图个开心。来,干杯!"

不知什么时候,赵笑律眼前的餐盘,已经被徐上进和郎书胜夹满了菜。他也确实感觉到饿了,便低着头大快朵颐了起来。

几番推杯换盏之后,大家也都垫了垫肚子,开始闲聊起来。郎书胜和赵笑律坐在一起,两人又开始交流起了名筑印象的客户样本。贺皮久见两人聊得很投机，便提议让赵笑律说得大声点，这样方便大家都听到。

赵笑律喝了口茶，说道：

"我最近在备考心理咨询师，正好看了《心理学咨询基础培训教材》，里面讲到了家庭生命周期，它是生命周期理论中的重要部分，是指一个家庭从形成到解体的过程。

"一般来说，一个家庭的变化发展包括四个重要阶段：家庭形成期（筑巢期）、家庭成长期（满巢期）、家庭成熟期（离巢期）、家庭衰退期（空巢期）。"

阶段	特征	年龄
家庭形成期（筑巢期）	从单身到建立小家庭，子女出生，家庭成员增加	25~30岁
家庭成长期（满巢期）	从子女出生到完成学业，家庭成员数比较固定	30~50岁
家庭成熟期（离巢期）	子女完成学业到夫妻退休，家庭成员数随着子女独立而减少，重新回归到二人家庭	50~60岁
家庭衰老期（空巢期）	退休到去世，家庭成员只有夫妻二人	60岁及以后

家庭生命周期

赵笑律把一张照片发到了微信群里，大家便都盯着手机研究了起来。赵笑律一边看手机，一边接着说：

"这个跟刚才我们讲的人的生命周期，在年龄的分类上有一些出入，但基本的考量标准是一样的，也很有参考价值。

"我们重点说一下'家庭成熟期'。家庭成熟期是指子女参加工作后到自己退休的这段时间，一般为10年左右。这段时期，孩子离开家庭去完成学业，并开始走向社会，有了自己的工作，实现经济独立，所以也被称为'离巢期'。

"这个时期的家庭系统开始分化，夫妻二人需要与成年子女分开，发展为成年人与成年人的关系，并重新回到'二人世界'中。

"这个时期是家庭的巅峰时期，子女完全自立，父母的工作能力、工作经验、经济状况都达到了顶峰，精力充沛。这是从孩子开始独立到夫妻二人退休之前的一段时光。

"由于孩子的离开，家庭成员逐渐减少。夫妻二人的年龄在50~60岁，这也是两人事业发展和收入的巅峰期。随着支出不断减少，储蓄额也是历史上最高的，这是准备退休金的最佳时段。由于房屋贷款等负债已还清，进入了资产与净资产相符的状态，这时候就该降低投资风险，为退休做准备了。"

赵笑律放下手机，看着大家继续说道，

"有所不同的就是，'人的生命周期'和'家庭的生命周期'这两个分类，年龄段划分的不一样，前一个认为40~50岁是人的巅峰期，后者把50~60岁定义为人的巅峰期。

"你们认同哪种年龄分类？"

赵笑律刚问完，徐上进'扑哧'一声笑了。大家纷纷看向她。她却捂着嘴，笑得更嗨了。末了，她坐定了，说道："我觉得第一个比较合理，40岁才是人生的巅峰期，因为'男人四十一枝花'嘛！"

众人这才恍然大悟！

"我的巅峰期快到了，哈哈！"贺皮久举起酒杯，大笑着说，"来，为了我们的人生巅峰期，干杯！"大家都跟着笑了！

"我也认同40岁是人的巅峰期。因为四十不惑，五十知天命。一个人到了40岁，经历了许多，已经有自己的判断力了，不会被表象所迷惑，能够明白事物的本质，能够了解自己的优点与缺点。40岁也许就是我们不断追问自己的过程，四十不惑，就是知道了什么才是对自己最重要的。到了50岁，就知道哪些是人力不能支配的事情了。总的来说，40岁通透，而到了50岁，就有点想躺平了。所以，还是40岁更有斗志，更合适作为人生的巅峰期。"赵笑律吃了口菜，又喝了口茶，接着说，"当然，现在人的寿命在变长，未来随着百岁人生的到来，这个巅峰期可能会延长。或许以后到了60岁，甚至70岁都可以是巅峰期。"

"我记得查理·芒格说：真正的价值投资要从40岁开始，现在来看大抵是有道理的。"林沛补充道。

"你是打算怎么用这个理论呢？"郎书胜看向赵笑律，问道。

"如果要给名筑印象的主力客户群体贴一个标签的话，我会选择'40岁''人生巅峰期'！"

"那如果有些客户才30多岁，还没有到40岁的巅峰期，他们会不会无感呢？"郎书胜问。

"不仅不会无感，还会产生向往，相当于你在提前为他规划下一个生命阶段的生活。因为人更愿意为下一个生命周期，为下一个享受付费。如果他现在住的是三室，一家四口人住在一起，那么你来告诉他换个更大的房子，他反而会无感。如果你告诉他，以后孩子住校或工作了，会很少回来住，你需要换房子，重新规划以后的生活，这是他自己没考虑到的，你帮他想到了，他就会多少产生一些兴趣。"

"那你打算怎么和名筑印象结合呢？"郎书胜更关心项目怎么落地，如何助力销售。

"很简单，把巅峰期的家庭结构和客户的买房需求紧密结合，让客户动心起念。"赵笑律从容地回答，"财信·名筑印象的核心客群大部分在40岁左右，也就是已经处在或即将步入人生的巅峰期。

"此时，家庭成员随时间的推移发生变化，比如，老大即将参加高考或已经外出求学，老二上小学或初中。这样，孩子不需要家长操心太多，属于大人的时间变多，个人兴趣和朋友社交变得珍贵，日常生活也更偏重个人享受，不愿意去喧闹、嘈杂的地方，喜欢精神层面的享受。

"家庭结构和关系变化，带来新的需求。

> （1）家庭成员场景冲突。两三百平方米的户型，五六口人挤在一起，人均面积还不如单身公寓，如同高级集体宿舍，舒适度并未增加。空间窘迫造成各种冲突。老人喜欢追剧，孩子沉迷手机，你想看书，却觉得环境尴尬。
>
> （2）家庭人口数量变化。老大外出求学，卧室只有回家时才用。老二上小学或初中，基本不需要父母看护，他们会搬去更好的地方养老。
>
> （3）家庭内部沟通不足。孩子总是待在自己房间里，每天只有吃饭时才能见一面，青春期越来越叛逆，无法沟通。

"我们再来想想市场上其他一些高端改善户型,是不是都在追求把户型面积做大?如果你家三代同堂,最多同时住7口人,200平方米的房子,被分割给7个人,人均面积不足30平方米,享受度还不如当年单身时住的小户型。不管你收入增加了多少,你只是因为家庭成员增加了,被迫买了更大面积的房子,显得高端了而已,舒适度不仅没有提高,反而降低了,因为家庭成员增加了,你反而没有自己享受的空间了。"

"我大概理解润景苑那个老太太为什么想买个小户型了。因为房子虽然足够大,有200平方米,但平均下来,老两口自己享受的空间很小。"郎书胜若有所思地说。

"他们家现在才一个孩子,就已经没有老两口的个人空间了,以后要是儿媳妇生了二胎,不就更紧促了,老两口会更累。"徐上进说。

"我刚才也对照了一下自己:我经常应酬,回家晚,还抽烟,我媳妇就把最里面的房间腾出来给了我。现在客厅放的都是孩子的东西,我自己的空间反而越来越小了。"贺皮久尴尬地笑了笑。

"巅峰期的成功人士现身说法了。"徐上进说完,大家都笑了。

"哈哈,贺总,你还缺一套真正服务于人生巅峰期的房子。"郎书胜笑着打趣,"名筑印象欢迎你!"大家又一次大笑了起来。

"所以,人生巅峰期,你需要的房子并不是越大越好,也不是房间越多越好,而是要把更大的空间给到个人来享受。"赵笑律说。

"谁说改善面积一定要大,房间一定要多?"贺皮久端起酒杯,继续说道,"今天的饭局太值了,来,喝酒!"

赵笑律虽然每次都抿一小口,但不知不觉间竟也喝了大半壶。他正发愁剩下半壶要不要让出去。郎书胜再次问:"有了这些,怎么用呢?人生巅峰期的房子应该是什么样子呢?"

"别急啊,慢慢来!"说完,赵笑律起身去了卫生间。

8. 价值观：人生由我松弛感

"怎样，喝晕了吗？"赵笑律刚一落座，贺皮久便问了起来。

"没事，还算清醒，今天喝得比较慢。"赵笑律说。

"那来尝尝花生米！"贺皮久把一盘花生米转到了赵笑律跟前。

"这个真不吃，脂肪太高，容易长胖。"赵笑律尴尬地推脱。

"喝酒哪有不吃花生米的，必备下酒菜，来尝尝。"

赵笑律推脱不过，便夹起一粒花生米塞进嘴里，然后把盘子转走了。贺皮久又顺势转到了林沛和尚云端跟前，邀请两人尝尝花生米。

"哟，还能夹起花生米，看来都没喝多，来，把酒倒满。"在贺皮久的示意下，周觉册起身给林沛和尚云端满上，临到赵笑律时，徐上进急忙说道："倒过了，倒过了，刚才已经给他又倒过了。"

赵笑律低头一看，果然分酒器又满上了。他刚想问谁倒的酒，就隐隐约约看到上面冒着白汽。他用手摸了一下，还有点温热。他顿时明白了怎么回事，便默不作声，心里一阵偷着乐。原来赵笑律出去时，徐上进趁着大家不注意，偷偷把赵笑律分酒器里的酒换成了白开水。虽然冒着白汽，但离远了根本看不见。

赵笑律恍然大悟："难怪让我们夹花生米，这是在测试我们有没有喝多啊！要是还能夹得起花生米，就说明没喝到位呗。"

贺皮久忍不住大笑起来，其他人也跟着笑了起来。

回想来聊城的这几个月，赵笑律觉得自己的酒量好像提高了。后来一想才明白，山东人的酒局，其实就是一个愿者上钩的"圈套"。山东人特别能喝，但他们不劝你喝酒，也不逼你喝酒，而是总喜欢先给你倒上。

赵笑律每次都觉得很开心，反正不劝酒，那就先倒上嘛。紧接着，主陪开始带酒，喝不喝随意，喝多少也随意。之后，副陪带酒，喝不喝随意，喝多少也随意。就这样，从舔一舔，到抿一口，到喝一杯，再到喝两杯……慢慢地，赵笑律的酒量竟然不经意间练出来了！山东礼仪之邦，不强迫你喝酒，却通过这种方式，让你心甘情愿、一步一步地感受到自己喝酒能力的边界。

第一章　定策略

喝到酒酣耳热时，大家越聊越嗨。

"还是得有事没事坐下来喝喝酒，大家交流碰撞一下。"贺皮久点了一根烟，继续说道，"不能老听你们的，'不吃饭、不喝酒'。你看今天喝了顿酒，收获多大啊，我们的思路都清晰多了。"

赵笑律无奈地跟着笑了笑，便端起酒杯回敬大家。

"那就顺着刚才的话题继续聊吧。"赵笑律放下酒杯，菜也不吃了，继续说道，"今年有个词特别火，叫'情绪价值'，有听说过吗？"

"知道'情绪'，也知道'价值'，两个放到一起，就有点蒙了，似懂非懂。"徐上进说完，其他人也面面相觑，不知道怎么回答。

"这是我听得到App《蔡钰情绪价值30讲》学到的。她提供了一个公式：产品价值＝功能价值＋资产价值＋情绪价值。"赵笑律又重复了一遍公式，接着说道，"先看功能价值，一般指房子的物理属性，比如，大门、外立面、入户大堂，还有铝板、石材、窗户、玻璃幕墙等用材，以及各种名贵树木……功能价值很卷，基本上你有我也有，甚至都'卷'不动了。再看资产价值，在'房住不炒'的大背景下，房子的投资价值已经失效，买房并不能让你暴富。即使少量有投资价值的楼盘，也具有偶然性，可遇不可求。

"所以，房地产的逻辑变了：房子正在从投资品变为消费品。投资品与消费品的最大差异在于，前者能保值增值，带来货币价值；后者只能乐和乐和，带来情绪价值。

"今天做产品创新，最大的溢价空间，只能来自情绪价值。情绪价值也越来越成为影响消费决策的关键因素，大量新消费品牌开始在情绪价值上发力。同样地，房地产的产品创新方向，也要兼顾情绪价值。"

"那到底什么是'情绪价值'呢？"郎书胜问。

"简单来说，情绪价值就是你为了获取某种情绪资源而愿意支付的价值。比如，买一把椅子，不能只是一把椅子，最好是一把酋长椅；渴了不仅'要喝水'，而且得喝'肥宅快乐水'，这就是情绪价值带来的选择差异。

"比如，粉丝进直播间一顿买买买，是因为东方甄选卖的是别的地方没有的商品吗？并不是。大家是来直播间看董宇辉的，一边接受文化熏陶，一边高高兴兴地为情绪价值花钱充值。

"又如，我在用手机支付或者骑共享单车的时候，明明知道微信扫码支付更方便，但我宁愿多点一步，打开支付宝。因为支付宝买单之后，会在蚂蚁森林里赠送能量，攒够了能量，我就可以在沙漠里种一棵梭梭树。麻烦了自己，却善待了世界，这也是一种情绪价值。

"同样地，你换车的时候选择电动车，可能是因为电动车不但能带给你科技新锐的新鲜感，还能带给你参与减碳的价值感。这让你在旅途中哪怕得花时间等充电，也认为值得。这也是一种情绪价值。"

"这样一解释，就好理解了。我记得之前家里买过一台洗衣机，当时还对比了海尔和美的，都省电，都能洗10千克，都带烘干，我媳妇就挑了一款复古绿色的，非常漂亮。这个颜色不仅她喜欢，还能让家里的电器色调基本统一，换来一种强迫症式的舒适感，我觉得这也是一种情绪价值。"贺皮久一番吞云吐雾之后说。

"那房子的情绪价值是什么呢？"郎书胜又问。

"当容积率、绿化率、限高等指标都差不多的时候，就看谁提供的生活方式更能打动客户了。"赵笑律喝了口茶，继续说道，

"吴晓波老师说，我已经有一打T恤衫了，你如何将第十三件T恤衫卖给我？要么靠情绪价值，让我喜欢；要么靠科技价值，让我需要。同样地，我已经有几套房子了，你如何说动我再去买一套？情绪价值是关键！

"具体到房子本身，情绪价值就是把情绪资源注入产品和服务，让产品更有魅力。比如，高端盘的情绪价值，在于传递给买家的身份认同、高知邻里、传世意义、无忧服务……这种溢价往往不可估量。"

"别只顾着聊天，酒也得喝啊。"贺皮久说完，端起酒杯敬了一圈。

"我是不是可以理解为要和客户保持同理心？"徐上进说道。

"叫'共情'更准确一些。"赵笑律思索了片刻，接着说，"同理心是你知道对方有什么样的需求、情绪和感受，而共情是你能跟对方有同样的情绪和感受。你看出我很害怕，这叫同理心，你可能会安慰说'没事儿，别害怕'。如果你能够跟我共情，你的反应就会是'真是可怕啊，我也吓坏了'。也就是说，同理心是'想他人之所想'，共情是'急他人之所急'。"

赵笑律又起身去了一趟卫生间。回来时见分酒器里又添满了，他会心一笑，坐下来说："其实，我们刚才讲的生命周期，就是在帮我们和客户搭桥，更好地共情。你只有知道了客户所处的家庭周期，并真实地进入客户的生活情境，才能明白他有什么样的需求、情绪和感受，这样才能跟对方有同样的

情绪和感受。说白了，就是要深入了解客户的家庭结构，以及痛点。

"互联网产品'大神'俞军，有一个很著名的产品观念，叫'用户不是自然人，是需求的集合'。当房子不再更多地承载保值增值功能时，我们就会有更多的机会关注人本身，围绕人的需求下功夫。当你能够设身处地地代入，并参与客户的生活时，你再结合项目自身的产品价值，给客户提供针对性的解决方案，相当于告诉了客户：'你向往的生活方式，我已经在其中等着你了。'这时候，你就和客户真正达成了共情，产生了'情绪共振'。"

"说实话，'情绪价值'这个词比较新鲜，我之前没听过，不过这样一解释，并不陌生。"徐上进说。

"这背后是时代的变化，是大势所趋。"赵笑律接着问道，"谁知道我国社会的主要矛盾是什么？"

"是人民日益增长的美好生活需要和不平衡不充分的发展之间的矛盾。"林沛插话道。

"没错，这就意味着，接下来很多年，我们国家会把主要的力气和资源用在解决这个矛盾上，让人民过上美好生活。"赵笑律停顿了片刻，接着说，"而且'美好'其实是一个很有意思的词。美和好有不同的含义，'好不好'是用功能价值衡量生活水平，而'美不美'则是用情绪价值衡量生活水平。当功能价值和情绪价值同时拥有时，便是我们追求的美好生活。"

赵笑律说完，端起酒杯回敬大家。贺皮久坐在对面，一直静静地听着，他感觉今天的赵笑律就像是打开了水坝的闸门一样，知识不断，滔滔不绝！

"那你觉得名筑印象的情绪价值是什么？"郎书胜没喝酒，头脑很清醒，依然不忘和项目相结合。

"答案还在客户。"

"客户访谈咱已经做过了，你是不是有答案了？"

"哈哈，是松弛感！"

"松弛感？"

"嗯，松弛感。"赵笑律笑着说，"这不是我想出来的，而是置业顾问宋池提炼的。她讲完自己的客户，我问她如果用几个词来形容这些客户，她会用什么词？她想了想，说出了'松弛''低调''隐贵'这三个词语。然后我说如果只选一个词语呢，她果断地选择了'松弛'，非常笃定！"

"听着很熟悉，但还是不太理解。"贺皮久说。

"我当时也没想明白，回去就查了一些资料。"赵笑律说。

"那到底什么是松弛感呢？"郎书胜问。

"这个词在网上很流行，它指的是一种<u>时刻能保持轻松自在、情绪稳定的状态</u>。据说这个词能火，主要是由于一条微博。"赵笑律停顿了片刻，拿起手机，打开一张截图，念道，"一位博主称，他在坐飞机时，身旁正好是准备出门旅行的一家人。这家人已经办完了登机手续，却突然被告知因为各种原因，他们所有的行李都被退回了。也就是说，这家人即将空手去到另一个城市旅行。

"遇到这种情况，一些家庭恐怕会焦头烂额，互相指责，一路鸡飞狗跳。这家人的处理方式却出人意料：他们完全没有生气、烦躁、抱怨，而是心平气和地打电话叫人去拿行李，然后跟这事压根儿没发生过似的，轻松愉悦地讨论着即将开始的旅行。

"这位博主惊呆了，感叹说，'我坐在旁边，不知道为什么竟然有点想哭。原来这个世界上真的有这么松弛的家庭关系'。"赵笑律放下手机，抬起头说道，"大概是这么一个故事。在这个普遍焦虑的时代，我们都很羡慕这样的人，很想拥有这样的松弛感。"

"这个词有点意思，我听出了情绪稳定，内心强大。"

"我感觉很像'钝感力'。"

"就是该放手时放手，当回头时且回头。"

…………

见大家你一言、我一语地讨论了起来，赵笑律埋头吃了几口菜。等大家争论得差不多了，他才开口："刚才我们也提到了'四十不惑'，很多人以为到了40岁，之前不懂的就懂了。实际上到了40岁以后，'不惑'意味着以前不明白的事都不想明白了。学会更好地与自己相处，才是人过中年的关键。比世界更辽阔的，该是人的内心。

"白岩松说，与自己相处，应有书、有茶、有音乐，有一天从早到晚的阳光挪移，然后往有趣走，往乐观走，往更大的自由走。

"中年的放松和淡定，不是不拼，而是拼过了，才有阅尽千帆的了然于胸。站在人生的中点上，过去丰盛、现在迷人、未来可期。

"心理学大师荣格说过这样一句话：每个人都有两段生命，第一段属于别人，第二段属于自己。通常，第二段从40岁开始。

第一章 定策略

"所以，40岁之前，为跟得上'变化的'，勤勤恳恳，争先恐后，如履薄冰；40岁之后，因看得见'不变的'，聚焦专注，享受当下，平和喜悦。40岁之前，我们要干出名堂；40岁之后，我们要活出名堂。

"人生的巅峰期在40岁，40岁开启人生的松弛感！"

见大家都不作声，赵笑律问道：

"你们觉得松弛感的反义词是什么？"

"紧绷感！"

"焦虑感。"

…………

赵笑律笑了笑，说道："知名媒体 L 先生有一个很有意思的洞察。他说，松弛感的反面，不是紧张，不是压力，而是控制欲。松弛感的本质，就是放下想要控制一切的欲望，更从容地接纳一切的自然发生，包括接纳一个'不松弛'的自己。

"因为控制一件事情，是要投入相当的注意力资源的。你需要提前规划它的路径，在过程中时刻监督它的进程，出现了意外及时去纠偏……总之，想要控制一件事，就意味着你的注意力始终被它牵引。想要控制的事情一多，就意味着你的注意力处于严重超负荷的状态，你当然也就得不到放松。

"从心理学视角来看，松弛感的内核其实是情绪的稳定，以及强大的自我调节能力，即使外界没有按照预期发展，也能从容应对，是一种始终保持乐观、稳定的情绪能力。

"我听着怎么感觉像'躺平'呢？"周觉册插话。

"哈哈，确实有这个说法。"赵笑律笑着说道，"'松弛感≠躺平'，乍一看，'松弛感'和我们平时津津乐道的'躺平'差不多，其实两者截然不同。躺平，是在面对困难时，拒绝内卷，主动放弃，是在怕难心理作用下不愿努力的代名词。而松弛感，是在看清了未来道路险阻、困难重重后，不断调整心态、舒缓心情，获得眼前和远方的平衡，从容淡定地接受一切结果。

"比如，我们去旅行，本意是从日常琐事中抽身，彻底放松自己。但是，如果我们对这趟旅程的控制欲太强，事先做了无比详尽的攻略和行程安排，恨不得把逛每个景点的时间精确到每分钟，那么可以想象，无论旅程顺不顺利，我们都得不到真正的放松。

"又如，当你点了个外卖想在工作前美美地享用时，却由于骑手的配送晚点了，你不得不饿着肚子工作。你没有选择满腔怒火地咒骂，而是平静地接受现实，吃点零食充饥。这也是一种松弛感！"

"这让我想起了一个人。"

"谁？"

"俞敏洪！"

众人心领神会，纷纷点头。

"我也想起一个人，张颂文。"

"这名字好熟悉啊。"

"电视剧《狂飙》里的高启强。"

"对对对，他最近可火了。"

"假如让你们给名筑印象挑选一位名人做代言人，你们会选谁？"赵笑律趁热打铁，问道。

"男的还是女的？"

"都可以，只要你觉得合适就行。"

"我选靳东！"

"陈道明吧！"

"我推荐杨澜！"

"置业顾问宋池分别选了袁泉和胡歌！"

"那你自己会选谁？"

"我倾向于李健。"

"哦，音乐诗人！"

"不过，我觉得朱敬一也很合适。"

"这个没听说过呢。"

"是一位书法家，他的'书法毒鸡汤'在网络上爆红！"

"听大家这样一说，感觉名筑印象的形象立马又上升了好几个层次呢！"郎书胜用手捂着嘴巴不住地笑，显得有点不好意思。

"刚才说的那么多名人，我们可请不起哈！"徐上进打趣道。

这话引得大家哄堂大笑。

"其实，这也代表了大家对名筑印象的理解和感受。"赵笑律微笑着说，"起码大家心目中的名筑印象很人文、很艺术范。"

"'人文所在　人杰在'嘛！"周觉册刚说完，众人一边点头，一边大声笑，房间里充满了欢乐的气息，场面也变得更加热闹。

"我们回过头来想想：为什么润景苑的老太太想买个小户型自己住呢？"赵笑律问。

"因为她现在的生活缺乏松弛感！"郎书胜说。

"是的，松弛感就是名筑印象的情绪价值，能直接给客户提供好的情绪资源，增加他们的积极感受，顺应他们的心理反应，并给出相应的解决方案，帮助他们解决人生难题。"

"那究竟什么才是人生巅峰期的房子呢？"郎书胜继续问。

"就是你的房子必须更加注重——夜晚 8 小时的高质量睡眠，白天 16 小时的高质量社交。你需要更多的空间，而不是更多的床。你需要增加个人享受，而不是整天被家庭琐事束缚。站在项目的角度，财信·名筑印象提供给你松弛感的生活享受，从而犒赏你的人生巅峰期。"郎书胜若有所思地点点头，赵笑律接着说，"今天时间不早了，这个就不展开讲了，回头我会去售楼部跟置业顾问专门做个分享。另外，我推荐三本书给大家：《人生由我》《郑渊洁家庭教育课》《冯唐成事心法》。希望团队每个人都能读一读，有助于了解今天讲的这些内容，也有助于了解客户的心理状态，增加沟通的谈资。"

郎书胜赶紧用手机记了下来。贺皮久已经有几分醉意了，他再次端起酒杯，说道："今天这么一碰撞交流，我发现名筑印象真是个优质项目。以前，我总担心项目不在主城区，卖得太高客户不认。今天这么一梳理，又拔高了我对名筑印象的认识。"

"其实，成功的策略不是来源于分析市场，也不是来源于洞察消费者，而是看看自己手上的牌，到底哪张可以打。项目周边的图书馆、新一中等，项目本身的景观园林、宽厅户型等，都是我们天生的资源禀赋。

"'知己知彼，百战不殆'，我觉得可以改成'只要知己，立于不败'。我们人性的弱点是老想研究别人，却不能认清自己。名筑印象这么好的项目，我们需要做的就是，踏踏实实把项目研究透，并尽最大可能把价值传递给客户。"赵笑律说。

"这一点我非常认可。"贺皮久端着酒杯，站了起来，接着说，"我们今天要达成一个共识：有这么好的楼盘，有这么好的团队，别总盯着其他楼盘了，他们来访了多少人，他们做了什么活动，他们又出了什么政策……这样只会徒增焦虑，一点都不松弛。埋头干好自己的事，练好内功。要把眼睛放在自己和客户，尤其是客户身上，因为直接决定项目生死的，是客户，而不是竞争对手。"

"在博弈论中，有一个基本观点，就是对对手最优的策略，往往是对我方最差的策略。如果你跟随对手的打法，很可能会输得很惨。所以，在竞争中，我们要坚持自己的节奏和对自己有利的打法，坚持'你打你的、我打我的'，不要因为对方的行动而乱了章法，更不要轻易随对手起舞。"赵笑律也端起酒杯站了起来。

"喝完这杯酒，我们吃点主食，然后就结束。时间不早了，该回去休息了。"贺皮久一边和每个人碰杯，一边说道。

"我以为'人文所在　人杰在'就已经是策略了，没想到今天又升华出来一个'松弛感'！"徐上进说完，郎书胜也跟着点点头，两人相视一笑，眼神中透露出默契和喜悦，仿佛明白对方内心的快乐。

"人文只是基础，所有的高端改善盘都能沾上边。松弛感才是名筑印象的内核，是护城河。像傅家坟村的家风，还有图书馆里的读书，都是在传递一种生活理念，一种价值观。"赵笑律吃了口菜，接着说，"有个公众号叫'斯文'，作者分享了一个观点我印象很深刻。他说，农耕文明时代，房子是家，是人和土地的情感链接，人们追求的房子必须保证安全，只要不透风、不漏雨，就是好房子。到了工业文明时代，房子变成了资产，变成了商品，人们买房子追求的是保值、增值。现在是共识文明时代，房子成为价值观的载体，我们再买房子，要看它能不能带来更好的体验，以及文化上和精神上的认同。

"名筑印象既倡导书香熏染，也宣扬家风传承，还能给人松弛感的巅峰期生活享受。卖房子，其实就是在寻找一群志同道合的人。我们卖的不是房子，而是一种生活方式，更是一种价值观。"

手册一：

爱上图书馆的 100 个理由

爱上图书馆的100个理由

住图书馆旁　家庭有别　孩子不同

人文所在 人杰在　名筑印象

1. 窗明几净。

2. 在图书馆里，呼吸都变轻，心情也变轻。一个人去图书馆，绝对不会感到寂寞，因为那里还有很多颗心，在安静旅行。书架上的书，是用手可以摸到的幸福。

3. 在图书馆，你永远不知道自己下一秒将把目光落在怎样的故事上。图书馆的存在，让阅读成为一种邂逅。

4. 在虚拟的网上图书馆，你看不到孩子因为发现而闪闪发亮的眼睛，也无法安静思考。而实体图书馆，是真实生活，是精神家园，更是未来。图书馆的意义，像筷子和纸一样，历经千年挑战，难以替代。永远会有更多廉价快捷的东西，但好图书馆永不消亡。

5. 在图书馆里被浓浓书香包围，是世界上最惬意的事情。在满满书堆里寻找到钟爱书籍的惊喜，是任何事情都不能比拟的满足。

6. 实体书会让人静下来思考，不像电子书，不用赶时间，不用计算流量。

7. 城市生活方式的一种，值得一直存在的一种。

8. 制造艳遇的好场所，只关风月。

9. 图书馆像一座孤岛，隔绝城市的喧嚣。躲避恼人的烦闷，让人愿意在任何时候寻求内心的宁静和生活的惬意。可以停下脚步享受流逝的时光。它提醒我们，不要忘记思考，不能抛弃探索之心。

10. 给社会留一点文化的味道，可以延缓我们堕落的速度。

11. 喜欢在实体图书馆里和某本书或某个人不期而遇的感觉，喜欢俯在书架上翻看封底定价时的意外感，喜欢在实体图书馆里拿着若干本同类书进行比对的纠结感，喜欢在实体图书馆里只看目录猜想内容的畅快感，喜欢在实体图书馆里书籍堆垒交错的存在感，喜欢在雨天揣着爱书在大街上狂奔回家的淋漓感。

12. 喜欢书拿在手里沉甸甸的分量，喜欢书翻开后淡淡的香气，喜欢实体图书馆里永远不刺眼的灯光和埋首于书本间熟悉的陌生人。

13. 那是一种仪式，那是一种氛围，那是一种交流，你在图书馆总能与爱书的朋友擦肩，你会知道有一群真实的他们与你一起分享这殿堂！

14. 没有实体图书馆，我去哪里寻找书缘，我去哪里消磨时光，我去哪里沉浸美好，我去哪里结识书友，我去哪里分享兴趣？在实体图书馆里能够完全治愈内心的消极情绪，在实体图书馆里能够感受到满满的治愈能量！

15. 手捧精致的图书，闻着墨香，就像抚摸着爱人的皮肤，有种阅读的冲动。

16. 淘书是一种生活方式，在实体图书馆里待着就是一种享受。

17. 喜欢那种坐拥书城的感觉，满满的书架直至天花板，光是扫一遍书名就是莫大的享受。随手翻开一本，浓浓的纸香与墨香扑面而来，完美交融。灵魂在阅读中上路。

18. 书、人和事这几大元素存在于同一空间，才能构成一家实体图书馆。让阅读动起来，让人停下来，让事发生起来，这些"流动"和"存在"的感觉，是实体图书馆无可比拟的优势和特点。我爱实体图书馆，爱它给予人们的真实感和满足感！

19. 看到喜欢的书，拿在手里，就很有满足感。

20. 拯救实体图书馆，不只是拯救一个卖书场所，更是在转变一个城市的阅读习惯，把人们越来越倾向于认为阅读是业余时间消耗的负担，转变成一种精神生活的需要。

21. 图书馆里充斥着书的气息，一种很美好的气息，激情，抑或舒柔，可以带人驰骋，也可以让人沉静，所有的不可能，在书本里，在文字间都转瞬即成！爱恨交杂，瞬息万变。

22. 书是有生命的，你可以亲吻，可以抚摸，可以枕着她的芳香入眠。每一个独立图书馆，都是灵魂的栖息地。

23. 我超喜欢实体图书馆，尤其是那些别具特色的图书馆，它们真的能够净化人的心灵，赶走生活中烦躁不安的情绪。对于实体图书馆，我们不仅要用眼睛去看，更要用身体去感受，用耳朵去倾听，用心去感受它悄悄带给你的改变。

24. 逛图书馆如同旅行，这两者一个是在精神上寻找可以庇护的港湾，一个是在现实中同自然一起呼吸，都如同遇到知音，会有一见如故的可以触摸、可以感知的欣喜。而在虚拟图书馆，这样的遇见少了鲜活的灵魂，你无法用眼睛之外的感官去触动她的生命。爱书，爱去实体图书馆，寻找生命。

25. 为了在我老了的时候，有个边读书边回忆往事的地方。

26. 在图书馆邂逅书，在不被人注意的一个角落，书的质感、香气、气场，不是网上被推荐词条牵着鼻子选书，或定向搜索书名的感觉可比的。这种意外而悠然的心情，代表着行将逝去的那个世界，那个慢节奏、不被网络和手机控制的世界。

27. 一家图书馆，承载着一些人的归属感。你走进那里，就会拥有一个完全属于自己的世界，不被打扰，没有担忧，只是安安静静地享受书本带来的安宁，在这个繁杂的世界，给你一份珍贵的平静心情。

28. 这是个与浮躁社会隔绝的，只属于自己的，静静地看着多彩世界，聆听各种故事，散发着奇思妙想的小世界。

29. 我喜欢传统的阅读方式，那是种夯实到血液里的喜欢，所以也只喜欢实体的图书馆，喜欢码放堆叠布满格子的序列，一本挨着一本，一本贴着一本的书架，直观而感性地展露着，勾引着。喜欢书，喜欢书堆满的感觉，这就够了。

30. 喜欢站在一排排书架前安静的感觉，喜欢一书在手一页页翻开的声音,喜欢看书时不时沁入心田的淡淡墨香,喜欢捧着一本书边看边陷入遐想的静谧,喜欢抱着一本书或坐或卧或靠或躺的慵懒,喜欢窗前一书一茶一人一景的风情……一切的喜欢都是实体书才有的感觉,也是一直喜欢逛图书馆的理由,电子书无法替代……

31. 内容丰富,独有情调;摒弃喧嚣,怡然自乐。不是钢筋混凝土的堆积,而是精神和灵魂的积淀。实体图书馆,是一块看得见、摸得着的"净土"。

32. 电子书是相亲,目标明确,封面和评论决定了一切。实体图书馆是恋爱,一个供你和喜欢的书相遇的场所,随意闲逛,发现一本有趣的书,就像无意中邂逅了一个有缘的人,自然又新鲜。书不只是内容,每一本诞生过程中花费的心思,封面装帧的设计,纸张的选择,握在手中的质感,淡淡的书香,都有自己的意义。

33. 最爱在下午走进图书馆,凭直觉拿起一本书靠窗而坐,阳光穿过玻璃洒在书上,一种只有书才能散发出来的阳光的味道让我心旷神怡,就喜欢穿梭在一个个书架前,浏览书名。

34. 或许你没有时间、没有金钱让身体处在在路上的状态,但你可以走进图书馆,让灵魂一直走在路上。

35. 我总觉得图书馆是衡量一座城市文化深度的标准,摩天大楼再多,若没有图书馆、没有文化地标,也就没有灵魂。商业、金融、医学、法律等是人类社会的必需品,而诗、美、爱,书及实体图书馆给予我们的东西,才是人类存在的根本。

36. 世界上有各种各样的店,服装店、餐馆、旅店……可是只有图书馆,我走进去从来不需要思考,不需要忐忑,不会考虑是否衣着得体,是否消费得起,是否"那不是我的世界"。每次遇见一家图书馆,就像遇见最亲爱的朋友,总是欣喜,因为我知道它不拒绝任何人,它总有使我忘返的书,它总有一份宁静给予我。

37. 在图书馆慢慢走着,随意地翻看着。慢慢地,再浮躁的心也会平静下来,一本小小的书里似乎蕴藏了无尽的大能量,足够让人恢复元气。图书馆是一种温柔的存在,守护着我们的心灵。

38. 气息,那是一个不想被虚拟化取代的所在,人来人往,书香芬芳,纸张翻动,窃窃私语,有一种同气相投的愉悦感。

39. 如果将读书比作一种信仰、一种仪式,那么图书馆就是寺庙、教堂,是净化灵魂的憩所。世界已经够浮躁随性了,就让图书馆成为喧嚣世界中的一处净土吧!

40. 走进图书馆,被一本本书包围,总是会情不自禁地买下。即使是同一本书,也可以有不一样的外表。不一样的图书馆有不一样的书,我喜欢图书馆带来的各种惊喜。

41. 逛图书馆的乐趣之一是发现,有时你会抱着某些目标去买书,更多时候可能并不清楚自己想要一本什么样的书。游走在书架间,看着琳琅满目的图书,不经意间为书名或者封面吸引,打开一本闻所未闻的书,仿若进入一个奇妙的世界,那种惊喜与快乐只有在实体图书馆才能体会。

42. 作为一个妈妈,带着孩子到图书馆里徜徉,才更容易发现他的阅读兴趣点。各自静默地选择自己喜欢的书,那个瞬间很有爱。

43. 喜欢纸墨书香,喜欢在微醺的阳光下翻动纸页的感觉,喜欢那一抹惬意舒适的感觉。只有在实体图书馆,走过一排排书架,手指碰触一本本装帧精致的书,才能真正满足自己小小的文艺情结,不要让这些仅仅存在于回忆中。

44. 实体书有一种味道,不仅仅是文学快餐,带给我们的也不仅仅是信息的传递与交流,更是一种自我认知、自我修养的升华。

45. 实体图书馆的存在是必需的!如果书店相继闭业的话,那些书香墨浓也就没有了,书的爱好者会觉得心痛无比,那些在图书馆寻找书籍时的美好回忆也会逐渐消失。不要让我们这一代在多年后感叹,属于我们这代的美好回忆都离我们而去。图书馆不能被任何的东西取代!这就是我心中图书馆存在的理由。

46. 只有一本实实在在厚重的书拿在手中,你才能切实地感觉到它所传递的思想与情感。不管是新书还是旧书,书上飘散着的淡淡香气都在向我们诉说着这本书中蕴含的故事。

47. 我喜欢那种阅读后留在手心的油墨书香,我喜欢那种边阅读边写写画画的随意心情,我喜欢看到一整排、一大堆一模一样的书码放在一起的样子,我喜欢穿梭在书架间快乐地浏览,我喜欢关于书的一切,包括实体图书馆。你呢？

48. 喜欢实体图书馆里那种到处飘散的淡淡书香与安宁的阅读氛围，经常就那么席地而坐，或者找个阶梯，一本书看到天黑。再买几本回家，很幸福的时光！除非是特殊情况，否则不会介意实体图书馆是否比网店贵。与网店相比，我更喜欢在实体图书馆闲逛挑书的感觉，也更容易冲动买书！

49. 需要图书馆的那种氛围，逛图书馆对我来说是一种精神需求。看着书架上的每一本书，闻着它们散发的书香，吸入肺腑，心灵有丝丝宁静。书是安静的，但翻开第一页时，它又是有生命的，迫不及待地倾肠倒肚，向我们展示它的一切。

50. 在图书馆里，每个人都是平等的，没有自卑感！保留一间实体图书馆，就是为这座城市保留一份温暖！

51. 一处让心灵安静下来的客栈，一个交流分享思想的据点，一部你看着温暖、带着温暖、回想起来更温暖的时光机器。

52. 今天看到莎士比亚图书馆的一张照片，照片中有海明威《流动的盛宴》中那句出名的话，把"巴黎"换成"图书馆"倒也合适不过："假如你有幸年轻时在图书馆待过，那么此后你的一生无论到哪里去，她都与你同在，因为图书馆是一席流动的盛宴。"

53. 图书馆给人提供一个与纸品书籍相处的空间，让你还能邂逅一本与你现在的生活不搭界的陌生书籍，它或许只能给你几天的惊喜，却展现了另外一种可能，给你的生活添抹了一种不可替代的色彩。

54. 王小波说："智慧本身就是好的。有一天我们都会死去，追求智慧的道路还会有人走着。死掉以后的事我看不到，但在我活着的时候，想到这件事，心里就很高兴。"存在即合理，实体图书馆目前还在，说明还是合理的，哪天不在了，就验证了王小波的话。

55. 书是一个载体，承载着的不仅仅是文字，更是文化，实体图书馆提供的是一个交流的平台，文化在于交流。

56. 实体图书馆是一个让你可以暂时忘掉无所不在、无所不能的虚拟网络，去遇见一些真实的人，听到一些真实的声音，随手翻看把玩自己喜爱的图书、杂志和小玩意儿，把孩子踏实温暖地揽在怀里，轻柔地读书给他听的地方。只要你的心中还存留着这样的需求和向往，实体图书馆就不会消亡。

57. 图书馆会让人回到一个纯粹的世界。我还能清晰记起以前在图书馆里站着看一下午书的感觉。那种美妙又幸福的感觉，只有恋爱才能与之媲美。

58. 自己想开，没别的理由。

59. 城市里，街道旁，有那么一家图书馆静静地开放，里面有人翻书，有人聊书。这本身就是对阅读的提醒与倡导。

60. 图书馆在实现经济利益的同时，还承担着传播文化的社会责任。

61. 实体图书馆不能被取代的是那种突然映入眼帘的书或人。这书或人，可以瞬间联系过去，也可以将你带往美好的未来。

62. 去实体图书馆就像去菜市场买菜，你可以用手翻来覆去地挑拣，可以实实在在地尝尝味道，可以比较这几棵白菜哪棵卖相更好，可以和小摊贩老板闲谈，可以和一起买菜的人交流各种菜品信息，也可以感受菜场里熙熙攘攘的气息，让自己的心也热闹起来。虚拟图书馆虽然更加丰富、精准、廉价，但是少了现实的这些亮堂和生气。

63. 图书馆，人文理念和人文精神的发散地，给你的不仅仅是感官上的温馨，更多的是内在精神的充实！

64. 可以在图书馆里找到自己的同好。虽然爱书的人大多不会主动与其他人交谈，但知道有同好在周围的感觉，像外出许久后回来，在家附近看到很多熟悉面孔，哪怕不曾与之打过招呼。

65. 选书更近了，不用隔着电脑；聊书更近了，不用隔着电话；人与人和平相处，不用宅在家里逃避喧嚣；每本书都在那儿等着把她领回家、爱她的主人，而不是物流公司；图书馆里每天都会发生不一样的人生故事。

66. 我只想说，图书馆是一座城市的文化坐标，如果一个城市没有像样的图书馆，那么这个城市的文化底蕴可想而知。

67. 我觉得实体店是书与读者交流的地方，爱着就会点燃爱的火焰。

68. 逛图书馆可以遇到气味相投的爱书人，以及比自己厉害、看书更多的人，可以和他们交谈、请教、辩论，可以和他们一起喝茶，到大排档喝酒，成为没有利益关系的朋友。

69. 图书馆带给你翻阅的快乐，人与人之间的互动交流，是电子书永远无法替代的。

70. 每个图书馆都像一个 Wi-Fi 发射器，它们尽自己的能力覆盖城市、社区、街道、商业中心。发射着同一个文化的讯息，即使越来微弱及至消失，也坚定地为寻找它的人存在。

71. 我以为我是这个时代、这个社会的非主流、少数派，走进图书馆，才知道，原来大家和我一样，我们才是多数派。只是，我们不愿意说话，所以感觉到了孤独。

72. 喜欢实体图书馆温暖、静似于家的感觉！在她的怀抱中，人与人是没有距离感的！我们都是读者，喜欢在她的怀抱中无意间抬头看到的那一抹微笑……

73. 看书与书之间的关系，听它们的韵律与节拍。

74. 一个没有图书馆的城市是枯燥干瘪的。喜欢读书的人只能上网买书，孤立地阅读。而在图书馆里，你永远能找到同类。所以，喜欢看书的人，一定喜欢逛图书馆，哪怕什么也不买。

75. 龙应台讲：文化来自逗留。这"逗留"二字在图书馆里体现得尤为明显。实体图书馆要继续生存，也需要这种逗留。

76. 经常出门到外地，除了旅游观光外，茶余饭后信步走在街头，当独立图书馆悄然出现在略显落寞的人眼前时，令人印象深刻。有特色的装修，轻松的店堂氛围，书香传来，禁不住信手抚摸那似曾相识的一个个封扉，要一杯咖啡，找个角落坐下，翻书，遐思，忘却身在何方。图书馆，不是家，却给人家的感受。

77. 图书馆是每个文艺青年的游乐场。如果图书馆消失了，那么我们不只是失去了一间卖书的店，更是彻底失去了一种文艺的悠闲生活，迷失在庸俗的城市里。如果失去图书馆，就意味着无法逃避现实的烦扰和沉闷。很期望政府相关部门能规定一下，让实体书店和网络书店书价一致，阻止网络书店低价抢客，这才是真正爱书人的福音。

78. 实体图书馆，可以在没有信仰的神奇国度替代教堂。冥思、探究、自省、开悟。

79. 我希望图书馆是一个让人在城市中可以落脚的地方，就像在路口看车来车往感到心慌时，终于有地方可以喘口气。

80. 每个城市的实体图书馆，都是我想去那个城市的理由。

81. 想象自己有一天也能开家图书馆，专营自己喜欢的图书。店铺整洁、干净又温馨,推门入内有笑脸相迎,阳光或阴雨时可以窝在柔软的沙发中,可以看书、抄书,可以沉浸在书的世界中。会有人寄来一封信告诉我他需要某一本书,会有合群的朋友来开沙龙。图书馆是真实的。

82. 图书馆是城市的精神家园,小图书馆尤其如此。它们散落在坊间,毫不起眼,却静静绽放,收纳着一个个飘荡的灵魂。"人如果能找到喜欢的小图书馆,就不孤独了啊。"有朋友如此说。缺乏孤独感或不热爱书的人,无法体会这种感受。

83. 每一家优秀的图书馆都有一个好老板。

84. 爱书是习惯,去图书馆也是习惯,如果去了图书馆不买书,就会很不舒服。从没有试着去图书馆抄书然后网购,那样更不舒服。在图书馆买书和网购图书完全是两种感觉。

85. 看得见、摸得着的,才能产生温度……

86. 除了实体图书馆,没有任何一种形式的图书馆能让你闻到浓浓的书香。唯有图书馆,能让你感受到进入了书的天堂,让温馨的阅读氛围包围着你,让图书馆员工贴心的服务感动着你。图书馆有看得见、摸得着的温暖,和图书馆不离不弃,是不错的选择。

87. 那是一个令人满眼满心都是书,充满期待、喜悦而又百般惆怅的地方,因为我能读的仅仅是其中很小很小的一部分,我感到渺小而自卑。

88. 给灵魂寻找一个栖息的地方。

89. 精神本身就难以捉摸,图书馆这样的精神地标,肯定是需要的。但是,图书馆本身要做好。品位差的、烂书堆积的,就没必要存在了。

90. 大家小时候下过军棋吧,图书馆就相当于其中的兵站;大家曾经外出长途旅行吧,图书馆就相当于歇脚的旅社;大家在生命的漫漫长路上有过不适吧,图书馆就相当于疗伤的医院。

91. 图书馆即使再小也是图书馆,是网络时代的一座风雨长亭,凝望疲敝的人文古道,难舍劫后的万卷斜阳。

92. 图书馆,叫人别无选择的静心之地!人只有在别无选择时才会告别欲望,所谓两耳不闻窗外事,一心只读圣贤书。

93. 每次去图书馆,都能找到一种内心宁静的感觉。一边是来来往往的人,一边是静静躺着的书。随手拿起一本书,心就会变得沉静。

94. 不管现实多么容易让人们忘了看书，遗失了自己，只要一个个实体图书馆静静地守候在那里，大家迟早会意识到她的存在，走进她，找回自己！

95. 图书馆是上帝建在人间的花房，阅读是一道信仰的光。越是乱世，越是需要这上帝的花房存在。

96. 实体图书馆必然有她独一无二的价值！她给人更多感官上的体会，是一个艺术的书园。一个好的实体图书馆更像一位老师，可以看出学问的脉络和层次。

97. 常带孩子去图书馆能培养孩子良好的阅读习惯，让孩子充分认识到读书的乐趣，早早地在图书馆的熏陶下养成对书的喜好，爱上阅读。

98. 感觉像在家里的书房。

99. 好的图书馆能够让志同道合的人走在一起，图书将成为他们沟通灵魂的一种载体。

100. 旅行的意义，在于巧妙地避开人群，无意中邂逅一间图书馆。寻找一个靠窗的位置，然后读着前人留下的只言片语。这样的午后，才值得跋山涉水。

101. 有良好的阅读环境：图书馆是一个适合阅读的地方，在这里，孩子能够看到各类图书。不管是在图书的数量上，还是在环境的投资上，国家都投入了大量资金。这里冬天有暖气，夏天有空调，还提供各式适合阅读的硬件设备。

102. 能交识更多爱知识的朋友：每到放假时，图书馆都会有大量爱阅读的小朋友。在这里，孩子会有意无意地结识不少爱读书的小朋友，有的还会成为良师益友陪伴终生，接触到好的朋友有利于孩子的成长和发展。

103. 能让孩子认清什么是知识的海洋：图书馆的藏书是其他地方没有的，图书馆的硬件设备也是最适合读书和学习的，不但有每天的报纸，更有古今中外的各类专业书籍，孩子只有经常到图书馆，才能真正认识到知识的海洋有多大，从而激发努力向上的品质。

104. 能扩大孩子的视野：无论是知识还是生活，孩子的目光都限定在一个窄小的范围内，图书馆能开阔孩子的视野和心胸，让孩子有一颗博大的心，知识是打开人类灵魂的敲门砖，在图书馆泡大的孩子一定会有乐观积极的心态。

105. 能提高学习成绩：孩子不仅要学习课本内的知识，课外阅读也是非常重要的。在阅读中，孩子能吸取书里的知识，培养良好的学习态度和品质。

106. 听一位书友妈妈说，充满阅读气氛的图书馆激发了孩子的阅读兴趣。周末的时候，孩子总是喜欢拉着她到图书馆看绘本，看累了望向窗外便是蓝天白云。

107. 能为家庭节约不少开支：孩子的教育对每个家庭来说都是一笔不小的开支，给孩子买大量的图书，大多随着孩子年龄的增加，都当废纸卖掉，去图书馆阅读则不同，你的孩子读罢，别的孩子还能继续读，一书传万人，图书共分享。

108. 图书馆是一片静谧的海洋，你如同一只小船，安静地漂浮。无数小船遵守着静默的契约，沉默着驶向目的地。你喜欢静谧的舒适氛围，喜欢默契的遥望。你把喜欢藏在了划过的书页里。

109. 你不是孤身一人，有时候，约上三五个学伴，举办一场思想的舞会。图书馆化为舞池，平静温和地凝视着你们灵动的思绪，掀起惊涛骇浪。你喜欢思想和灵魂尽情舞动的时刻，你把喜欢藏在了记录灵感的笔记本里。

110. 你从不为一个闲置的周末发愁，图书馆的趣味从不缺席，一本书，一部电影，成为有趣的灵魂相聚的理由。你喜欢在清闲时光里拥抱有趣的故事，你把喜欢藏在一沓厚厚的影评稿里。

111. 赫尔曼·黑塞说过：世界上任何书籍都不能带给你好运，但它们能让你悄悄成为最好的自己。在安静舒适的图书馆里，我们可以放下手机，养成良好的阅读习惯，尽情享受属于自己的阅读时光，在书海中遇见更好的自己。

112. 能发现孩子的兴趣和爱好：孩子在图书馆大多能按自己的意愿去阅读，不受考试分数和老师、家长的任何约束，能更好地培养自己的兴趣，兴趣才是高效率的第一要素，对孩子的成长起到积极的引导作用。

113. 每一次的欲言又止，都藏着一万句短促的情诗。这就是我爱图书馆的理由！

114. 图书馆的时间是主动的，不是被动的。也许你觉得图书馆里充满了"嘘"声，是一个静得可怕的地方，但是现在这些年幼的顾客可做的活动多了：跟图书和杂志，跟管理员，也可以跟其他孩子一起。大多数图书馆提供固定的儿童活动，让书中的故事来到现实生活中。通常这些活动都是在一个舒服的角落里，孩子们可以趴在垫子上或者安乐椅上。

115. 踏进图书馆，只要抬头仰望一番，便会深深地被那些人折服，他们或是站着，或是坐在楼梯上，或是蹲在地上，尽管姿态各异，但一丝不苟、聚精会神的神情一样。

116. 去图书馆会让你阅读得更多。研究表明，阅读的目的在于脑力的发展，尤其是在孩子出生的前五年。孩子在阅读的时候，脑细胞会飞速成长，已有脑细胞之间的联系得到加强，新的联系逐渐形成。阅读还是学习基本语言和文学技巧的最好活动之一，而这些是孩子成功的必备技能。

117. 逛图书馆时，孩子可以接触到更多的图书和杂志。当然，你可以带孩子去附近书店的儿童区——并且你应该这么做！但是如果你的预算有限，你就要控制孩子的花销。在图书馆，你可以抱着能够携带的所有书，看完之后立刻还回去，然后再带一堆新的回家。图书馆天然地具有"偶然发现"的特质——可以随意浏览而没有购买的压力——允许孩子去发现更多。我们无法预测，哪些东西会激发他们的好奇心，但无论是什么，他们都可以以极小的代价进行尝试。

118. 图书管理员可以推荐一些你不知道的书给孩子，提升孩子的品位，增加孩子的词汇量，丰富孩子的思想。我有一个混乱的、喜欢汽车的小读者。我的家里有很多关于汽车的书，我认为他会喜欢。但是我们的儿童图书管理员向他介绍了露丝·克劳斯的经典画册《大和小》（发行的时候改名为《我是真的爱你》）。我永远想不到他会如此喜欢这本诗意的书，并牢牢地记在了脑子里，还把自己最喜欢的黑熊命名为"黑暗的大街"，因为这本书得出了"黑暗的大街喜欢小街灯"的结论。

119. 拥有一张借书卡可以教给孩子责任感。作为一名图书馆的正式顾客，小孩子可以学会如何善待别人的东西。当孩子以自己的名义借书时，他们感觉到了被信任，感觉到了自己应该承担责任。他会感觉自己更像团队的一名成员了。第一张借书卡是孩子早期阅读的必备品，所以，给孩子办张借书卡吧——并且理解它的重要性。给这个重要的时刻拍张照，然后去外面吃冰激凌庆祝一下。

120. 在与图书馆共度的那些时光里,从肤浅到广博,从浮躁到平静,从狭隘到宽容,你不断超越自我,成了更好的自己。你有无数个喜欢图书馆的理由,你把喜欢藏在了无声的告白里。也请不要忘记表白那个阳光向上的自己。

121. 挑一本好书,选一个喜欢的自习座位坐下。与绿植相伴,孜孜不倦地读着,在这里宅一天都不过分。

第二章　转化率

松弛人生·生活滚烫·富足安康

每一个能让项目曝光、能与客户产生链接的点，都是媒体，都可以放一些可视化物料，从而激发客户的好奇心和认同感，让他们喜欢上我们的项目，愿意了解我们，并最终选择我们。

9. 长者松弛：逍遥之乐·优雅轻龄

清晨的阳光透过窗帘洒进房间，温暖而柔和。唤醒赵笑律的，不是闹钟，而是对跑步的热爱！

楼下的东昌湖国家湿地公园，依然是熟悉的景色。不远处的河面微光闪烁，岸上的花草散发出淡淡芳香。鸟儿在枝头欢快地歌唱，仿佛在为早起的人加油打气。

昨天晚上的饭局，算是敲定了名筑印象的策略方向，剩下的就是细化和落地执行了。赵笑律感到前所未有的轻松，他大口呼吸着清新的空气，感觉身体的每一个毛孔都在出汗。

穿着舒适的衣服，听着喜欢的音乐，迈着自由的步伐……这本身不就是一种松弛感吗！

回家冲个澡，吃早点、水果补充能量。之后，赵笑律便投入了紧张的工作。他需要在最短时间内整理出一个课件，然后分享给置业顾问。

赵笑律开启了疯狂的搜资料模式，并在得到 App 上翻遍了与松弛有关的书籍和文章，还做了大量笔记。经过两天马不停蹄的赶工，赵笑律总算把要分享的内容梳理清楚了。为了分享"松弛感"，他显得不那么松弛，赵笑律自己都觉得有几分好笑。

再去售楼部时，赵笑律前两天推荐的《人生由我》《郑渊洁家庭教育课》《冯唐成事心法》三本书，已经摆在接待台和物料架上了。赵笑律很是意外，当即拍照发了个朋友圈，并配了一句话——"多读书 打胜仗"。

赵笑律
多读书
打胜仗

不过，置业顾问每天的时间基本上被安排满了。除了正常接待客户，练习销讲，还要出去拓客，以及维系朋友圈和发抖音，再要求他们看书，无异于增加了他们的工作量。而且，被强迫着看书必然会很痛苦。

郎书胜倒是想了一个好办法：每天晨会

聊城市·财信·名筑印象

赵笑律朋友圈截图

时,选取书里的一个章节,大家都站在临售前面的台阶上,一起大声地朗读。很长一段时间,如果你恰巧从松桂大街路过,就会看到一群身着职业装的俊男靓女站成两排,他们不是在喊口号,也不是在跳操,而是手捧书稿,在放声朗读。琅琅读书声,孜孜勤学影,不知情的过路人,会误以为是对面新一中的学生在早读呢!

等到晚上客户少了,郎书胜再以身作则,带领大家见缝插针地看会儿书。

财信·名筑印象团队日常读书

因为白天有客户,郎书胜把赵笑律的分享会安排到了下午五点半,并要求全员参加,任何人不得请假,其他项目的同事也可以过来旁听。

吃过午饭,赵笑律眼见时间还早,就溜达着去图书馆逛了逛。

没想到,这个时候来图书馆的人依然络绎不绝,每层都座无虚席。赵笑律实在找不到合适的位置落座,就在书架前随手挑了本书,然后席地而坐,仿佛置身于一个与世隔绝的小天地,没有人打扰,这样反而落得个清静。

离开时已是下午四点,望着楼上、楼下沉浸在学习中的身影,赵笑律心生感慨:图书馆确实是一个非常松弛的地方。在这里,你可以远离喧嚣和压力,沉浸在宁静的氛围中。给全家人松弛感的生活,从逛图书馆开始。

距离分享还有10分钟,会议室里已经坐满了。赵笑律打开投影幕布,投屏上是自己准备的课件。确定人到齐后,赵笑律先是汇报了名筑印象客户访

第二章 转化率

谈的样本,并解释了生命周期、松弛感,之后按了一下翻页笔,屏幕上出现了一张照片,赵笑律问道:

"这个人都认识吗?"

"俞敏洪。"

"他最近遇到什么困难了?"

"双减!"

"新东方不行了。"

"直播带货去了。"

"……"

"2021年9月,国家颁布'双减'政策,中国'教培行业'受到影响。俞敏洪创建的'新东方'也没能逃脱历史的洪流。只是,在别的公司裁员跑路时,新东方的退场,体面又有责任感。新东方退租了1500个教学点,巨亏了六七十亿元的装修费。在如此艰难的情况下,'新东方'不欠房租、不欠工资,还把买下来的教学设备及桌椅全部捐给了乡村学校。"赵笑律翻动屏幕,展示了几张新东方捐赠桌椅的新闻截图,接着说,"此时的俞敏洪,年逾五十。面对如此人生低谷,他却坚韧如松柏。他积极寻求出路,义无反顾地冲进电商行业,开播了《东方甄选》栏目,谋求企业的转型。后来,'新东方'又活了过来。企业如是,我们个人也一样。

"当不确定袭来时,我们不能像花瓶,一碰即碎,溃不成军,也不能像泥人,虽泥体仍在,却失去了原来的模样,丢掉了初心。我们要像篮球,松弛有度、富有弹性,掉下来时先弹一弹,甚至有点变形,然后恢复到自己原来的样子。

"人生从来不是一帆风顺的,我们经常会面临死局,要学会拥抱不确定性,从容淡定、乐观豁达地去应对,才能成为自己命运的掌控者。只要你松弛有度、足够柔软,在风雨来袭时学会保存实力,总有再站起来的时候。"

"这是不是一种松弛感?"赵笑律看向所有人,大声问道。

"是!"只有几个人小声回答。

"是不是?"赵笑律提高了嗓门,再次问。

"是!"所有人异口同声。

赵笑律按了一下翻页笔,屏幕上又出现一张照片,赵笑律问道:

"这个人认识吗?"

083

"《狂飙》。"

"高启强。"

"张颂文。"

"大嫂她老公……"

…………

大家有说有笑，气氛变得活跃起来。

"我特别喜欢他的院子。"赵笑律又翻了几页，展示了几张图片，接着说，"张颂文的家，在北京顺义的一个农家院。顺义属于北京的六环，可以说是比较偏僻了。但张颂文就是看中了这一点，才租了下来，而且一租就是十几年。房子虽然是租的，但张颂文十分花心思。闲暇时，他会想办法侍弄自己的小院。今天种棵果树，明天修修围栏，后天栽几株鲜花……院子里很多装饰、摆件都是他用废品做成的，别有意趣。

"张颂文也对这个院子非常满意，他自己就说：这个平房宅子虽然质朴，但被我收拾得十分舒适，满园都是我种的花花草草，朋友也很喜欢来我们家做客。"

"张颂文身上有没有松弛感？"赵笑律再次看向所有人，大声问道。

"有！"众人异口同声地答道。

"相比于很多天生拿着一手好牌、淡然名利、自带松弛感的人来说，张颂文身上的松弛感更加难能可贵。这也是大众喜欢他的原因。松弛感让我们能与自我和谐相处，是人生最好的状态。

"带着松弛感去生活，你会发现自己活得舒展、不拧巴，亲密关系也越来越轻松甜蜜了。有了松弛感，我们可以找到自己、爱上自己，允许自己以一种自然舒适的状态活在当下。"

赵笑律说完，又按了一下翻页笔，屏幕上出现一张电影海报。"这个电影有人看过吗？"见大家摇摇头，赵笑律接着说，"这是前几年很火的一部纪录片，还是奥斯卡获奖影片，叫《徒手攀岩》。这部影片记录了极限运动员艾利克斯·霍诺德在没有任何辅助的情况下，徒手攀爬美国酋长岩的全过程。注意哈，没有绳索，没有任何安全措施，徒手攀爬，一共用了3小时56分钟。我特别喜欢海报上的宣传语，'向死而生，光芒万丈'。

"如果我们不攀岩的话，无法感受其中的困难。酋长岩海拔高达914米，垂直接近90度，被称作'攀岩界的珠穆朗玛峰'，也被公认为世界上'最不可能被攀登的巨石'。

"当然，艾利克斯·霍诺德不可能一上来就直接去徒手攀爬。徒手攀登酋长岩是他的终极目标，为此他先后尝试了1000多次，甚至准备了一年半的时间，借助绳索攀爬过近60次酋长岩。他为的就是不断尝试不同的登顶路线，不断记忆所有可取路线的攀登细节，因为他知道，只有将每一次脚步移动的速度、方位和角度都烂熟于心，才有胜算。

"艾利克斯自己都说，攀爬的过程难免会手心冒汗，因为一旦失误，就意味着死亡。在近4小时的攀岩过程中，他必须始终保持放松的状态。因为只有身心放松，才更容易集中注意力，才不会出现失误。"

"攀岩需不需要松弛感？"赵笑律看向众人，大声问道。

"需要！"众人异口同声。

"卖房子需不需要松弛感？"

"需要！"

"你们需不需要松弛感？"

"需要！"

"好，这都是你们自己说的哈，我可没逼你们。"众人先是一愣，随即都哈哈大笑起来。

"给大家分享了三个关于'松弛感'的故事，是希望帮大家更好地理解松弛感。松弛感无处不在，所有人都需要松弛感。"赵笑律端起桌子上的水杯，大口喝了几口，接着说，"我们售楼部多了三本书，有看到吗？"

"看到了。"

"之前看过这几本书，或者正在看的，请举一下手。"

赵笑律环顾左右，满脸开心："优秀，为你们点赞！《人生由我》《冯唐成事心法》《郑渊洁家庭教育课》这三本书就相当于不同年龄段的松弛指南。"

赵笑律按了一下翻页笔，看着屏幕，继续分享："下面，我们将分三个部分，从老年、中年、孩子角度，看看不同年龄段的客户在名筑印象能够享受到什么样的松弛生活。

"先来看老年人的松弛生活。问大家一个问题，我们总爱对老人说要保重身体，祝您身体健康，那么，到底什么才是健康呢？"

"不怎么生病。"

"不生闷气。"

"心态好。"

……………

"大家说的基本上都涵盖了。"赵笑律翻到下一页PPT，接着说，"联合国教科文组织是这样定义的，人的健康包括三个方面：身体生理上的健康无疾病、心理精神的健康无疾病、社会的适应度良好。那么，名筑印象要如何满足老年人在健康方面的需求呢？"

"我们先看一组数据。"赵笑律翻到下一页PPT，继续说，"这是四川大学华西医院发布的一组追踪研究调查数据。研究团队从2002年开始，分批追踪了28000多名老年人的生活情况。最近，他们发表了阶段性的报告，其中一个特别重要的结论就是，频繁参加社交活动的老年人明显更长寿。"

"当然，我们还可以给这个研究找个佐证。"赵笑律按动翻页笔，看着屏幕说，"2022年9月，《柳叶刀》子刊 eClinicalMedicine 刊登了中国团队联合加拿大学者做的一项研究，里面提到了一个现象：独居与65岁以下个体的死亡率增加有关，而且这种关联在男性身上体现得更明显。

"换句话说，对老年人来说，时不时出去走走，参加参加社交活动，很可能不是锦上添花，而是能从根本上延长寿命。"

"难怪有人说，跳广场舞能长寿，原来是这个道理。"郎书胜补充道。

"'中国式健身'岂非浪得虚名！"赵笑律笑着说，"好，我的问题来了。在座的名筑印象置业顾问，你们肯定比我更了解项目。请问名筑印象是如何满足老年人在健康方面的需求的？"

"我们社区规划了长者空间，比如，长者慢时光、日间照料中心。"置业顾问宋池站起来说。

"这些长者空间对老年人有什么用呢？"

"可以满足不同活力类型长者的需求，大家在一起可以吟诗作画，品茶下棋，或者运动跑步，打造张弛有度、动静皆宜的丰富生活。日间照料中心能为社区内生活不能完全自理、日常生活需要一定照料的半失能老年人，提供膳食供应、个人照顾、保健康复、休闲娱乐等日间托养服务。"

"很好，请坐。谁还有补充？"

"我们社区里有流水美学馆、架空层泛会所、风景游廊等配套空间，能让长者和志同道合的朋友一起喝茶聊天、下棋看书，多种社交形式会让老年生活不再单调。"置业顾问郑典谦说。

第二章 转化率

"很赞,请坐。大家的销讲水平都很过硬哈!"赵笑律翻到下一页PPT,接着说,"我们再来看一组数据。2013年,美国《神经病学》杂志刊登的一项研究显示,从儿时开始养成读书、写信等习惯,有助于防止记忆丧失等认知障碍症(阿尔茨海默病)临床症状。思维、学习和记忆能力更强的人群,能够延缓认知障碍症的发生。晚年经常进行脑力活动的人,发生脑力下降的危险比一般人群低32%。而那些不经常动脑者,记忆力等认知能力下降速度会加快48%。也就是说,很多老年人的病是闲出来的。

"人到一定年龄后,脑部会退化。当你的大脑和意志不再战斗时,就真的老了。人类的大脑要不断刺激才能保持活力,为什么退休的人老得快?因为失去了外部刺激。

"那么如何抵抗脑部退化呢?请问,你觉得抵抗脑部退化最好的方法是什么?"

"打牌。"

"读书、看报。"

"运动。"

"……………"

大家你一言我一语的,气氛又热闹了起来。

"大家说的都对,不过,我觉得最好的方法就是读书。"赵笑律笑了笑,然后舞动翻页笔,看着大屏幕,继续说,"因为读书发声就相当于对脑部进行按摩,能够延缓大脑的退化。如果我们坚持活到老读书到老,大脑不仅不会退化,还会越老越好用,绝对不会得阿尔茨海默病。

"另外,读书是百年大计,即使你退休了,也要持续学习。比如:学习如何调整心态,过好退休生活;学习社会的新发展动态;学习与年轻人沟通的新方式;学习如何打破自己的经验主义,在心态上保持年轻;学习如何妥善处理好遗产分配问题,实现家庭财富的平稳过渡。"

"又是到了读书,怎么办啊,各位?"赵笑律问。

"去图书馆!"大家异口同声地说。

"没错,谁让聊城市图书馆离我们项目就500米呢!多去图书馆看书,不仅能活跃大脑,还能提高读书质量。而且图书馆里都是年轻人,只有和年轻人在一起,老年人才会觉得自己没有老,没准儿还能结交一些忘年交呢。当然了,最重要的是,可以给子孙树立学习的榜样,打造书香世家。

"另外，刚才大家提到的打牌也可以锻炼大脑。比如，袁隆平就喜欢打麻将，他其实是在有意识地训练自己的大脑。因为打麻将需要你反应够快，这样脑子就不会生锈。此外，袁老也会每天坚持晨练，活动活动经络。这就是另一种健脑方式：运动改变大脑。"

赵笑律翻到下一页 PPT，看着屏幕说："运动不仅能健身、锻炼肌肉，还能锻炼大脑，改造心智与智商，让人更聪明、更快乐、更幸福！运动能刺激脑干，提供能量，还能调节脑内神经递质，改变既定的自我概念，稳定情绪，增强学习力。那么，问题来了。"赵笑律看向大家，问道，"名筑印象是怎么从运动的角度，满足老年人需求的？"

"我们社区里规划有 800 米森氧跑道、林下休闲健身场地，满足不同长者的健康需求，让他们永葆活力。"置业顾问金泵站起来说。

"很好，请坐。我们目前说到了社交、读书、运动，这些能带给老年人松弛感。请问名筑印象还有哪些没有说到的点，欢迎大家补充。"

"还有我们的园林绿化，也很好。"置业顾问宋池再次站起来说，"我们都知道，亲近大自然对身体好。名筑印象不惜花大价钱打造了酒店式景观园林，而且搭配了不同种类的植被，打造芳香植物疗愈。这些植被不仅营造出了安静的氛围，还能降噪安神。另外，植物的色彩也能疗愈，并且抑制细菌、吸纳粉尘、净化空气，从而打造轻松愉悦的关爱式休闲场地。"

"哈哈，让我想起了一句广告语，'一千多种养生之道，都败给了和自然打交道'。"赵笑律笑着说，"你那几个润景苑的客户，就是典型的缺乏松弛感。他们为子女操劳了大半生，该为自己考虑了，该活出自己了，但在现实中又实现不了，所以很痛苦。"

宋池点点头，说："我准备赶紧把这三本书看完，再和他们深入交流一下。"

赵笑律说："你甚至可以把《人生由我》送给客户。这样就表示'你懂他'，你们之间更容易建立信任关系。"宋池再次点点头。

"我们刚才聊了那么多，总结起来，其实就是一句话：世界上顶级的养生，叫松弛感。"赵笑律看着屏幕，沉思了一会儿，说，"今天分享的内容，接下来都会设计成物料，以及整理成销讲话术，提供给大家当销售道具用。

"正好说到了《人生由我》这本书，我用一句话概括这部分的主题，就是：老年人要想远离油腻感，就务必记住：衣着得体，状态松弛，没准儿就轻松惊艳了时光。"

10. 中年松弛：包容通透·富足有为

赵笑律按动翻页笔，看着屏幕上的 PPT，说道："说完了老年人，第二部分我们站在中年人的角度，看看如何在名筑印象活出松弛感？我再请教一下大家：我们名筑印象的客户群体是谁？"

"老师！"

"医生！"

"公务员！"

"做生意的！"

……

"学校老师、机关人员、医院医生、生意老板等，他们都是高净值客户。所谓'同质相吸，圈层所向，邻里高阶'，名筑印象就是专为这些高知客群打造的一个'生活、事业、修为'的圈层平台，这个平台是联结我们和业主的专属纽带。"赵笑律按了一下翻页笔，继续说道，"下面我们详细来看。首先是社区外的图书馆，对高知客群而言，学习是一辈子的修行，离聊城市图书馆近的最大好处就是借书很方便，还能在线看电子书，有助于养成良好的学习习惯。

"我们都知道，人和人最本质的区别就是认知。还有一句话是这样说的：'你永远赚不到你认知以外的钱。'这足以说明认知的重要性。

"那么怎么提高认知呢？最好的办法就是学习，通过学习掌握人生的底层逻辑。图书馆里特别安静，你去了，心会不自觉地静下来，特别有助于沉浸式学习。

"最重要的是，如果你以身作则，经常读书，给孩子做好榜样，就很容易培育出书香浓厚的优良家风。有调查研究发现，常去图书馆，幸福感更强，人会更快乐。"

赵笑律翻到下一页 PPT，给大家展示了一则新闻。

> ## 常去健身房幸福感少　爱去图书馆会更快乐
>
> 2014年04月24日 07:01
> 来源：广州日报
>
>
>
> 一学生在图书馆看书。
>
> 新华社电 还在想要不要花钱办健身卡吗？不如去办一张阅览证吧。英国文化、新闻和体育部公布的一项调查结果显示，经常去健身房运动的人明显主观幸福感较少，而喜欢去图书馆的人感觉更幸福。
>
> 调查人员查看了4万人关于文化、体育活动参与度和主观幸福感的调查问卷，结合调查对象的年龄和收入水平等信息，计算活动类型与幸福感的关联度。
>
> 计算方法如下：年收入增加5000英镑（约合8414美元）让主观幸福感指数上升一个点，如果一项活动也提升主观幸福感指数一个点，那么这项活动对调查对象而言，价值5000英镑。
>
> 结果显示，跳舞和游泳明显对增强幸福感起到积极作用。经常跳舞的人主观幸福感最强，相当于年收入增加1671英镑（2812美元）；游泳次之，对幸福感的作用相当于1630英镑（2743美元）。
>
> 常去图书馆看书也能增强幸福感，作用相当于年收入增加1359英镑（2287美元）。常去健身的调查对象幸福感明显不如不去的人，不快乐程度相当于年收入减少1318英镑（2217美元）。

常去图书馆的人幸福指数更高

"其次，是社区内部的配套。我们倾力打造的度假式景观园林，就像一个元气满满的森林，为的是给高知客群提供一个安顿自己的心灵驿站。"赵笑律端起茶杯，连喝了几口水，继续说道，"从'自我松弛'的角度来看，人到了中年需要做到以下几点。

"（1）接受和珍惜现实。人生本来就是充满波折和变化的，我们需要接受生活中的一切，包括好的和不好的事情，才能更好地享受生活。同时，我们需要学会珍惜眼前拥有的，而不是一直追求更多、更好的东西。

"（2）学会放下。放下过去的遗憾和烦恼，不要过于钻牛角尖。同时，要学会放下一些无法掌控的事情，不要过度担忧未来。

"（3）寻找生活平衡点。不要一味追求工作和事业成功，也要注重家庭、朋友、爱好等生活中其他方面的发展。同时，要注意身体健康、情感健康等，让自己全面和平衡地发展。

"（4）学会享受生活。不管是在家中，还是旅行、运动、品美食、和亲朋好友聚会，都要好好享受当下，丰富自己的内心。你的心灵富足了，即使别人说了一些你不太赞同的话，你也不会特别不开心，即使别人批评你了，你也不至于当场翻脸。这是因为，富足的心灵有能力消化此类无关紧要的话语。只有学会真正享受生活，心灵富足，才能拥有更加松弛自在的人生。

"人到了中年，倾向于关系做减法、享受做加法。有两三个知己好友就够了，去掉一些'表面的人'，放弃一些不必要的人际关系，把更多的时间放在生活享受上。

"比如，在社区的流水美学馆里，可以品茶会友、闲谈内外、纵论古今，做思想交流，或者邀请好朋友来做客，让两个家庭关系质量有所提升。在户外书吧里，可以安静独处，将全部精力集中于自己。

"叔本华说：只有当一个人独处的时候，他才可以完全成为自己。独处是对定力的考验，也是一个人最好的增值期。独处时，我们面对的是完整的自己：不用迎合，不用刻意，只需要在意自己。

"又如，在架空层泛会所里，读书、下棋、会客、健身等，安放自己的兴趣爱好，在切磋中怡然自得。还有在青年运动场、约 800 米的森氧跑道，长期坚持锻炼，挥洒汗水，打造健康的基底。"

赵笑律翻到下一页 PPT，继续分享，"总的来说，名筑印象打造的社区配套，既有中年人的私密独处空间，也有培养兴趣爱好的友好交流空间，还有全家人亲密互动的温情空间。

"我始终记得《宁静祷文》中所说的一句话：'请赐给我雅量，平静接受不可改变的事；赐给我勇气，去改变应该改变的事；并赐给我智慧，去分辨什么是可以改变的事、什么是不可以改变的事。'

"这句话说得多好，基本概括了世间百态，积极而又平静，这就是我心目中自在的样子——与幸福慢慢相见，内心安然。肯低头、能容人、懂松弛，就是中年人顶级的格局，这样的人生才能心花怒放。"

赵笑律按动翻页笔，盯着下一页屏幕，继续说道，"从'夫妻松弛'的角度来看，人生最大的成功，不是财富多少，也不是地位多高，而是拥有一个幸福的家庭。

"如何实现呢？肯定不是开车到地库了，宁愿在车里发呆也不愿意上楼，而是有更多空间，提供更多的夫妻陪伴。比如，流水美学馆、户外书吧、架空层泛会所，还有青年运动场和森氧跑道……夫妻既能有各自的独处空间，发展兴趣爱好，也能有更多亲密的空间来甜蜜交流、同频进步，仿佛重回恋爱期。

"有松弛感的家庭关系，大家相敬如宾，没有一丝摩擦，对彼此的所有言行都无条件包容。因为有松弛感的人心宽嘛！

"有松弛感的恋爱关系，不会因为小事争吵，不会动不动就热脑子流眼泪，有事儿咱分说分说，列列论据，丝毫不挤占彼此的情感处理CPU，多好呀！

"哪怕在名筑印象，夫妻一起看水赏园林，空旷是一种收获，放松是一种活法，悠闲是一种享受。这么多美好的空间，你的家庭想不幸福都难。"

"当然，幸福的家庭，还需要更多的亲子陪伴。"赵笑律翻动屏幕，然后看向大家，接着说，"从'亲子松弛'的角度来看，最好的家庭教育不是监管，不是控制，而是父亲做榜样，母亲能温和。鸡飞狗跳、责骂吼叫都过于紧绷了。

"对于懂得生活的你来说，同'好弓要松弦'的道理一样，只有紧绷没有宽松，就不可能成为一把真正的好弓。

"家庭教育不是管理，而是示范和引导。你优秀了，孩子大概率也会优秀。给孩子树立榜样，有助于打造书香世家，家风传承。父母努力1%，孩子进步99%。教育的本质是人点亮人。父母送给孩子最好的礼物，是更好的自己。

"比如，平常没事了，可以带着孩子走进图书馆，亲子共同学习进步。或者在户外书吧，边读书边交流。在流水美学馆里，可以让孩子聆听大人的教诲，汲取智慧。饭后一家人不是坐在一起玩手机，而是一起下楼去漫步、跑步，提升陪伴质量。其实，只要夫妻之间松弛了，关系融洽了，亲子和睦是必然的。

"俗话说，三十而立、四十不惑。其实这就是在告诉我们，中年人最大的成熟是拥有低头的勇气、培养松弛的能力、修炼容人的格局。

"因为一个人外表的油腻，是身材发福和不在意打扮，而内心的油腻，则是开始习惯说教和抱怨。"

赵笑律连珠炮似的,语言如瀑布般倾泻而出,字句之间几乎没有停顿,不一会儿工夫便说完了。

他停顿了片刻,目光扫视了一遍会议室的每个人。大家静静地等待着他的继续分享,眼神中透露出期待和信任。

"好,第二部分,我讲完了。"众人这才醒过神来,赵笑律继续说,"这部分内容也会设计成物料,整理成销讲说辞,给到大家当作道具。"

11. 学霸松弛：快乐成长·幸福成才

"该讲第三部分了，我们从孩子的角度聊一聊教育的松弛感。"赵笑律翻动屏幕，然后看向大家，问道，"请问，学区是名筑印象的核心卖点吗？"

有人摇头，有人点头，有人小声说是，有人迟疑着不知道该说是还是不是。

"后排的小伙伴，谁来回答一下？"赵笑律径直走到会议室后面。

"我本来觉得学区是卖点，你这样一问，我感觉应该不是。"置业顾问陈竹启慌忙站起来说。众人听完一阵哄笑。

赵笑律也无奈地笑笑，追问道："那你觉得为什么不是？"

"跟新一中有关吧，虽然它就在我们项目对面，实力也很强，但它是高中，必须考上了才能上。"赵笑律点点头，示意他坐下，开玩笑地说："你总算沉住气了！"众人听完又发出一阵哄笑。

赵笑律走到屏幕前方，面向大家，斩钉截铁地说：

"学区不是名筑印象的优势。说白了，我们不是学区房。新一中需要考；北大培文是私立的，需要花钱；颐中外国语属于划片的，但实力一般。"

"那我们是不是就不用给客户讲学校了？"置业顾问郑典谦问道。

"讲啊，当然要讲。你买名筑印象，孩子上学没有任何问题，九年义务教育都能满足。但想上好学校，新一中需要考，北大培文需要花钱，这我们解决不了。"赵笑律思考了片刻，接着说，"前面讲客户分析的时候，我们提到过，名筑印象的意向客户，基本上孩子都在上学，大的已经上高中或者去外地上大学了，小的还在上小学或者初中。确实有客户想得比较远，孩子以后考上新一中了，住我们这里比较方便。但这种事不可控，我们没办法承诺。"

"不过，有一点是我们的优势，而且是排他性的优势。"这话瞬间燃起了大家的好奇心。赵笑律并没有直接公布答案，而是问，"你们每天在售楼部上班，有没有看到过晚上九点以后新一中门口十几辆校车等着送学生回家？"

"有，我们还拍视频发朋友圈了。"

"是不是每天门前的松桂大街路两边，都停满了来接孩子放学的私家车？"

第二章　转化率

"是，特别堵车，我们还去派单了。"

"那么，看到这样的壮举，你们有什么感受？是不是觉得孩子上学太不容易了？"

"是！"

"有没有觉得当家长的更辛苦？天天如此，风雨无阻！"

"有！"

"我的感受就是：孩子的时间应该花在学习上，而不是学习的路上。"见大家都在记笔记，赵笑律接着说，"这就是我们项目的一大优势。无论你上什么学校，离家近点，总没错！"

"再问大家一个问题：你们觉得什么是学霸？"

"经常考高分呗！"

"小镇做题家。"

"高考状元？"

"…………"

"其实，一共有三种学霸。"赵笑律用激光指着屏幕，"第一种是在学校考试成绩十分出色的学霸，第二种是自学能力、终身自我教育能力极强的学霸，第三种是前面两者兼顾的学霸。"

"你们希望自己的孩子以后成为哪种学霸？"赵笑律问道。

"第三种！"

"真正的学霸，就是第三种。而教育的目的，就是培养孩子的自学能力，让孩子能够自我教育、终身学习。"赵笑律按动翻页笔，看着屏幕说，"反观我们的教育，总是在过分营造'紧绷感'，鲜红的标语、励志的口号、挥舞的拳头——总是在告诉老师和学生要紧张起来。在平时，这种'紧绷感'固然能提高工作和学习的效率，但在关键时候，往往容易导致失误。"

"你们身边有没有平时成绩很好，高考关键时候却发挥失常的同学？"

"有。"

"这在心理学上叫'投不准定律'，就是球员越想把球投进，越投不进。反映在高考中，各省市的状元很少有平时就是第一的。那些平时总考第一的，在高考时总会不由自主地想着再考第一。结果'紧绷感'多了，身体上消耗的能量就多了，导致大脑消耗的能量减少，记忆和思维的速度慢下来，很容易考砸。而那些平时处在第十名左右，没有考第一念头的学生，心态轻松，

095

往往能拔得头筹。

"一张一弛,文武之道。人的身心很像弹簧,弹簧一直拉紧,弹力系数就会降低,难以恢复到初始状态。身心迅速发育的青少年,处在巨大的考试压力之下,长期紧绷劳累就会抑制智力的发育,甚至很容易狂躁、抑郁、崩溃。

"怎么办呢?让教育多一些松弛,少一些紧绷。而且,教育的松弛感,必须从家长抓起!"

赵笑律按了一下翻页笔,屏幕上出现两张照片,他问道:"这个场景,熟悉吗?"

大家顿时哈哈大笑起来。

"你肯定听过这个词——'恐辅症'!它的全称是'恐惧辅导孩子写作业综合征'。它描述的是父母辅导孩子写作业像渡劫,孩子要么东张西望不配合,要么不管讲几遍就是听不懂。家长陪孩子写作业,本意是增进亲子关系。结果气得父母暴跳如雷、血压升高,甚至跟孩子爆发激烈的冲突。

恐辅症

"正所谓:不写作业,母慈子孝;一做作业,鸡飞狗跳。这背后,其实是控制欲在作祟。前面我们也讲了,<u>松弛感的反面,就是控制欲</u>。而<u>松弛感的</u>

第二章 转化率

本质,就是放下想要控制一切的欲望,更从容地接纳一切的自然发生。如果家长试着用'陪伴感'替代'控制欲','恐辅症'就能缓解很多。你松弛了,孩子自然也会松弛!"

赵笑律翻动屏幕,又出现两张图片,他继续问:

"知道这是哪里吗?"

"工厂吧!"

"像是学校!"

"………"

"这是著名的教育家李希贵校长用 GPT 画的。一张是现在的学校,另一张是 GPT 想象中的未来学校。"

"这是我在'得到头条'上看到的。你们有没有发现,除了教学楼变高,校园变大,这两所学校好像并没有什么变化。"

大家仔细看了看,都点了点头。

GPT 绘制的 2023 年的学校

GPT 绘制的 2073 年的学校

"被称为"美国特许学校之父"的魏克礼曾经说过,假如一个 15 世纪的人穿越到 21 世纪,只有两个地方是他熟悉的,一个是教堂,另一个是学校。因为过去这些年,学校除了变大,设施变好外,基本范式并没有改变。学校的作用依然是教授知识、督促学习。

"听到这里,你可能会说,这有什么问题吗?你想过没有,学校的这个发展趋势,其实是有一个关键前提的。那就是教育资源有限。未必人人都有机会上大学,更不是谁都能上好大学。因此,学校的进化方向,就是不断变大,不断容纳更多的人,不断提高分数。

"但问题是,将视角拉长,你会发现,这个前提正在发生变化。因为,我们已经过了人口的高速增长期,这意味着早晚有一天竞争会倒过来。现在是几个学生竞争一所学校,而未来是几所学校争取一个学生。

"到那时,就会出现一个新问题。假如没有升学考试的压力,学生的学习动力从哪里来,学校的目标又应该是什么?

"这是一个摆在教育面前的,实打实的挑战。借用李希贵校长的话说,教育的目的,不是推轮子,而是撬动油门,也就是激发学生的学习内动力。说白了,就是让你成为一个对学习这件事,有体感、有激情、有方法的人。

"总结来说,当升学不再有压力时,教育的目标应该是什么?其中最关键的一个答案，就是激发学生的内生动力。"

赵笑律翻动PPT，出现的是一张课程表，他问：

"这个课程有人听过吗？"

大家都摇头，不作声。

"刚才讲学生的内生动力，其实，再说得直白点，就是自学能力。"赵笑律继续说道，"我在'李笑来谈AI时代的家庭教育'这门课里，看到了同样的观点。

"人工智能的爆发必然会给社会带来冲击。比如，社会需要的知识与技能会不断增加和变化，'能吃一辈子的技能'正在逐步消解，大多数将走向灭绝。

"在未来，正规的学校教育将不那么重要，因为孩子的主要学习方式，会从向老师学习转向自学。

"其实，我们都知道，在过去的几十年里，学校教育系统面临最大的尴尬，就在于教授的专业内容越来越脱离社会、脱离时代。

"学校的核心任务，本来就是'向社会源源不断输送合格劳动力'。可问题是，绝大部分毕业生最终从事的并不是'专业对口'的工作。

"比如，工商管理专业开设已经有30年了，但是这个专业毕业的学生，不可能一毕业就能找到工商管理的职位。因为像领导力、沟通力、经营能力、营销能力、制定决策能力都不是在学校就能学明白的。

"2019年的一项调查研究表明，美国人在学校里学到的东西，只有37%能用到工作中。更早一点，2003年的一项调查表明，35岁以上的职场人群中，只有17%不到的人正在从事当年在学校里专修的专业。

"一份来自浙江的调查显示，只有46.5%的在读大学生和47.5%的毕业生认为，自己的专业能与工作种类相匹配；95%的毕业生承认，大学学的专业知识在实际工作中最多能用上20%。

"这些告诉我们什么？真正能在社会上立足的人，靠的都是'自学'，在智能时代尤其这样。'终身学习'不再是一个选项，而是'不得不的必需'。

"像李笑来，他本人就是终身学习的受益者。李笑来本科学的是会计，从一所三流大学毕业后，走入社会的第一份工作是与专业无关的销售。因为父亲长期生病，为了能有份稳定的收入，李笑来考托福、GRE，成功应聘上了新东方。七年后离开新东方，他又自学去创业、自学做投资，闲暇时间还自学进行文字创作。一路走到今天，仰仗自学能力，以及终身学习的态度，李笑来成为畅销书作家、区块链专家、天使投资人!

"所以,真正有用、有效的教育,成本低得令人难以置信。那就是自学!而人工智能时代的最大赢家,就是学会自主学习。换句话说,你自己家的书房,就是最好的学区房。"

赵笑律翻到下一页PPT,依然是一张图片:

"这个画面,熟悉吗?"

大家点点头,笑而不语。

"病房里,一群孩子齐刷刷地一边打着点滴,一边写作业。这边静脉注射,那边三角函数,猛一看你都搞不清楚到底是作业进了医院,还是点滴进了教室。不明真相的人,估计还真以为医院和学校联合办学了呢!

"刚才,我们还说'最好的学区房,是你自己家的书房',立马就被打脸了。现在我们得改改了,'最好的学区房,不是什么书房,而是你的病房'。孩子读书都卷到病房里去了。这一幕太让人心疼,也太荒诞了!"

众人一阵乐呵。赵笑律喝了口水,接着说,"我小时候,可天天都盼望着生病哪。一生病,我就不用上学,更不用写作业了,还有各种好吃的。现在倒好,生个病作业一点不能落下,简直太难了。

"为什么家长要让孩子打着吊瓶做作业?作家六神磊磊,一个字道出了真相:怕。

"你不做卷子,怕别人在做;你不卷了,怕别人在卷;你生病一周,害怕别人进步一周;你害怕等自己孩子病好了,就看不见别人孩子的尾灯了,既然大家都超速,我怎么能按限速开?

"有句话叫'我为人人,人人为我',现在直接变异成了'我卷人人,人人卷我'。而孩子,是被控制得最多,排遣和发泄方式又最少的群体。孩子的命运不是掌握在自己手里,而是什么都由大人给布置。大人的期待转移给孩子,大人的梦想转移给孩子,大人的挫败和不满转移给孩子,宛如一个个命运的吊瓶,高悬在头顶。

"所以'卷'这件事在孩子身上体现得最极端、最惨烈。而那个中国式的拷问'人人都干了,你怎么没有',一层一层、一圈一圈地传递下来,到最后就都集中到了孩子身上,浓缩成了一句拷问:'输液室里人人都在做作业,你凭什么不做?'

"话又说回来了,你家孩子真差那一张卷子吗?你家孩子少做一道三角函

第二章 转化率

数会要命吗？……

"其实，父母和孩子之间，你不是我的倒影，我也不是你的上一个车站，这也许是最合适的距离和陪伴。

"我们真的太缺乏松弛感了，太爱在前进的道路上推推搡搡、鸣笛催促，不能让人歇一口气了。

"为什么李白、杜甫之外还要出一个王维？就是要个松弛感。家长也放松点，不一定最卷的武功才最好，张无忌练乾坤大挪移第七层，放弃了好多不练，主动不卷，反而对了，避免了走火入魔发疯。

"如果学校里病人很多，医院里学习氛围反倒很浓厚，那么一定是社会病了。到底是谁要打点滴？千万不要过些年，学生的流行语变成了'我就想开开心心生几天病'。"

"这部分有点沉重了，我们换个轻松的话题。"赵笑律看大家都不作声，笑着说道，"如果让你来描写女孩子的美，你会怎样下笔？"

停顿了几秒钟，见所有人笑而不语，赵笑律翻到下一页PPT，继续说，"是憋出几句'隔户杨柳弱袅袅，恰似十五女儿腰''淡眉如秋水，玉肌伴轻风'的古诗，还是想个半天，然后直接甩出一句'我去''真美'……"

众人再次笑作一团，也有人在窃窃私语。那些窃窃私语的声音仿佛一种额外的音符，为整个场景增添了一丝神秘和活力。

"给大家看两段文字。"赵笑律按了一下翻页笔，说道，"宋池，要不你来给大家读一遍吧！"

畜业顾问宋池站起身，大声地读了起来：

> 她的笑偶尔是令我生厌的，响度不高却穿透性极强，好似圆规的尖角戳破我的一纸禅意，叫我不能静心；但她的笑更多是令我痴迷的，总有一种治愈性，如春风过处，花草摇曳，银铃脆响，仿佛又让时光轮回到林徽因笔下的人间四月天，笑响点亮了四面风……
>
> ……单拎出哪一个五官，都平平无奇，但偏偏搭出了一张动人的脸庞。初看不觉得惊艳，但多看上几眼，就像看到了荡漾在水中的月亮倒影，直觉得有一种清新脱俗的美、安静恬淡的美，加上她轻声细语，嗓音温润甘美，如燕莺呢喃，如夜莺婉转，越发让人心醉……

101

宋池每读完一段，就引发现场一阵骚动，大家不约而同地拿起手机拍照。等全部读完时，现场直接炸锅了，甚至有人站起来起哄。赵笑律刻意给大家多留了几秒钟时间交流，等现场稍微安静了，才问道：

"宋池，你读完了，有什么感受？"

"太唯美了，感觉像是写的情书，男生偷偷写给女生的告白信，但又不好意思直接说，就写成了第三人称！"

"你猜猜这是多大年纪的人写的？"

"嗯，大学生吧，应该是文学系的，读了不少书。"

"其他人呢，你们觉得这是多大年纪的人写的？"赵笑律又转头看向大家。

"哪个文学家吧，像徐志摩那种！"

"言情小说里的。"

……

"这是一群初二学生的文笔！"赵笑律说完，现场的人都瞪大了眼睛，不敢相信。

"千真万确，这是杭州的一个中学的一堂语文课。初二年级的男生、女生，正当着全班同学的面，朗读自己写给女同学的肖像作文。"

"说实话，我也没想到这是一群初中生写的。我看的时候，还挺激动的！实在太美了！我还在想这是哪个才子佳人，读了多少书籍，写了多少文章，才积淀出来的文学素养呢！"

"不只这些，还有呢。"赵笑律见大家还在小声议论，又翻到下一页PPT，接着说，"陈竹启，你来读一读这两段关于'青春痘'的描写吧。"

陈竹启站起身，清了清嗓子，大声读道：

> 我觉得青春是一个浪漫至顶的人，他见山是蓬莱，见海是瀛洲，见花便是全世界，唯独见了青春痘，那是月球表面。
>
> 3米开外看是芝麻粒，3厘米的距离是鸽子蛋。青春痘啊，那就是你脸上的老赖。问君能有几多愁，恰似脸上有黑头。

陈竹启读完，大家又是一阵骚动。赵笑律笑着说：

"这是他们另一个课堂设计:聊一聊青春痘。前面一段,是郭敬明看了都自叹不如的青春疼痛文学。后面一段,直接给了'青春痘'各种开挂似的神比喻。"

"是不是很想回到初中,再学一遍语文啊?"赵笑律问道。

"是!"大家异口同声,脸上是抑制不住的开心。

赵笑律深吸了一口气,停顿了片刻,又故作深沉地说:"这就是文字的魅力。或许是在浑浊的成年人世界里待得太久了,真的会因为他们的清澈而清爽一下!

"反观我们身边的很多孩子,整天被套上作业和成绩的枷锁,慢慢钝化了创造力,也失去了灵性!如果不是着急赶路,语文才是最美的学科!"

"为什么语文如此重要?"赵笑律翻到下一页PPT,继续说,"因为大语文时代来了。

"2022年3月底,教育部发布了《关于印发义务教育课程方案和课程标准(2022年版)的通知》。其中,语文科目课时占比为20%~22%,成为全科第一。

"新课标落地之后的语文,将成为一个'大熔炉'。一是传统文化知识的部分会增加,比如,国学、四书五经等方面的内容。二是将更强调学科融合,比如,历史、地理里面的很多内容,会和语文打通整合。

"也就是说,语文这一科的内容将会大大扩容。光靠课本上那点知识,远远不够用了,这正应了'读万卷书'这个要求。可以说,得语文者得天下!"

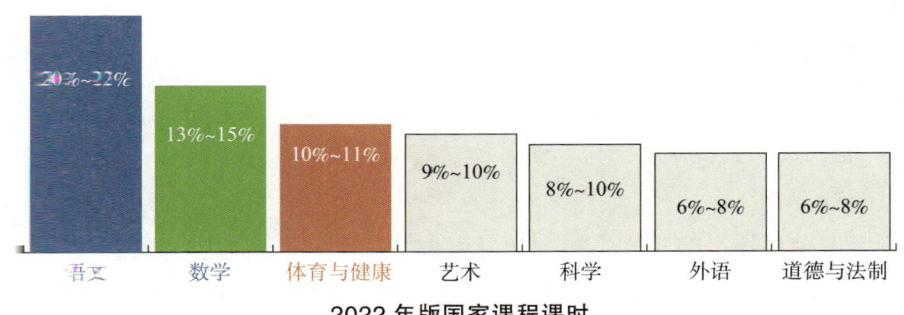

2022年版国家课程课时

赵笑律再次按动翻页笔,看着屏幕,说道:

"我们再来对比这几年的高考语文,会发现考试难度越来越大了。高考语文试卷已经从之前的 7000 多字,增加到了现在的 10000 多字。单是阅读题目的时间,就要耗费三四十分钟。不只语文,数理化试卷卷面字数也增加了 2~2.5 倍。比如,数学卷的文字量将突破 5000 字。

"如果阅读题目的速度跟不上,加上理解能力弱,很有可能连试卷都做不完。语文教材总主编温儒敏就曾明确表示:'语文高考,就是最后要实现让 15% 的人做不完。'

"所以,孩子的阅读量,直接决定了他在成绩上的'潜力'。

"有人调侃:如果阅读速度跟不上,你可能落后 10 分钟;如果阅读量跟不上,你可能落后 3 年;如果阅读兴趣跟不上,你可能望尘莫及了。

"另外,我也翻阅了其他年份的高考题目,发现这几年高考作文一直在改革。从前是命题作文,简单一行字就能读懂。如今,又是名著,又是漫画,大段大段的材料,光读题就花了不少工夫。更严重的是,不读书的孩子可能连题目都看不懂!

"比如,2022 年的高考作文题。全国甲卷考《红楼梦》,要求结合自己的学习生活经验写文章。全国新高考 I 卷考围棋,光是'本手、妙手、俗手'就难倒不少考生。

"这些材料,既有名言,又有名著,还涉及围棋、书法,十分考验考生的阅读能力。阅读能力差的考生,不是看不懂题目,就是把握不好主题,写得空洞、浮夸。

"温儒敏曾谈中高考作文:你想得高分,想写得更好,就要靠积累,靠个人的阅读,大量的阅读,大量的体会和感悟。

"总的来说,高考语文字数在增加,阅读和理解难度在增加。那么,大语文时代,该如何学好语文呢?

"北大资深教授钱理群说:学好语文有很多要素,但最核心、最根本的方式是阅读。

"《人民日报》曾刊文,提醒父母要鼓励孩子根据兴趣进行大量阅读。一个孩子从小学到高中毕业,阅读的课外书应该最少在 500 本以上,最好在 1000 本以上。"

教育部对各年级学生读书的硬性要求

阅读和鉴赏				
年级	阅读量	背诵量（篇/段）	阅读方式	语言积累	阅读题材及要求
一、二年级	不少于5万字	50	1. 朗读课文，学习默读 2. 借助读物中的图画阅读	成语、格言警句	阅读浅近的童话、寓言、故事、儿歌
三、四年级	不少于40万字	50	1. 朗读课文，学会默读，学习略读，学习圈点、批注等阅读方法 2. 复述作品大意，与他人讨论交流	1. 课文内的优美词语、精彩句段 2. 读书看报，收藏图书资料	阅读整本书，初步了解大意
五、六年级	不少于100万字	60	1. 默读每分钟不少于300字 2. 学习浏览，扩大知识面	扩展阅读面	阅读整本书，把握主要内容

赵笑律又翻到下一页PPT，是一张图片，他继续问道：

"这个女孩有人认识吗？"

"《中国诗词大会》上的吧！"

"叫武什么……"

"没错，她叫武亦姝，《中国诗词大会》的冠军，被称为'国民才女'！她的成长路上，不仅有着优异的成绩，以613分的高考成绩（上海高考满分660分）考进清华大学，还写得一手好字，拥有超强的知识储备量。

"最新中小学课改标准，要求从小学一年级到高中三年级，必须背诵的古诗词共有345篇，而武亦姝能背下2000首诗词。

"小时候的武亦姝，其实并不是人们常说的'别人家的孩子'。上小学时，她不喜欢学习，一心只想着玩，对待作业应付了事，学习成绩经常垫底。

"她的父母为此甚是苦恼，于是想尽办法帮其改正学习和生活习惯。后来，武亦姝的妈妈受到朋友的启发，突然醒悟：父母唯有做好自己，才能潜移默化地给孩子积极正面的影响。

"从那时起，武亦姝的父母戒掉了娱乐活动，开始阅读各类书籍，放下手机,陪着武亦姝一起解读名著,玩诗词接龙。

"在这样充满书香气息的环境中长大,武亦姝渐渐爱上阅读,养成了良好的学习习惯,成长为名副其实的诗词才女。"

"在《郑渊洁家庭教育课》这本书里,有两句话我印象很深。"赵笑律按动翻页笔,看着屏幕,说,"父母合格,孩子才能优秀。家庭教育比学校教育重要,家庭教育能决定孩子的一生。"

"所以,教书的是老师,育人的是父母。每一个横空出世的孩子,背后往往都站着奋力托举的父母。所有出色的孩子,都离不开父母长年累月的悉心培养、耐心引导和用心陪伴。"

"教育家蔡元培曾说:'家庭者,人生最初之学校也。'诚然,家庭是每个人最初的学校,孩子将来如何,全在父母怎么塑造孩子性情。"

赵笑律又把PPT翻回到了新课标那页,用激光指着屏幕说:

"另外,在2022年新课标中,体育与健康的课时占比也大幅上升,达到了10%~11%,位列第三,而曾经作为主科的外语课时仅占6%~8%。

"2016年,北大新任校长王恩哥刚上任,便向学生提出了十句话,在全校引起热议。这十句话传播神速,在不少年轻人里疯传。其中有一句是:'孩子要结交两个朋友:一个是图书馆,一个是运动场。'到运动场锻炼身体,强健体魄;到图书馆博览群书,不断充电、蓄电、放电。"

"为什么图书馆对孩子很重要呢?"赵笑律走向屏幕的另一侧,耸了耸肩膀,活动了一下筋骨,"举个通俗的例子:学霸上学的路上,如果全是游戏厅和网吧,那么学霸离学渣也就不远了。如果你家旁边就是图书馆,这就是最好的书房。

"平时强制要求孩子读书,往往适得其反,一定要顺着他的兴趣来。最好的办法,就是多带孩子去图书馆。因为环境影响人,环境塑造人。

"聊城市图书馆,超过120万册的藏书量,并根据不同的年龄段,设置了不同的阅读区域。这样一来,完全为孩子营造了'自主学习'的氛围。给孩子提供相对宽松一点的空间,他们才有机会慢慢长好,慢慢养成喜爱阅读、自主学习的习惯。

"而且,历史上很多名人大家和图书馆有着千丝万缕的联系,都深受图书馆的影响:有的是图书馆馆长,比如,写《道德经》的老子、宋代著名诗人陆游、写《浮士德》的歌德、本杰明·富兰克林等;有的是图书馆管理员,

第二章 转化率

比如，伟大的毛主席、陈独秀，还有比尔·盖茨、爱因斯坦、沈从文、创作了《黄河大合唱》的冼星海、我国首位诺贝尔文学奖获得者莫言等；有的就是喜欢泡在图书馆里，比如，马克思常年只坐一个座位，把大英博物馆图书馆的水泥地面都蹭出了脚印；还有列宁、孙中山、周恩来等，很多大人物充分利用图书馆，勤学苦读，为后来的丰功伟绩打下了坚实的基础。可以说，你选择的居住地，决定了你孩子的人生。"

"为什么运动对孩子很重要呢？"赵笑律停顿片刻，翻动屏幕，继续说道，"因为运动能在三个层面提高学习能力：首先，它完善你的思维模式，可以提高你的警觉力、注意力和驱动力；其次，它让神经细胞准备就绪，并促使它们相互连接起来，这是联通新信息的细胞基础；最后，运动能激发海马体的细胞分化成新的神经细胞。

"有一本书叫《运动改造大脑》，就专门讲运动对大脑的好处。运动是优化大脑功能最有效的工具。体能越好的人，大脑的适应力越强，在认知和心理方面的能力也越好。如果你的体能得到了增强，那么大脑会随之改善。"

"我们名筑印象有哪些孩子的运动场地？"赵笑律看着大家，问道。

"鲁班魔方儿童游乐园，是个0~12岁的全龄成长空间，让孩子自主玩耍，健康成长。"置业顾问金泉说。

"800米的森氧跑道，人性化专业设计，设置热身起跑区、慢跑缓冲区、体能补给区等，保证运动空间充裕。"置业顾问郑典谦说。

…… ……

"第三部分，讲到这里，基本上快讲完了。我们分别了解了恐辅症、真正的学霸、人工智能时代的自主学习、大语文时代，以及孩子要交'图书馆和运动场'两个朋友。

"其实，核心都是在谈一件事：教育松弛感！或者，也是在回答一个问题：我们该如何培养面向未来的孩子？

"毕竟，很多父母在孩子的教育上付出了极大的心血，又是鸡娃，又是鸡自己。现在加上人工智能的冲击，很多家长的第一反应就是恐惧、焦虑，甚至不知所措，他们在担心孩子的未来，怕孩子会失业。"

赵笑律按动翻页笔，看着屏幕，继续说道，"这是我在得到App上听的另一门课，就叫'如何培养面向未来的孩子'。如何培养面向未来的孩子？换句话说，就是未来好公司会录用什么样的年轻人？

"作者诸葛越,是 Hulu 全球副总裁、斯坦福计算机博士。她从自己多年在高科技公司担任管理工作,面对的真实职业处境出发,从好公司会录用什么样的年轻人这个角度总结了工作中需要的那些年轻人的优秀特质,把它概括成四类。这四类技能的关系,就像图中这棵圣诞树。

每个孩子都是一棵树(源自得到 App 课程"如何培养面向未来的孩子")

"形象地说,作为父母,就是要帮助孩子成长为这样一棵树。这是一棵顶上有星星的圣诞树,树身分成上、下两段。底下宽的那段,叫作'基础技能';上面尖的那段,叫作'综合技能'。树干为'成长心态',而树顶上的星星指的是'身心健康'。下面我们一起来看看这四种技能。

"(1)基础技能。基础技能就是在学校里能够学到的那些技能,比如,识字、解题,历史、地理,还包括写作、表达,以及画画、音乐、体育等。基础技能只是基础,一个人想要在未来立足,光有基础技能远远不够。

"(2)综合技能。比如,合作、创造、设计、沟通、审美,包括战略、项目管理等。简单来说,一个人把多个基础技能合在一起,做成一件事情的能力,或者多个人一起组成团队,把每个人不同的技能合在一起,做成一件事情,就是综合技能。

"很多家长会陷入这样的误区:基础技能在学校学,综合技能到公司里工作以后再学,或者长大以后再学。其实,从小到大,从幼儿园开始,到小学,再到中学,综合技能是可以跟基础技能一起学习的。一开始做的也许是小事,到长大了,就能驾驭大事。

综合技能强的孩子，后劲会特别足，在未来也更容易在工作中脱颖而出。东方教育偏重基础技能，西方教育更注重综合技能。其实，一个出色的孩子应该同时具备这两种能力。

（3）成长心态。首先，孩子要意识到，技能、知识不是死板的，人也不是死板的。新鲜的、我不懂的事物，可以慢慢去搞懂。人要有主动阅读的能力，不断学习新东西；要有批判性思维，知道自己有什么不足。有了这个不断成长的树干，这棵树才会长大，才不会死掉。

（4）身心健康。现在，越来越多的父母意识到了身心健康、生活快乐的重要程度。孩子如果没有抗压能力、耐挫折能力，就没办法在未来拥有硬核人生。"

吴律翻到下一页PPT，继续说道，"那么，我们该如何把孩子培养成这样一棵树呢？我大概梳理了名筑印象的五大教育体系，帮你打造面向未来的孩子。

"名校教育：新一中、北大培文、颐中外国语、度假区实验小学等，名优教育资源为你的孩子保驾护航。

"陪伴教育：社区流水美学馆、户外书吧、架空层泛会所、儿童乐园等，孩子天才都是父母'陪'出来的。

"自然教育：'一河两湖五大生态公园'（徒骇河、东昌湖、望岳湖、凤凰苑植物园、姜堤乐园、聊城动物园、南湖公园、梧桐山生态公园），大自然才是最好的老师。

"健康教育：社区外河边和湖边健康跑道，社区内青年运动场、儿童游乐园、800米森氧跑道，运动是最佳的健脑丸，能让大脑保持最佳状态，也能让孩子更聪明。

"美学教育：'一校三馆'网红地标，大自然中各种美的景象，社区度假式景观园林，带给孩子美的乐趣和遐思，激励孩子对美的追求。

"最后，图书馆才是最好的教育乐园，可以说一个孩子具备的所有基础技能、综合技能、身心健康、成长心态，图书馆都能满足。

"所以，孩子成才需要名校教育，但名校教育只是其中的一部分，家庭教育也很重要。古有孟母三迁，今有择校而居。无数父母把孩子的前途，寄托在好学校和好老师身上。

"但孩子教育光靠名师就行吗？孩子光靠学得好就叫成才吗？家长把教育

都寄托在名校上,是在推卸自己的责任。<mark>给孩子最好的教育,不应只是在课堂上,家庭教育和父母陪伴同样很重要。</mark>"

赵笑律打开一瓶纯净水,喝了几口,停顿了片刻,说:

"我们前面多次强调'教育松弛感',那到底什么是'有松弛感的教育'呢?我再问大家一个问题:有孩子的,请举手!有两个孩子的,请举手!请问,二胎和一胎,你作为父母,心态上有什么不一样?"

"一胎看书养,二胎当猪养。"

"对,这就是松弛感!"

"我再问一下,为什么一胎看书养?因为没经验嘛,当父母又没有说明书,你会面对各种不确定,遇到问题就百度,就求助。

"为什么二胎当猪养?因为一切尽在掌握,这个时候的你已经是个育儿专家了!不焦虑,有把握!这不正是松弛感吗!

"这也是大部分名筑印象客户的现状。很多客户有两个孩子,他们对'松弛感'感同身受,这就是最好的'我懂你'!"

赵笑律环视了一下左右,然后用清晰而有力的语言总结道:

"我们养育孩子的最终目的是什么?不就是把他培养成独立的人吗?让孩子最终掌握独自谋生的能力,即使脱离了家庭和父母的庇护,也能成功地工作,幸福地生活。

"生活快慢交替,日子细水长流,一个人要想走得长远,既要会紧绷起来,又要懂得如何松弛。我们的教育过分强调'紧张''严肃''勤奋''拼搏',这本身没有错,但我们更要清楚,孩子身心总是紧绷着,是不利于长远发展的。

"对于老师和家长而言,要有'松弛感'的意识,奔跑一段时间,累了,倦了,就让孩子喘口气、歇一歇,没什么大不了的,这样反而能跑得更快、更远。"

12　家庭松弛：家人亲密·生活滚烫

"前三部分，我们分别从老人、中年、孩子的角度，解读了如何在名筑印象注出松弛感。这一部分，我们站在家庭的角度梳理一下。"

赵笑律按动翻页笔，屏幕上出现一张金字塔脑图，他继续说道，"都说，买房不能让你一夜暴富，但能让你生活更幸福。那么，名筑印象能提供给客户什么样的幸福生活呢？我们列了一张金字塔脑图，分别从社区外、社区内、家门内三个层面一一解读。

"首先是社区外，我们是绝对的人文高地，既有新一中、北大培文、颐中外国语这些名校教育，也有'一校三馆'文化地标，还有徒骇河、动物园、植物园等生态环境，而且住在我们这里的都是非富即贵的高知人群。"

"人文所在，人杰在！"置业顾问宋池说道。

"哈哈，没错，人文环绕，人杰闪耀！"赵笑律笑了笑，接着说，"其次是社区内，为了打造聊城市最好的小区，我们的开发商财信城发先后去了广州、杭州、济南等城市考察学习，并聘请了知名的上海设计研究院担纲建筑设计，龙湖地产御用景观设计公司重庆蓝调肩负园林景观设计，全线大师团队，只为了将超前的居住理念引入聊城。

"比如，高颜值的外立面、三大出入口的高端门廊、双精装入户大堂、星空顶地库入库……都会带给你星级归家的体验。

"又如，社区倾力打造的酒店式度假景观园林，让你的回家成为一场穿越花园的旅行，就像在五星级酒店里度假一样。流水美学馆、风景游廊、户外卡吧、架空层泛会所……提供给你独处、家庭陪伴、朋友社交的多种空间享受，让你身心放松。

"再如，儿童游乐园、青年运动场、老年活动空间、800米森氧跑道……这些全龄运动空间，作为日常锻炼的场地，可以为全家人充电，打造健康的基底。

"最后是家门内，也就是我们的户型设计，可以说，名筑印象带给客户的是总统套房级别的享受。一是名筑印象的楼层，地面安装有5毫米厚的隔音垫，能很好地规避楼上噪声的干扰，保证8小时的高质量睡眠，让你拥有安逸舒适的居住环境。二是户型灵动可变。一般来说，客厅宽度超过 6 米，就有豪宅的即视感。名筑印象的宽厅设计能达到惊人的 7.2 米，甚至 8 米，妥妥的别墅才有的奢华尺度。这就相当于名筑印象把更多的面积给到了家庭公共空间，充分满足了白天的生活需求。再加上客厅和花园阳台无缝衔接，可以打造多种生活场景，足不出户即能享受各种休闲需求，很好地降低了外出频率，有助于提升家庭的温情。另外，主卧带有衣帽间、大飘窗，多场景的二人世界，相当于把五星级酒店搬进了家里。

"总的来说，一家人既有亲密空间，又有各自的私密空间，带给全家人 16 小时的高质量社交享受。即使足不出户，在家里待上一整天，也不会腻，反而会觉得更加充实，说这套房子就是你的私人俱乐部都不为过。这就是我们为巅峰期的高知客群打造的松弛感生活。"

人生巅峰期 松弛感人生

人文所在 人杰在

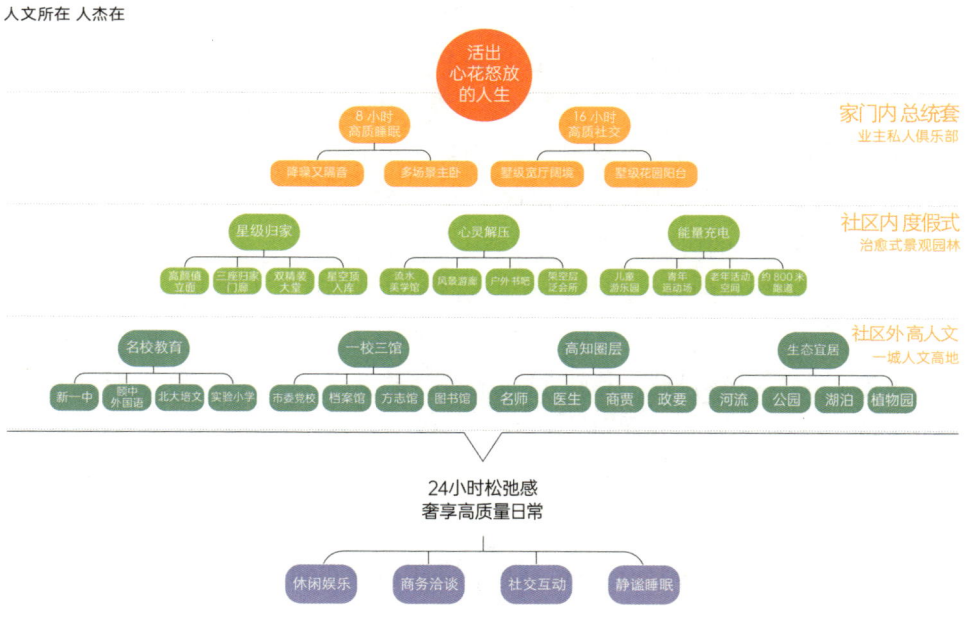

财信·名筑印象松弛感生活脑图

赵笑律又切换了一张课件，是一张户型图，他继续说道，"下面我们以 158 平方米三室两厅两卫的户型为例，仔细解读一下名筑印象的生活场景。

第二章　转化率

财信·名筑印象 158 平方米三室两厅两卫户型

别墅级宽厅阔境，16 小时全场景，属于你的私人俱乐部。

如果是家庭社交模式，两三个家庭聚会游刃有余。让重要的朋友能携全家成员来做客，先生们在开敞式书房聊天谈事，太太们在厨房拼手艺，孩子们在娱乐区玩耍，既互不影响，又能看见对方，俨然几家人的欢聚场。

如果是平时居家模式，则能很好地满足每个家庭成员的场景需求。比如，妈妈在厨房备菜，孩子在开敞式书房做功课，爸爸办公或看书。

影响家庭关系的关键，在于多场域的家庭核心区，客厅以"一家人的生活"为中心，家庭游乐场、开敞式书房，甚至咖啡馆、宅家露营等，开启"我家厅"的更多可能性。

这上我想起了日本著名作家、诺贝尔文学奖获得者大江健三郎，他写过一段描写家庭场景的文字，特别美好。

113

"大江坐在沙发上，用钢笔在稿纸上写作；离他几米远的地方，他的儿子——一位音乐家，正戴着耳机用电子钢琴作曲。不远处的厨房里，妻子正在准备一家人的晚餐。这正是家的意义所在。大家保持自己的步调，互相影响，各自创作和学习。这样的空间，能够最大限度激发创造力，这就是典型的'具备创造力的家庭'！而在名筑印象，这样的场景，就是你每天的日常！

"**别墅级花园阳台**，多个休闲场景，足不出户即满足休闲需求。

"晒着太阳，喝一杯茶，朋友来家里，坐在一起聊天品茗。独自读一本书，一把躺椅，一本喜欢的书，就是一个惬意的下午。夜晚的观星区，皎洁的月光洒在身上，既温馨又浪漫。

"**多场景主卧空间**，把五星级酒店的体验搬进家里。

"夫妻关系是家庭关系的压舱石，而主卧是培养夫妻关系的主场景，更大的主卧空间更利于滋养和发展夫妻关系。

"私人衣帽间，犒赏夫妻的阔尺套房设计。不仅是衣帽间，还是保险柜、收藏区。专属大飘窗，睡觉前坐在飘窗上，看窗外城市的灯光和天上闪烁的星光，是属于你的静谧时刻。入睡前泡一杯茶，读一本书，和伴侣亲密交谈，直到睡意来袭，才是入睡时刻。

"可以说，从清晨到下午，再到晚上，每个家庭成员需要的场景，都有空间承载。想看书，就去阳台待上一上午；要煲剧、见朋友，客厅就能满足；要处理工作，开敞式书房就能完成……高质量的家庭关系，空间格局必须合理，最好太太不累、孩子待得住、父母有空间。

"从一个人独处到一家人交流，再到多家庭聚会，从娱乐、看书、晒太阳到'葛优躺'，在家里比在咖啡、花园、餐厅更享受。从此降低外出频率，在家停留时间越长，家庭关系越好，陪伴才是最长情的告白。"

赵笑律按动翻页笔，切换到下一页PPT，继续说道，"名筑印象打造的是度假式景观园林，结合了度假和居住的理念，旨在为业主提供舒适、美丽、健康的居住环境，可以说提供了N种生活方式，让家庭关系更松弛、亲密。

"比如，名筑印象的周末，是全家人在一起微度假。

"总的来说，如果社区里没有社交场景，没有第三空间，即使房子再高档，也仅仅是吃饭和睡觉的地方而已。名筑印象在社区里创造了儿童、中年、闺密、老人的若干社交或独处场所，仿佛在星级酒店里度假。

> 7：30　脱下平时的正装，穿上舒适的运动衣，在健身区共同锻炼，一家人情感升温。
>
> 9：00　全家人的惬意时光，从共进早餐开始。
>
> 10：30　一家人遛弯、遛狗，静闲慢品，风中有云的消息，云上有鸟的歌声，舒享富氧生活的娴静雅趣。
>
> 14：00　在聊城图书馆里，被浓浓书香包围，一家人各自选择自己喜欢的书，即使不说话，也十分美好。
>
> 16：00　泡上一壶下午茶，一家人在楼下和邻居聊近日的生活趣事。
>
> 17：30　约上亲朋好友，在家里就餐聚会，在交流中，感情越来越好。
>
> 21：00　在柔和的夜灯下，和家人在森氧跑道安静地散散步，说一说贴心话。

"关键是回家不用急着上楼，因为社区里有更多场所消磨时间。住在这样的社区，老婆孩子不会缠着你节假日一定要出去人挤人了。回社区但未必回家，这就是名筑印象园林体验的精髓。"

吕笑律按动翻页笔，翻到下一页，继续说道，"又如，每天2小时，亲子高质量陪伴。

> 周一，阅读陪伴，既辅助了孩子学习，又增加了课外知识，还提升了亲子感情。
>
> 周二，书画写作，把课外要求变成共同成长进步，孩子慢慢变得越来越自信。
>
> 周三，自主玩耍，鲁班魔方儿童游乐园，孩子自主玩耍，父母言传身教，寓教于乐。
>
> 周四，探索自然，家长和小朋友在园林中，认识植物，亲近自然，快乐成长。
>
> 周五，健康跑步，现实中大汗淋漓的喜悦，远胜于电视屏幕里的赛场。

"曾经，我们为了一个虚无缥缈的美好未来，只知道埋头学习而牺牲大多，错过无数青春期的快乐；到中年时期，为了一次又一次的升职，只知道永不停歇地工作，一再错过自己的孩子不能再重来的童年。

"有时候，人们在机会窗口关闭前一刻，才意识到自己的错误，例如，在自己的孩子准备'离巢'时才幡然醒悟；有时候，终于醒悟却为时已晚、无可奈何，只能下决心在下一个人生阶段弥补。

"世界上有一种专门拆散亲子关系的怪物，叫作长大。

"你给子女留下的真正遗产，其实不是金钱，而是你们共同拥有的体验。特别是，你在他们成长过程中，给他们的教诲，还有相互陪伴的美好回忆。

"所以，给孩子更多高质量的陪伴，千万别让 100 分把孩子的童年变成 100 岁！"

说到这里，赵笑律竟有些动情了。身为一个爸爸，他也错过了很多孩子成长的瞬间。赵笑律努力克制了一下情绪，长吁了一口气，又切换到下一页，继续说道："再如，长者松弛享受的八大日常。

> 一是棋牌对弈：三五好友小聚，下棋闲聊。
> 二是品茗论茶：品茶，赏茶，聊天交友。
> 三是晨跑＋健身：身体更轻盈，越活越年轻。
> 四是读书之趣：以书会友，一起思想碰撞。
> 五是音乐分享：记忆中的音乐，最动人的情结。
> 六是书画及个人展：展现专属技艺，魅力不减当年。
> 七是美食分享：分享美食，结交新朋友。
> 八是舞会（广场舞＋太极）：调心、调气、调神，让肌体阴阳更平衡。

"亲密伴侣，甜蜜 2 小时。

> 周一，双人瑜伽：最高级的二人浪漫，既炫了技术，也情意缠绵。
> 周二，遛狗遛弯：早晨遛狗的时候，也增加了谈心的时间。
> 周三，夜跑散步：爱上运动和陪伴，感情自然越来越好。
> 周四，浪漫观星：阳台／主卧／风景游廊，感受只属于二人的平静与安宁。
> 周五，社群活动：业主自治的兴趣社群，是交友放松的好时候。

"可以说，名筑印象就是活出松弛感最好的居住环境。

"比如，对老人来说，你可以看书、喝茶、健身、下棋、聊天，还可以陪孙子、孙女成长……不为琐事牵绊，有自己的生活空间，心灵富足，老年也能活得松弛优雅。

"对孩子来说，既有社区里父母高质量陪伴的场地，又有图书馆这些有助于养成终身学习习惯的场所，读书交友、安静学习、活力运动……把孩子培养成自主学习的学霸，松弛成才。

"对中年人来说，事情不是一蹴而就的，而是需要修炼知己、知人、知世、知智慧的能力。读书、品茶、静思冥想、健身运动、商务社交……临事静如虎，事了闲看落花，这样才能持续地成事，松弛有为。

"总的来说，住在名筑印象，休闲娱乐、商务洽谈、社交互动、安静睡眠、家庭陪伴都能满足，高质量的生活享受，24小时的松弛感体验，对别人来说是稀缺品，对你来说就是每天的日常。在这里，你和家人能活出心花怒放的人生。"

13. 人生遗憾：生命中最重要的事

"其实，到这里，分享就算完了，毕竟时间也不早了，大家也都累了一天了，该回去休息了。但是，本着'知无不言，言无不尽'的原则，我还有一些感受，想和大家交流一下。接下来的内容，算是加餐，大家想听吗？"赵笑律没想到，不知不觉已经讲了快四个小时了。

"想听！"

"真的想听吗？"

"想！"

"老师不累，我们就愿意听！"置业顾问宋池说。

"没事，我还好，站着还能减肥呢！"赵笑律笑着说，"其实，明天讲也行，现在已经九点多了。"

"今天讲吧！"

"好，就冲大家这股学习的劲头，我一定要分享到天亮！"赵笑律一边切换 PPT，一边笑着说，"哈哈，开个玩笑。感谢大家的不嫌弃，牺牲下班时间，坐着听我唠叨了那么长时间。"

"这也是我从得到 App 听到的。大家可能注意到了，我是得到 App 的重度粉丝。因为我就是知识的游牧民族，哪里水草丰美，就向哪里迁徙。得到 App 就是一个水草丰美的知识殿堂。"赵笑律看着屏幕，继续说，"这是题外话！下面跟大家交流的主题叫'人在弥留之际的五大憾事'，这也是一本书的名字。虽然听着有些沉重，但是站在人生终点站的思考，可以帮我们校正当下的选择。

"作者叫布罗妮·瓦尔，是澳大利亚的一名护士，多年来一直从事舒缓疗法护理工作，照顾临终病人。她将对病人弥留之际的观察与感受记录在了自己的博客中，引起很多网友关注。因此，她将自己的观察和发现写成了一本书，书名就叫《人在弥留之际的五大憾事》。

"哪五大憾事呢？大家一起来看一下。"

赵笑律按动翻页笔，屏幕上赫然写着：

"**人生五大憾事：**

"（1）我希望能过属于自己的人生，而不是按他人的期望生活；

"（2）我希望没有那么拼命工作；

"（3）我希望更勇于表达自己的感受；

"（4）我希望能多和朋友联络；

"（5）我希望能让自己过得更开心。"

等大家小声地读完，赵笑律继续说道："得知自己的人生即将走到尽头，病人通常会经历一系列复杂的情感变化：否认、恐惧、愤怒、悔恨，以及更多的悲哀。但最终他们都会接受命运的安排，找到内心的平静，然后离开。

"当被问到对于人生是否还有遗憾，或者如果人生重来一次，他们希望会有哪些改变时，他们的答案总是那样相似。于是，布罗妮·瓦尔就记下了他们临终前最后悔的五件事，也是在警醒我们：人生不能重来，也无法倒带。因此，我们要随时随地提醒自己，'生命中最重要的事情'到底是什么。

"下面我们逐一复盘一下人生的五大憾事。

"（1）我希望能过属于自己的人生，而不是按他人的期望生活。

"这是最常见的临终者遗憾。当生命即将结束时，很多人蓦然回首，才后知后觉地发现，自己有多少梦想没有实现。大部分人甚至连一半梦想都没能实现，就要面对死亡。而造成这一切的，不是别人，正是自己一路的选择。因为我们一直在妥协，在迎合别人，我们像提线木偶一样，被操控着往前走。

"我们前面讲到松弛感的本质，是放下想要控制一切的欲望，当然，它也包括不被别人控制！只有这样，我们才能更从容地接纳一切的自然发生。

"在人生的道路上，至少给自己几次冒险的机会，去尝试心中的那些梦想，尤其在身体状况还允许的时候，我们更应该努力追求生命中的所想、所爱。健康带给人的自由很少有人意识到，往往是到失去了才后悔莫及。在《微信互联网平民创业》这本书里，有一句话我特别喜欢：'按照自己的想法去活着，而不是按照自己的活法去想着。'与大家共勉！

"（2）我希望没有那么拼命工作。

"几乎每一个布罗妮·瓦尔照顾的男患者都会这么说。他们怀念天真烂漫的童年时光，以及爱人的亲密陪伴。他们后悔总是把大把的时间留给工作，追名逐利，冷落了自己爱的人与爱自己的人。

"世人荒慌张张，不过是图碎银几两，也是因为这碎银几两，让自己荒荒唐唐。其实，人生可以再松弛一些，再简单一些。你并不需要你以为自己需要的那么多钱，偶尔停下脚步，给自己多一点休息时间，你会变得更加开心，也会更加积极地迎接生命中的挑战。

"（3）我希望更勇于表达自己的感受。

"许多人为了与他人和平相处，拼命压抑自己的感情。结果，他们只是勉强让自己满足于平庸的生活，却从未成为自己真正想成为的人。医学证明，有许多心理和生理疾病和压抑自己的感受息息相关。

"高级的人生，是活得松弛且开阔的。不紧绷，不拧巴，不讨好，不委屈自己，不取悦他人，懂得自爱，也能爱人。这样你才能为自己赢得不后悔的人生。

"（4）我希望能多和朋友联络。

"在人生终点，每个人都不约而同地想起了生命中那些最重要的朋友，但那些朋友往往已经失去联系很多年了。直到躺在病榻上，他们才意识到，自己有多久没有打过电话给老朋友，有多久没对他们表达过自己的关心和爱了。他们深深遗憾于自己没能付出足够的时间与精力维持友谊，只能在弥留之际思念朋友。

"人生一路走来，最重要的不是钱、不是地位、不是名利，而是'爱'和'关怀'。因为，当你一步步走向死亡时，只有'爱'和'关怀'会陪伴你走完最后的旅程。

"（5）我希望能让自己过得更开心。

"非常出人意料，很多人直到去世前才意识到，'快乐'其实是一种选择。他们墨守成规，所谓的'舒适圈'，遍布他们的情感和生活。因为害怕改变，害怕跨出舒适圈，他们对别人伪装，也对自己伪装，假装自己对生活已经很满意了，但在内心深处，他们渴望能够笑得自由自在，回到可以没心没肺的时光。

"为什么我们的情绪总是被他人左右？因为你的情绪不是由事件或人直接导致的，而是你对这件事、这个人的看法导致的。当你对一件事有不同认识时，你对这件事的看法就会不一样，最终导致你的感受和行为也会不同。

"世上本无事，庸人自扰之。'快乐'是一种选择，而不是任何事的结果。我们随时都可以选择让自己快乐起来！

"一生很短，没必要太过计较。有些事情看不懂就别看，猜不透就不去硬猜，对那些令自己感到不愉快的人和事得过且过。

"松弛一些,对那些追不到的梦想不必皱眉执着,换一个梦想让自己拥抱快乐。功成名就不是目的,让自己快乐才是意义。"

赵笑律按动翻页笔,沉思片刻,看着大屏幕,说道:

"其实,这五大遗憾事,我总结起来就是三个字:'不松弛'!拼命工作、压抑情感、疏远朋友、习惯伪装……都是在委屈自己,成全别人,一直在为别人而活。只能进,不能退,扛不起,放不下,人生就这样半推半就着走下去,直到弥留之际才追悔莫及。

"而不让人生遗憾也很简单:保持松弛感,追求一个自己说了算的人生!

"我们今天讲了那么多次'松弛感',那一个人松弛感的根源是什么?就是学会委自己!允许、接受和包容自己,在内心生出做自己的力量。活出松弛感的人,在遇到挑战或者外部世界发生变化时,内心不会轻易失控与崩塌,整个人的状态是很舒服,轻松自在,不拧巴。

"人生哪能多如意,万事只求半称心。人生不如意事十之八九,可与人言无二三。你的人生就是你的选择。人生不能重来,也无法倒带,一定要随时随地直面自己,'生命中最重要的事情'到底是什么。

"你也可以想想,到目前为止,你最大的遗憾是什么,接下来你要着手实现什么、改变什么。"

赵笑律又有些激动地停顿了一会儿,来回踱着步,待心情平复后,继续说道:

"这部分内容在得到 App 上是免费的,大家可以在得到 App 上搜索'人生五大憾事复盘'收听,一段不到 7 分钟的音频。一会儿分享结束了,我会把它分享到微信群里,大家听一听。你也可以把它分享给家人、朋友,或者客户。

"人生终点站的思考,不仅能校正我们当下的选择,还能帮我们解决客户'为什么现在买名筑印象'的问题,毕竟,改善客户都有房子住,并不急着换房子。人生五大憾事,多少会给他们带来一些触动,帮助他们更好地校正当下的人生选择。

"前面说了那么多'松弛感',究竟该如何保持松弛感呢?我大概罗列了四点,我们一起来读一遍。"赵笑律按动翻页笔,屏幕上一行行大字写着:

①松松思想,善忘寡思,就是思想上不要一直紧绷着,要远离焦虑和烦恼,同时从负面情绪中抽离出来。

"②放松心态，宠辱不惊，就是要看淡名利得失，让一切顺其自然。

"③放松情绪，无所畏惧，就是要克服内心的恐惧，安心过好当下每一刻。

"④放松自己，活出自我，就是要与自己和解，不要苛求十全十美，要接纳自己的不完美。"

等大家读完，赵笑律站到屏幕正中间，笑着对大家说："听着很鸡汤，但这就是人生真理！说白了，就是既要修身，更要修心！不过，这并不容易，尤其是靠你一个人去做的时候，除非是高度自律，否则难上加难。

"毕竟，我们都不是圣人，这个世界大多数人很难做到自律。但我们都是环境的产物，想要保持松弛感，80%靠环境影响，20%靠自己的主观推动。所以，能指望环境的，就别为难自己了。

"换句话说，名筑印象的高知客群是价值观一致、志同道合的圈层，这就是松弛感最好的环境！欢迎选择名筑印象，开启松弛人生！"

14. 超级案场：欢迎开启松弛人生

这天早上，赵笑律并没有像往常一样去跑步，而是坐在电脑前，噼里啪啦地敲击键盘。他有两件既紧急又重要的事要做：一是把昨天晚上分享的内容，整理成销讲说辞；二是按照"灵魂三问"的逻辑，梳理出名筑印象的价值物料。

第一件事，相对简单。因为资料是他自己搜集的，课件也是他讲的，只是为了避免遗忘，昨天晚上分享一结束，他就拒绝了郎书胜吃饭的请求，回到房间开始整理。这不一大早，脸也没洗，也不跑步了，继续起来码字！

不过，赵笑律提供的说辞，大多是新内容，这相当于在给销售团队增加工作量。明明按照正常的接待流程，讲讲项目就行了，现在他们还要讲生命周期、松弛感这些理念，以及生活场景，尽管赵笑律提前做了分享，给了置业顾问更多理解和消化的时间，但这些毕竟都是新内容，全盘接受，准确传达，有难度！所以，物料可视化尤为重要。

第二件事，价值物料就需要费些功夫了。毕竟，有了资料只是基础，资料的筛选、提炼更考验人。这些内容琐碎，需要花一定的时间仔细打磨。

还好赵笑律已经对这些工作很上手了，整理起来也是驾轻就熟。接下来，他只需要按照"灵魂三问：为什么买区域？为什么买名筑印象？为什么现在买？"的逻辑，把内容重新分类整合，加班熬夜两三天，就能顺利完工。

只是名筑印象的临时售楼部空间太小，已经放不下展板、展架了。赵笑律索性建议把"灵魂三问"的物料直接设计成PPT手册，置业顾问拿在手里，随时拿给客户看，打开就能讲。等售楼部正式开放了，再把物料落位到售楼部，只需要调整尺寸即可。

很快，赵笑律的"灵魂三问"1.0版就梳理好了。设计师尚云端是这方面的老手，和赵笑律搭档了好几个项目，磨合了多个超级案场的价值物料，在可视化设计上已经颇有心得，两人交流起来毫无障碍。得益于尚云端的视觉加持，《灵魂三问手册》顺利交到销售团队手中。

同时交给置业顾问的还有六本手册，包括三本项目价值解读手册，其中，《品牌价值手册》弥补的是临时售楼部空间太小、无处展现国企财信城发品牌实力的不足；《投资价值手册》补全了置业顾问讲不透的专业投资逻辑；对于挑剔的改善客户，只看实景示范区（即将呈现）显然不足以赢得他们的信任，最好还是看规划设计方案，那么，一本《景观园林手册》自然必不可少。

另外三本手册《人生由我松弛感》《爱上图书馆的100个理由》《成年人的100个基本》，都来源于赵笑律的知识库存。之前的点滴积累，此刻终于派上了用场。

《人生由我松弛感》内容源自得到App疫情防控期间的一个话题，"作为一名女性，2020想过得更好，怎么办？"。

在妇女节那天，得到App邀请了16位各行各业的女性，分别为女同学开了一张行动清单，就叫作"2020想要过得更好，怎么办？"。这张清单维度非常丰富，但总结起来就一句话："怎么成为更好的自己？"

赵笑律看后，很受启发，当时就存进了电脑，没想到，今天它重新焕发出能量！

《爱上图书馆的100个理由》，内容全部来源于网络，是赵笑律广撒网、变换关键词挖掘出来的，一共汇总了121条，都是真情流露，相信总有一条写的是你，总有一条会打动客户。

《成年人的100个基本》内容也源自得到的课程"和菜头·成年人修炼手册"，未经审视的人生不值得一过，重新审视日常生活，让成年人的生活更值得一过！成事是一生的修行，松弛是每天的日常！

"这算是全国最多物料的售楼部了吧！"郎书胜看着手中厚厚的一摞手册，开心地说，"这还没包括《人生由我》《郑渊洁家庭教育课》《冯唐成事心法》三本书呢。"

"还差点，还不到火候！"赵笑律笑着说。

与此同时，财信·名筑印象的正式售楼部也进入了最后的施工阶段，即将开门迎客。徐上进提的要求是，开放前一天案场的所有物料必须到位。

为了不拖后腿，赵笑律和周觉册几乎每天都要去一趟售楼部现场，寻思着怎么规划接待动线和落地物料。其间，赵笑律的"灵魂三问"内容，也进行了优化升级。

这天，刚吃完午饭，趁着大家都在售楼部，赵笑律打开电脑，直接向贺皮久、徐上进、郎书胜、周觉册汇报起了财信·名筑印象的接待动线。

"我们的出发点，还是把售楼部当作一个自媒体工程，设置客户体验地图。每一个能让项目曝光、能与客户产生链接的点，都是媒体，都可以放一些可视化物料，从而激发客户的好奇心和认同感，让他们喜欢上我们的项目，愿意了解我们，并最终选择我们。

"接待动线的最终目的，是拉平置业顾问的水平，拔高项目的价值解读水平。这些在《地产营销力》里讲过，大家都很清楚，就不多占用时间了，我们直接来看一看接待动线具体该怎么做。"赵笑律指着电脑屏幕，继续说道，"我们依然将接待动线划分为四个区，分别是进入区、讲解区、参观区、谈判区。

"先看进入区。以项目阵地为主，在售楼部外面集中抓导视。我们的想法是，在松桂大街路边摆上桁架、道旗（5米高），树立项目的领地感，让路过的人一下子就能注意到我们，让来看房的客户大老远就能看到售楼部的位置。

"道旗画面的字要大，必须足够精练显眼，让客户被内容吸引，最好有所触动，愿意去售楼部里看看。我拟定的内容是'我住图书馆西500米''大师手笔 同频全球顶豪''治愈景观 度假皆是日常'……桁架可以根据节点，比如，马上到来的售楼部开放、以后开盘等重大节点，及时更换画面，起到预告的作用。

"之后是讲解区。客户已经进入售楼部，开始有置业顾问讲解了。我们建议不放过任何一个和客户的触点，把'灵魂三问'的内容，在不同的功能分区落位，打造体验的道场。

"偏物理属性的价值点，我们围绕着沙盘讲解；偏精神层面的价值点，我们就放在洽谈区，慢慢聊，慢慢讲。同时，放置金句展板，不用讲解，客户一看就懂，增加氛围感。比如，'欢迎开启松弛人生''最好的学区房是书房，最好的书房是图书馆''教育需要松弛感''千万别让100分，把孩子的童年变成100岁''家庭松弛感需要三次放下：放下过高期待，放下过多责备，放下无谓攀比！''长者需要松弛感，为子女操劳了大半生，该活自己了！'……

"然后是参观区。就是带着客户去参观样板间。我们的样板间正好在二楼，不需要绕很远就能到。建议在样板间的各功能空间放上走心的文案，让客户带入对美好生活场景的向往，为下一步的谈判做好铺垫。

"比如，玄关文案：像脱掉外套那样，把白天的喧嚣留在玄关，全身心松弛舒坦。客厅文案：高朋满座或高谈阔论，都需要宽大为怀的心胸。厨房文案：厨房是感情的保鲜盒，每次翻炒的都是生活的浓香。……

"最后是谈判区。从样板间回到售楼部，确定房源，逼定下单。因为空间有限，我们直接把窗帘有效利用起来，在上面印上'松弛教育'的内容，一抬头就能看到，适合坐下来慢慢讲。洽谈桌上放一些台签，以沟通性的内容为主。比如，'人生由我松弛感'，'常去图书馆　长久幸福感'，'我家书房不大，不过一个图书馆'，'人生最大的成功，就是家庭幸福'，'成事是一生的修行，松弛是每天的日常'……

"我们的大门，景观展示区，以及样板间的大宽厅……都是峰值体验。最后客户走的时候，再送给他一瓶定制的苏打水，包装写上'一杯知己　松弛人生'，或者我们定制的'精神食粮'帆布包，给客户一个回味无穷的终值体验，加深他对名筑印象的好感。"

…………

在《地产营销力》这本书里，赵笑律花了很大篇幅讲解"超级案场"。贺皮久、徐上进、郎书胜、周觉册都看过书，所以沟通起来没有任何障碍。大家当即决定全力吸收，全盘照做。降本增效卖得好，超级案场少不了。

几天后，正式售楼部里灯箱、展板、台签等物料陆陆续续到位了。

"物料都全了吗？"郎书胜看着售楼部里的广告，笑着问。

"还差一本楼书，印刷周期比较长，还得两天！"赵笑律看向郎书胜，笑着说，"不过，现在，你可以说名筑印象是全国物料最多的售楼部了！"

例二：

人生由我松弛感

人生由我
松弛感

女性如何让自己过得更好？

人文所在 人杰在 名筑印象

一、脱不花——得到 CEO

我的建议是两个，一个花钱，一个花时间，搭配实施，疗效好。

1. 买两套 lululemon 运动衣。贴身剪裁的那种，既做家居服，也做运动衣，除了正式场合，一直穿着。原因是：

你会清晰地时刻感受到自己腰的存在，这会提醒你对自己肉身的觉知。

基于第一条，你不可能穿着这样的运动衣当沙发土豆，你会忍不住站起来，动起来。

基于第二条，出门运动或者出门见人，都有助于提高内啡肽和血清素的分泌，给你持续的幸福感。

基于以上三条，你会变瘦、变好看，你会因此收到同事、朋友积极的反馈，这会刺激你的多巴胺分泌，让你对自己充满希望。

管理好生活，就是管理好化学反应。想过得更好，就是要时刻对自己的肉身、心理和头脑的发展变化有清醒的觉知。

2. 学一门需要长时间动手的手艺，比如，陶艺、木匠、魔术、雕刻、书法、裁剪，只要是从零开始学习，都行。原因是：

要学新把戏，就会进入学习区，相当于用自身认知的方式，训练自己的专注力。

手艺的好处是，任何手艺从入门到大师，都有数不清的进阶台阶，自己清楚地体会到阶段性的进步，等于给自己制造了无须依赖任何人的正反馈系统。

一门新手艺会把你带入新的社交团体，哪怕只是一起团购装备，都能认识完全"出圈"的人，建立社交网络的新节点。

你学会了这门新手艺，可以把亲手制作的作品赠送给亲友，意义不同，你有了新的社交货币。你会在打磨新手艺的过程中突然产生对自己原有工作的灵感，让你收获这件事的长期意义。

另外，用认认真真的方式，全面认识一个新朋友，也算学了一门新手艺。

二、柳青——滴滴出行总裁

我有4个自己的感悟，不一定适用于每个人，但愿能给大家一点参考帮助。

1. 每天睡前写下"今天我做得挺好"的事情。从小学起，我就养成了自省的习惯，坚持每天回顾这天做的事有哪些不足。后来，我发现长期自省有个副作用——我总是对自己不满意，这导致我不快乐。所以，我给自己提了个新要求：睡前写两句"今天我做得挺好"的事。因为女生普遍对自己苛刻，我见过的很多女孩，在自我欣赏、自得其乐上，没有男生那么多。

2. 做更多"取悦"自己的事。比如，穿一件很个性的衣服。以前也会兴之所至想穿得特别一点，但马上就会不好意思，担心别人说不适合我、不接地气等。往往念头刚冒出来，自己就把自己劝退了。太在意别人看法，而压抑自己的真实想法和感受。我希望在"取悦"自己这件事上给自己更多的勇气和空间。又如，认识新朋友，以前常有非常多的顾虑，在意自己情况、在意别人眼光。在重读《霍乱时期的爱情》后，我设立了一个目标：勇敢地去坦然面对，顺其自然。

3. 与家人直接表达感情，永远不晚。我和父亲在春节期间虽然同在一个城市，但因为疫情和工作原因很少见面。前不久，他约我晚上谈谈，没想到他直奔主题：女儿，我想跟你说一声"对不起"。因为我小时候他工作忙没有很多陪伴，后来他想起来觉得很遗憾。说这句话时他眼圈红了。我听了瞬间泪流满面，曾经有过的所有小女孩的心结都在那一刻释然了。

在他这个年纪，这么认真地说句"对不起"，对我而言弥足珍贵。我顿悟到，有话直说不仅耿直坦诚，更是活在当下，把情感和感受当下就表达，特别是对亲人，你将更幸福。

4. "小姐姐心态"变成"大姐姐心态"。这条特别适合年轻女孩。我以前在下属时，要求自己做一个刻意练习，遇到沟通困难时，要把老板想象成普通人。现在我的下属也会时不时找我倾诉委屈。这其实是"小姑娘"常遇到的职场困境，动不动就眼圈红了，这会导致你失去解决问题的主动权。我建议年轻女孩在面对比自己更强势的人，比如上级或客户时，把自己从心态上拔高一点，从"小姐姐心态"变成"大姐姐心态"，把对方还原成普通人，把自己放到更高的视角，用一个"俯瞰全局"的心态，少一些情绪，多一些包容。

三、梁宁——著名产品人

我的建议是变美，说得技术一点：管理自己的呈现。清单是：

1. 美是一项成就，管理自己的呈现是技术，需要投入才能有所获得。

2. 要追求这项成就，就要对过程中的挫败做好心理建设。我来做你的垫底，以年龄和条件比较，我肯定是最弱的。有我垫底，你也没什么难为情了。

3. 在自己的住处，开辟一个变美的空间，一定是落地的大镜子。如果每天没有在它面前待 10 分钟，你就没有为自己变美储值。

4. 改变姿势比改变五官容易。姿势就是关节的角度。认识自己的肌肉，找到自己肌肉和关节角度的关系，找回自己的身体。

我有一个朋友叫文敏，是一位结婚教练。

一个女孩问文敏：我要怎么做才能让男朋友感受到我对他的爱，从而挽回他呢？

文敏回答：你这样问，说明你俩的关系没可能了。因为爱情从来都是吸引力的游戏。

那什么样的人有吸引力？有成就的人。比如，对于女人，美的呈现是一项成就。

在1990年，"想赚钱"是一件羞耻的事。中国科学院的一群人，放下知识分子的斯文，去中关村站柜台，在当时是被身边人嘲笑的。柳传志给那时的我们非常重要的心理建设是：谈钱不羞耻，为了赚钱而努力不羞耻，赚钱是一种成就。

其实和赚钱一样，美也是一项成就，丝毫不比赚钱容易。两者都需要投入时间，反复练习，掌握越来越丰富的细节，以及承受过程中的挫败感。

这次疫情，公共生活全中断。我们关闭在私人的小空间，与家人相处，以及与自己相处。我问自己，你想要什么？我内心说：我想变美。我的军人父母不能理解，他们还像打压10岁的我一样，打击40岁的我：别干这些没用的事！瞎折腾！浪费钱！

但我已经长大，我创过业，投过资，买过股票，一路交过大量学费，掉进过所有的坑，被很多人有意无意地骗过，做过大量无用功，浪费了大量时间和金钱。我知道没有什么成就是容易得到的。

所以，我也知道，想变美这件事，还是会浪费大量的时间和金钱，做大量无用功，中间充斥着各种滑稽和笨拙，东施效颦般可笑。

朋友劝我，你还是好好写文章吧。你就算付出全部努力，也只能到有天分人的脚底板，索性放弃对"美"的向往，把时间放在对自己而言有天分的地方吧。

其实，这就是我想写这条建议的原因。"安分守己"是中国人的传统观念。20世纪90年代，知识分子想赚钱，就是不安分，要承受周围人的嘲笑。

21世纪20年代，相貌普通的女生想变美，还是不安分。而我，在40岁的高龄，居然还有想变美的想法，这实在是太可笑了。可这就是我真实的愿望，再可笑也是我真实的内心诉求。我也明白一切成就来自持续的投入。

所以，我给我的房子布置了一个"变美"空间：整面墙的镜子，下面放个瑜伽垫，壁挂一台电视。把中国舞视频投屏到电视上，然后对着镜子学习。

舞蹈不是一套动作序列，而是一个个美的姿态的展现。而所谓姿态，就是肌肉运动，关节弯曲，姿态改变。练习舞蹈，不是照葫芦画瓢学一套动作序列，而是找到美的关节弯曲的角度，找到那个关节角度的肌肉记忆。

站在镜子前，学一个最简单的姿势，我发现自己从头到脚都那么笨拙。简直看一眼就气馁，看一眼就嫌弃自己。可这就是今天真实的我啊。因为过去几十年，我既没天分，又没投入。我既相信天分，也相信投入。

少女的美像新鲜水果，是天物。好像蔬果沙拉，只要够新鲜，就能吸引人。任何盛宴的压轴菜，从来都不是沙拉，而是厨师千锤百炼的技艺，用无数细节叠加出来的艺术品。

我在生活里见过些电视上的著名美人。生活中素面朝天的她们，并没有比办公室里的同事五官更精致，但她们掌握了呈现自己这门技术与艺术，把自己雕琢成了行走的艺术品。为此，她们付出几十年自我探索和磨炼，这种美是她们的成就。

四、阿狮——得到 App 每天听本书负责人

我建议你，取悦自己。你的生活和工作都充满挑战，你要成为自己的加油站。

1. 给你喜欢的饰品想一句出场台词。每次带上它，就像《王者荣耀》里英雄出场一样，马上进入那句台词的状态。脱不花送我一对火箭耳钉，我给的台词是"喊出我的名字！"，一般在我作为活动主角、需要获得很多注意力时，长提气。我给金劳的台词是："我来，我见，我征服。"拿破仑瞬间上身，很霸气。

2. 储备几部你一看就会哭的电影。面对负面情绪，最好的方式是找个办法让它宣发出来。看了会哭说明你跟电影的故事产生了共情，跟你某段不愉快的回忆有关。多抒发几次，能帮你对那段回忆脱敏，更能放下，一举两得。但看完记得擦干眼泪，第二天又是一名女战士。

3. 婴儿哈哈哈笑的视频，请点击收藏。人什么时候容易笑？看见别人笑时。想启动一下具身认知，就想没心没肺笑一笑时，婴儿哈哈笑的集锦屡看

屡笑，百试百灵。

4. 布置家的时候，把最多的钱花在卧室。买五星级酒店同款床垫，买舒适的床上用品，天冷用磨毛的棉，天热用顺滑的丝。枕头高度要贴合颈椎。把钱花在你每天都会用身体接触的东西上。

5. 在家穿得暴露一点，当然，要拉好窗帘。女生不自信就喜欢把自己包起来，手藏在袖子里，穿肥大的裤子，留长刘海，生怕别人发现自己不完美。在家，穿吊带短裤，甚至不穿，看见自己的身体，观察自己，爱上自己，调整自己。除非自己想减肥变美，不然在别人说你胖了、黑了时不用理会，不用被别人的标准带节奏。接纳自己身体的女生，面对这样的声音，能有力回击，"是这样啊，我知道"。

6. 当 Crush（喜欢、心动）来敲门时，抓住它，消失了，Let it go。

7. 也不是常常都能 Crush，有一条不知当写不当写。生理需求无比正常，不用感觉羞耻，买个质量好的情趣用品，想用就用，不用感到孤单就哭唧唧。

8. 学一道自己都觉得"厉害了"的大菜。总有那么几个瞬间，有一种想要下厨房的冲动。但这事儿不是真的需要那么精通。从易到难，我更建议直接上难度。学一道大菜的成就感高过会做十道小菜。什么是大菜？各家不一样，你参加过的饭局，摆到最中间拍照的那道就是了。

9. 做得到 App 的日活用户，保持终身学习。很多你不知道的问题，得到 App 都替你解答了。与其花时间焦虑，不如花时间想想到底应该怎么办。从知识中获得力量，这个方法成本最低。

10. 每年给几位朋友/伙伴写一封信。写你从他们身上学到的事，真诚感谢。用这个办法，巩固你们的情谊，守望互助。写信这个方法很老土，但就因为它这么复古，写的人，收的人，都更为郑重。写信是件令人高兴的事，因为你在清点收获；收到回信你会更加高兴，因为你在交换信任。

11. 每年准备一笔放纵基金，一想到能花掉就开心的那种。你可以用它给自己买礼物（前面那块金劳），无厘头的冲动（我曾经为了去东京剪个头发），吃一家平常觉得非常奢侈的餐厅，或者帮朋友一把。这笔钱一旦花出来，就是为了服务于我乐意。

客观一点说，取悦自己无非是让身体里的催产素、多巴胺、内啡肽持续释放，而且取悦自己本身就是一件很快乐的事，这让你更懂得自我认知、自我接纳。祝各位新的一天、每一天，都能放平心态，偷偷厉害。

五、香帅——金融学者

从我的经验讲，我唯一做的事情，就是保持让自己高兴的能力。

1 爱自己，保持让自己高兴的心理能量。花钱给自己。比如，经常买点自己可以负担，但是觉得贵到 Silly 的个人用品。一定得是个人用品，到商场里去。不要时刻满脑子都是老公、孩子。

还有，花时间给自己，I mean，单独的时间，忘记自己是妻子、母亲、女儿、教授这些 Identity，一个人做点自己喜欢的事，听民谣，在街上闲逛，阳光下想想心事，做个 SPA，甚至晚上一个人缩在沙发角落写诗，Whatever，让自己能感觉到自己即可。

2 偶尔集中精力干活，保持让自己高兴的经济能力。上面是爱自己的方式。当然，你需要有爱自己和爱别人的能力。所以，你还需要有谋生的能力——找到自己擅长的事情，做下去。

最好隔一段时间，就给自己一点压力，完成一项任务。我的方式很简单，完成一个研究课题，将结论用不同方式表达出来，比如论文/报告。你必须不断地感到自己在进步，没有停在原地。

3 保持好奇心和专注力。"永远年轻，永远热泪盈眶。"我对这句话的实践，不管对生活还是工作学习，都保持好奇心和专注力。古龙说，爱笑的女孩运气不会太差。同样，"永远在路上"的女生运气不会太差。

六、李倩——语言学者

学会在烹饪中享受心流。下厨不是无聊的家务，而是普通人最容易实现的创造性活动，而且高频。

1 把客厅的沙发，换成一张大餐桌和舒服的椅子。把餐桌作为居家活动中心，吃饭、聊天、工作甚至会客，会大大提高客厅利用率和你的幸福感。

2 早起 15 分钟，在家吃早餐。即使是买的牛奶+面包，坐在餐桌边用托盘装好了吃，也比路边买个包子就着塑料袋吃感觉好很多。如果能煎个蛋，那么简直完美。

3. 买个烤箱,它能让你远离油烟,减少油的摄入量,还能让食物更好看,最重要的是节约时间。

4. 冰箱常备柠檬,日常饮用水标准就能跟高档餐厅齐平了。

5. 用深色餐具吃饭。因为它能让食物显得颜值更高,拍照发朋友圈容易高赞,吃饭时也会更加心情愉悦。

6. 两个月学一道菜,到年终掌握六道拿手菜。可以拆分成一个汤、两道凉菜、两道热菜和一个甜品。真的不难。

7. 请朋友来家里吃饭。有六道拿手菜,你还怕什么?在家吃饭的交情,餐厅里推杯换盏没法比。

七、田丽艳——中国科学院深海研究所海洋科学家

我的本职工作是科学研究,出海科考、实验室获取数据、写论文、培养研究生等,各项内容交叉缠绕,带来无数截止日期的压力。因此,我时常烦恼、焦虑。我希望自己做到也分享给你的建议有两条:精简自己的生活,放慢生活节奏。

1. 丢掉或在闲鱼上卖掉生活中可有可无的物品,如超过一年没穿的衣服,从未使用过的小家电,采购化妆品时赠送的小样。

2. 整理一下手机或者其他电子设备,卸载超过半年没使用过的App,删掉那些免费下载却没有任何欲望想阅读的书籍。

3. 改掉熬夜习惯,保持规律作息,晚11点睡觉、早6点起床的生活,会让你的身体和皮肤变好。

4. 戒掉每小时刷一次手机的习惯,让你的大脑从不停地甄别信息中解放出来。

5. 在家里选一个自己喜欢的角落,沙发或者书房都可以,每天冥想五分钟,让大脑放空。

6. 看一部科幻小说,推荐宏观布局+硬科幻结构的《三体》,与浩瀚的宇宙相比,一切都显得渺小。

7. 刷一部科幻电影,从拯救世界的肌肉男女主角工作中,挑一些不符合科学认知的情节,很正经地写批注寄给电影公司。

8. 把写稿、写文案、写申请书的截止日期,当作打怪兽游戏的终极目标,

不要纠缠于细节的一丝不苟，"完成比完美更重要"。

八、王潇——趁早创始人、作家

全面的更好莫过于实现才貌双全、灵肉双修，建议如下：

正式开启一个"100 天双引擎计划"，每天只需要 45 分钟——少女时代一堂课的时间，包含灵魂肉体双核打造，厉害之处在于让自己的肉身和大脑形成进步对照组，肉身在前，大脑在后。具体操作如下：

当你启动学习阅读计划时，也同期启动健身计划。

首先，在第一天起始日，脱光，立于镜前无情地打量自己，并测量围度。每天在家进行 15 分钟高强度间歇徒手运动，比如 # 和潇洒姐塑身 100 天 #，跟练视频，不需要出门和使用额外道具，一周后肉眼可见腰腹紧实变化。稍微休整，每天再进行 30 分钟的学习计划。

时间宝贵，兴趣和热情指挥我们选择学习方向，只有渴望才能让人立刻全身心投入，当稍微气馁时，对照观察自己身体变化，20 天后即可兴致盎然进入正循环。把该双引擎计划持续 100 天，由内而外，由外而内，整个人紧实有力，光洁明亮，是一切保养的秘诀和捷径。

主要原理：阅读学习成果不立即可见，容易让人气馁。但健身肉眼可见，体能变化可感知，就拿来做对比，一周后会有明显不同。一小时训练会体现在肌肉上，同样，一小时阅读会体现在大脑上。双引擎持续练习，你的大脑将像身体一样美丽。

九、诸葛越——hulu 公司全球研发副总裁

我的建议是记录生活。每天花点时间，写下自己所见、所闻、所感。有几个具体操作：

一是记录而不是写作，不用要求太高，但要持久。很多人会时不时写些东西，但是逐渐就荒废了。还有一些人给自己设过于宏大的目标，比如写多少字等，让写作成为一种负担。如果是为自己记录生活，不一定要给别人看的话，持久比写得多和好都要重要。

二是要有好的环境和工具。不管你是记录在手机里、博客上还是本子中，都可以。你只需要每天找一点点安静的时间，给自己倒一杯咖啡或者泡

一壶清茶，开一盏柔色台灯，拿一支精美水笔。在繁忙的生活中，这个时间和空间是给自己的一个小小奖励。

这样建议的原因是：我是记录生活的得益者。我从小到大一直是理科生，小时候因为作文不好，被要求每天写点什么，结果成了一个好习惯。我基本上每天都会记录，有长有短，内容形式随意。后来，这些点滴变成了博客、文章，也有的变成了我书里的内容。

生活中当时觉得平凡的时刻，如果你不记录，很快就会忘记。可能是你小孩第一次长牙，或他们很小时和你说的温馨的话，或是你独自离家的心情、听到涛声的触动、和朋友间的灵感碰撞，还有你的遭遇、挣扎和迷惑。这些未必是惊天动地的大事，然而很多年后，这些回忆会变得非常珍贵。

记录就是倾诉。女生一般都比较喜欢对家人、对朋友倾诉，但是对自己倾诉，或者对一张白纸倾诉，你有尝试过吗？你可以把内心所想的东西，不管清楚的还是混乱的，很深还是很浅，对还是错，公开的还是秘密的，都毫无顾忌地做一番倾诉。倾诉之后，你会感觉到轻松，也会体会到理解。

表达即思想。所谓写，其实不仅仅是写，还是把思想整理、凝结、反思的过程。为什么很多有思想的人往往擅长表达，很多擅长表达的人又往往有思想？其实这两点是紧密联系的。能够讲清楚，也是你能够想清楚的过程。记录和表达帮助我们整理思路，丰富想象，帮助我们成为有思想的人。

十、宋海容——俄克拉荷马大学心理系副教授

想过得更好，就开始并坚持一项运动吧！它绝对会让2060年的你，感谢今天的你。

七年前，我由于长期久坐消化不好，开始户外跑。七年后，跑步成了我愉悦自己的最佳方式。无论出差还是度假旅行，我的行李里最少不了喜爱的跑鞋和跑步衣服。运动不但能改善形体、保持健康，还能增强日常的心理抗压能力，改善焦虑等情绪问题。

在运动装备上，你一定要舍得投入。如果你练习瑜伽，lululemon的瑜伽衣裤和文胸，就是值得拥有的高质量装备。如果你跑步，那么一双高质量的跑鞋，会让你跑起来更加轻松省力。我个人很喜欢布鲁克斯、耐克，还有亚瑟士，每一双都让我"爱不释脚"。不过，选购时，也要根据自己的脚型和

跑步着力点等因素挑选，特别建议去专卖店里试穿再买。

刚开始一项运动时，一定要找到自己的节奏。你的大脑只对熟悉和熟练的事感到舒适，如果一开始定的目标太高、跨度太大，大脑就会感受到巨大的威胁，无形之中给自己设置障碍。结果，你还没尝到运动的甜头，就半途而废了。

运动是为了让自己身心愉悦、状态更好，而不是为了比赛和竞技。要有可量化的阶段性小目标，并且在它实现时，及时地奖励自己，这样你会坚持得更久。跑步小白可以在万米之内，每前进千米就给自己添置一件跑步新装备，奖励自己。我就是这样练到了半马。

坚持一项运动，还可以结识舒适圈外的新朋友，扩大社交网络。我曾在本地组织了一个女性跑圈，鼓励大家在圈里晒照打卡，还线下举办过30人左右的跑圈聚会。运动让我找到志同道合的朋友，成为身边女性的引领者。

最后，不妨让其他家庭成员一起参与，形成家庭运动文化。我的女儿和儿子就逐渐被我带动起来，和我一起长跑。现在，连我家七岁的小儿，都能和我跑三五千米了。家庭运动项目不但增进了我和孩子的情感联结，还培养了他们良好的运动习惯和坚韧的个性品质。

行动起来吧！给现在的自己一个承诺，在未来遇见一个更好的自己！

十一、周轶君——纪录片导演、前战地记者

我有两个建议：学会做减法，每天留一点时间给纸质书阅读。

第一个行动：拿出你今年的愿望清单，删除至少三项。

做减法能让你看清，对你而言什么是重要的，什么才是你真正的需求。做减法也能为你带来安全感：需求越少，步骤越简单，控制点越少，掌控感越强。不光是愿望清单，小到一件具体的事，大到人生任务，都可以删除或合并一些需求和步骤。然后，你会发现，这样一个小行动，可以改变很多。

第二个行动：每天抽出一点时间读几页纸质书。

浏览网上讯息、阅读电子书之余，抽出时间读几页纸质书，尤其是在孩子面前读。这不是给孩子念，而是在为你自己读。原因如下：

纸质书阅读在头脑中会引起长久的、更深层的思考，屏幕阅读或浏览则会带来即时、广泛的兴奋，这两种行为引起头脑中的变化不同，最好交替

进行。

未来将有一代孩子在多块屏幕前长大,导致拥有长久注意力和深度思考能力成为稀缺。父母做出示范很重要,孩子会一直观察并模仿父母的行动。

以电子的方式获取广泛讯息后,用纸质书阅读建立仪式感,可以让心灵有一段时间的宁静。阅读不会带来生活方式的横向比较,这对缓解做父母的焦虑也有很大帮助。

十二、卫燕——北京大学肿瘤医院乳腺中心主任医师

作为头发花白了的乳腺中心女医生,我认为乳房不仅隐含着哺乳等实用功能,更是女性外在美丽曲线的重要组成部分,我建议你平日就从这五点关注自己的乳腺健康。

1. 关爱乳腺,从定期检查开始。如果没有明显不适,一般从 40 岁开始,每 1~2 年做一次乳房定期检查即可;如果存在乳腺癌易感基因(BRCA1/2)的致病性突变,或家里有 2 位及以上近亲罹患乳腺癌或卵巢癌,可在专科医生指导下,从比较年轻时开始比较频繁的乳房检查。

2. 乳腺检查做什么?双侧乳腺超声检查适合任何年龄女性,孕期也能做。必要时,如 40 岁后,可以做双侧乳腺 X 线拍片,经医生判断,没有可疑影像表现,通常不建议医疗干预。

3. 发现乳腺结节怎么办?需要用超声引导下的空芯针穿刺活检检测性质,创伤较小又能获取确切组织病理,得出结节的性质。如果结节是良性的,定期进行正规体检就好,千万不要听信非专业人员的建议进行不必要的干预;如果结节是恶性的,可以使用穿刺的组织标本进行进一步分类,为后续精准治疗指引方向。

4. 基因检测,并不适合每个人。目前的基因检测不能用来对每个人进行乳腺癌风险筛查。因为,绝大多数乳腺癌不是遗传,而是散发的。针对某种疾病进行对应的基因检测,是有特定适用人群的。只有家里有 2 位或以上近亲罹患乳腺癌或卵巢癌的情况才适用。

5. 特殊时期,更要关注乳房变化。怀孕期间,乳腺会比平时更丰满,往往容易让准妈妈忽略可能存在的病变。

如果乳房局部迅速增大,一定不要因为这是妊娠期的正常现象而掉以轻

心，而是要主动去医院检查。如果真的在怀孕期间发现恶性肿瘤，一定要和专科医生进行认真沟通，做出适合自己的决定。

最后，我还想对女性说：希望你们不挑食、不刻意，因时、因地制宜地安排饮食；希望你们腹有诗书气自华，举手投足散发知性魅力；希望你们"为自己而容"，内外兼修过一生。毕竟，懂得爱自己，才会更懂得爱家人。

十三、仝卿——国家注册营养师、营养师团创始人

这两条建议关于动和吃，可能会让和我一样的中年少女活得更轻松。

第一条建议：不再续约健身卡，找个健身房以外的运动方式。

你玩儿着开心的，都可以。最近宅在家里，我跟着孩子跳 Switch 上的舞蹈游戏，感觉自己身体律动还不错。所以，我给自己安排了街舞学习，不再续约手头那张撸铁卡，专心宅家享受运动的乐趣。

健身房做力量和有氧训练，我们会过于关心腰围、胸围、心率变化，用这些数据反向证明运动得好不好；而兴趣主导的技巧性运动，会更多地带给我们阶梯性的成就体验，使运动成为生活中更加有趣的一部分。

远离健身房的氛围，运动不需要同伴压力、不再是一种自律，而是成为我与生活对话的一部分。

第二条建议：放弃极低碳水饮食，主食吃起来。

每顿饭吃一份自己拳头大小的主食，健康不超标，妥妥的。

不知道从什么时候起，好多妹子认定碳水化合物是个让人长胖的主儿，不吃米饭成了公认的减肥技巧。这不但让每一位姑娘压力山大，还让主食莫名背锅。

8000年前的植物驯化让我们的祖先摆脱了靠天吃饭的命运，走上了文明之路。从此，碳水化合物一直是我们中国人平衡膳食的基础。几千年环境和基因演化构成了我们每个人新陈代谢的自然规律。碳水化合物是大脑唯一的供能物质，也是我们每天能量 50%~60% 的来源。

主食能帮我们更好地进行脑力工作和享受生活。

十四、尤宇——贝塔斯曼亚洲投资基金创始人

2020 年突然降临的这场宅，成为很多生活方式的分水岭。

不要浪费宅出来的小本领。比如，沉淀15道家常菜，共三套四菜一汤，排列组合，加以变化，足以让你成为家宴厨神。技不压身，自给自足最自信，贤良淑德能唬人。同时，在房间各处摆上不少于三个体重秤，用无处可逃、触目惊心的数字恐吓你的潜意识。

充分发挥宅出来的心得，根据个人社交耐受力水平，有规律主动自我禁足，与日常生活隔离，清理内存、备份文件、重启系统。

例如，根据个人条件和偏好，每月两天或每季度三天或每年七天，隐于陋室或遁入山林，皆可。

其间，足不出户，把活动范围缩到最小，进行以发呆为底色的昏睡、收纳、节食甚至辟谷。鼓励的活动以不占脑容量，可以在梦游状态进行为原则，推荐但不限于敷18层面膜，难度不超过调配精油和烹煮花草茶。幸运的独居单身女性可以尝试禁语，在沉默中找到内心的宁静，重新积攒对世俗生活的热爱。

同时，热烈拥抱每一天，当天就完成久违的心愿。

十五、沙小荔——《时尚芭莎》执行出版人兼主编

1. 每周吃一天素，坚持一段时间，你会发现身体奇妙的变化。

如果肠胃感到轻松，人就会有轻松的感觉，心也会慢慢静下来，头脑会变得更加清晰。出差或度假都不打破这个习惯，长期坚持就会形成潜移默化的本能，对身体和精神状态的管理帮助会越来越明显。

2. 想做的事情立刻做。如果放到明天，90%概率是依然不会做。

大家估计都有这样的经验，拖延症其实让自己更焦虑，唯一的解决办法就是马上去做。拖延的借口往往是自己要想得更清楚些，但我的经验是，必须投身其中，开始做，思考才是有效的。

3. 培养一个与美有关的兴趣，你会发现自己其实拥有一双慧眼。

关注一个你喜欢的画家或者设计师，试着去深入了解一下，看相关的展览。你会发现，你对美的学习投入是有巨大且长远的回报的：越深入了解，美能带给你的愉悦越多、越久。美有治愈的作用，不信你去试试。

第三章　来访量

闻到书香·听到安静·看到从容

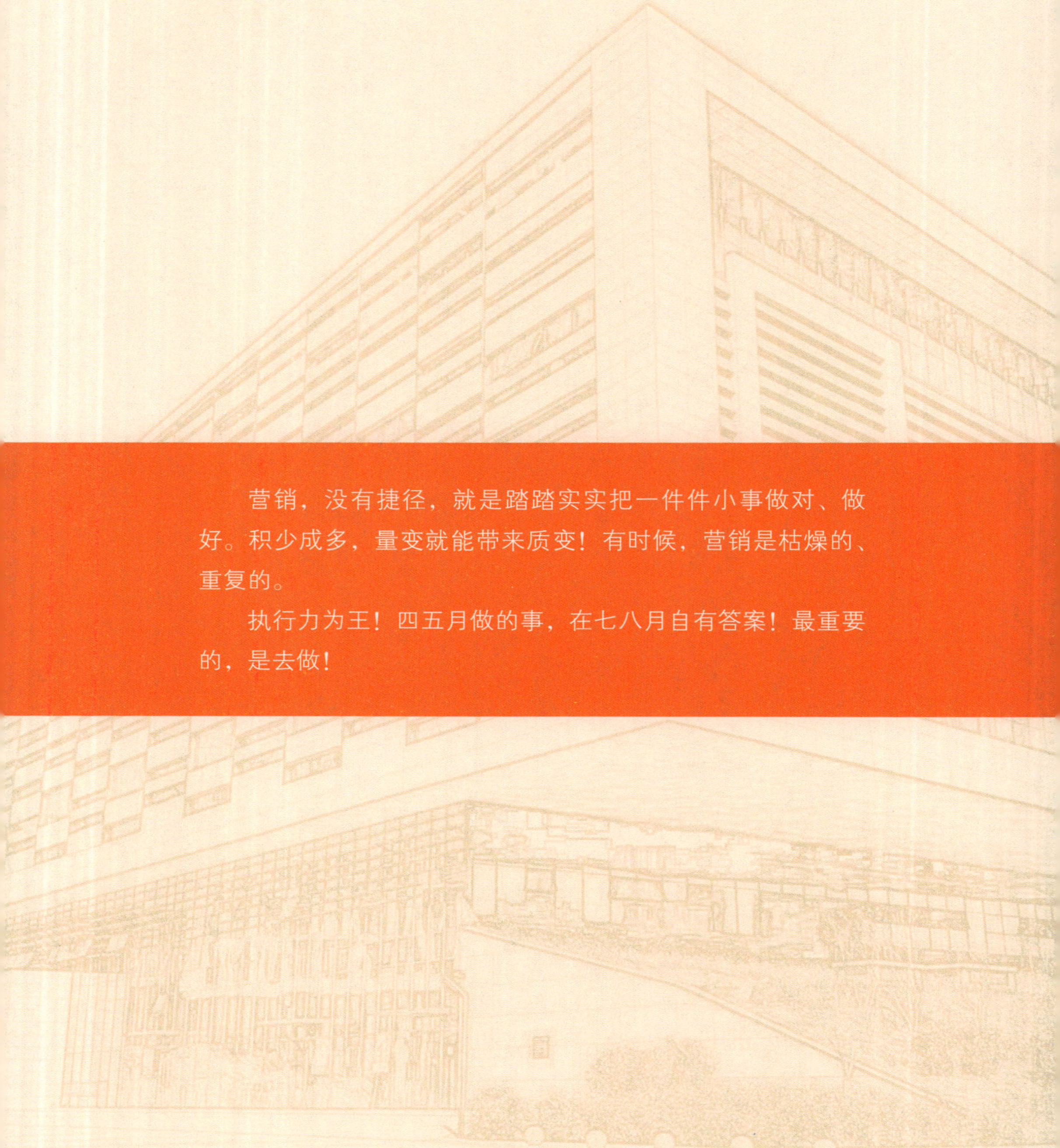

营销，没有捷径，就是踏踏实实把一件件小事做对、做好。积少成多，量变就能带来质变！有时候，营销是枯燥的、重复的。

执行力为王！四五月做的事，在七八月自有答案！最重要的，是去做！

15. 饱和攻击：阵地为王，全城渗透

从4月入市以来，财信·名筑印象的对外拓客工作就没有间断过。项目面世之初，销售团队轮值，和自渠团队共同外拓；开盘时，销售团队转战案场，自渠继续外拓；进入平销期后，销售团队轮值，继续和自渠团队一起外拓。

名筑印象外拓的作风非常硬核，就是区域必须覆盖三遍以上，而且执行的颗粒度非常细，已经形成了一套系统化的打法。

比如，每次外拓，拓客人员先领取当天的任务，并分成小组，按地段划分拓客区域，一条街、一条街地全覆盖，不放过任何一家门店。晚会之前，客服人员统计当天各人的完成情况，包括留电话、加微信、进微信群的数量。更关键的是，客服人员还会去检查，核实是否作假，比如去商店里看看有没有项目的物料，或者问问商家有没有收到项目单页。

比如，拓客人员会把餐饮店里的抽纸盒、烟灰缸全部换成自己项目的，而且把替换掉的全带走。店里能贴海报的地方绝不让它空着。一次性塑料袋是最受欢迎的，必须多送一点。当然，物料上都留有自己的个人信息。要是老板有意愿的话，那必然立即发展为全民经纪人。

如果是小区，就分小组一栋楼一栋楼、挨家挨户插单页，不管有没有电梯！当然，也会溜进车库，抄电话、插单页、挂挪车卡。

如果遇到的客户愿意，就填写一份调查问卷，中间还能闲聊几句，顺便加个微信，也发展为全民经纪人。当然，客户可以凭调查问卷去售楼部领个礼品。

如果天热了，就分上午和晚上拓客，尤其晚上，背上电子屏，在广场、公园等人流量大的地方驻扎，发单页、送扇子……应季小礼品总是很抢手！

当然，这一切都要拍照，而且必须是带水印的照片，半个小时拍一张，发到工作群里，接受监督考核！

最终，通过商家、周边小区业主的推荐，积累了近800个微信群了，还有项目的客服人员在里面时不时发个红包定向维护。

团队也会时不时地组织小型的宣讲会，比如，进医院，去学校，以及乡

访某个事业单位。有时候,也能和银行跨界联动,在接待大厅放一个展架,摆上项目的物料,甚至在电子屏上投放视频,获取精准客户流量。

不过,他们并没有止步于此,电话 Call 客、流媒体广告投放、员工车贴,并开始尝试线上拓客,试水抖音获客。不仅有专人拍摄视频,还有小主播每天在线开播。水滴石穿,日日不断,几个月下来,互动、增粉、留资……数据越来越好,他们成为时间的朋友。

营销,没有捷径,就是踏踏实实把一件件小事做对、做好。积少成多,量变就能带来质变!有时候,营销是枯燥的、重复的。

执行力为王!四五月做的事,在七八月自有答案!最重要的,是去做!

如果项目有重要节点了,如读书月,还有即将到来的营销中心开放,他们会启动跨桥电子屏、楼体发光字,以及加油站大牌,还有社区道闸、聊城房产网通栏。短则一个星期,长则一个月。短期集中发声,快速引爆市场。

财信·名筑印象的任何活动、任何营销动作,只要简单一沟通,就能立即落地执行,既没有层层审批,也没有反复修改。

财信·名筑印象日常外拓

马云曾说,他和孙正义有同一个观点:在"一流的 Idea、三流的实施"和"一流的实施、三流的 Idea"间,他们共同选择后者。因为"一流的策略+

三流的执行"，远远不如"三流的策略＋一流的执行"！

小马宋在《营销笔记：卖货的真相》里说，执行力是企业经营成功的决定性因素。

其实，对营销来说，同样如此。如果一个好想法值100万元，那么一个好执行力值1000万元。不管哪家企业，最终能走向伟大，都离不开一个因素，就是执行。任何楼盘、任何营销要想做成事，光有好想法是远远不够的，还要有好的执行力。

每天坚持完成基本动作不打折，比如，通过拓客、派单、Call客、陌拜等手段持续寻找客户；通过模拟演练、说辞培训、谈判技巧训练等强化个人能力。

这个世界不是由挑战构成的，而是由好动作构成的。你的动作做得标准，坚持做下去，才能跟得上宏观的节拍。

结硬寨，打呆仗！成功的关键，不在于策略多么伟大，而在于一以贯之！营销只有行动才是唯一的出口！

16. 高考中考：人生松弛考试指南

一年一度的高考要来了！徐上进一个月前就提出，要借势高考宣传项目。毕竟，新一中是考点，而且就在财信·名筑印象路对面。

赵笑律当时和她初步沟通了一个方向，徐上进觉得不错，就去联系活动公司落地执行了。谁知高考前不到两个星期，徐上进突然说：

"今年高考管理得很严，不让植入任何广告，义务送水也不行。去年不知哪个商家送的矿泉水，导致学生喝坏了肚子，影响了考试。今年什么也不让做了！我们之前设想的定制遮阳篷，没戏了！"

赵笑律心有不甘，晚上一个人坐在电脑前，漫无目的地搜着资料。

突然，赵笑律灵光一闪，心想："我们一直在倡导'松弛感教育'，而最应该松弛的不就是考试吗？"

赵笑律激动坏了，原本无精打采的他一下子兴奋起来，随即噼里啪啦地敲起了键盘。

第二天，睡眼惺忪的赵笑律一到项目，就把徐上进、郎书胜还有周觉册叫到一起，把自己的想法说了出来。

"我要写一本手册，名字我也想好了，就叫《人生松弛考试指南》！"

众人一拍即合，表示赞成！

"其实，想一想我们这一生，会经历多少场考试：小升初、中考、高考、考研、考博、答辩、留学、考编、考公、招教、职称、应聘、述职、竞选、演讲……这些哪一个不是在考试？"赵笑律越说越起劲，"有些是简单的小考，有些关乎人生的转折——比如中考、高考，有些是职场上的竞争，直接决定你的未来……生活处处是考场，而决定输赢的，是你如何对待它。

"如果你经常焦虑恐惧，那么考试的结果很可能是不尽如人意。因为，紧绷感多了，就会导致身体消耗的能量变多，大脑消耗的能量就会减少，最终导致你的记忆和思维速度变慢。所以，心态不松弛，很难在考试中拔得头筹。

"可如果你心态平和，积极准备，全力以赴，既不临时抱佛脚，也不躺平等着天上掉馅饼，而是怀揣热情，松弛应战，认认真真答好每一道题，即使成绩不圆满，也不会留遗憾！心态决定人生。人生考场上，先松弛，再成功！"

"你昨晚是不是熬夜了？"郎书胜看出了赵笑律眼睛有些浮肿。

"不熬夜，哪会有今天的战果啊！"赵笑律说完，又打了个哈欠，继续说道，"手册内容我规划了三个篇章，分为考试前、考试中和考试后。"赵笑律指了指电脑，屏幕上写着：

'（1）考试前：科学规划、松弛备考。

'（2）考试中：平和心态、松弛应考。

'（3）考试后：适当放纵、松弛减压。

"考试前和考试中，都是我在网上搜集到的一些备考技巧。第三部分考试后，松弛减压，我会植入图书馆，然后落到我们名筑印象的项目上。"

"挺好的，我们可以在高考前大量派发，这样就规避了高考期间不让打广告的问题。"徐上进说。

"我觉得中考也能用啊！"周觉册说。

"那可不，人生处处是考场嘛！不仅高考、中考，还有其他考试，都能用。不仅今年能用，明年也能用，以后年年都能用；不仅单项目能用，整个集团也能用；不仅地产行业能用，其他行业也能用……什么考试都用得着，我们只需要把它印刷出来，放在售楼部即可。"赵笑律越说越亢奋。

"这个拿去拓客，也很好使！你发单页，别人会拒绝你。你送礼品，别人可能不喜欢。你送这本《人生松弛考试指南》，完全不用担心，因为即使家里没有高考的学生，也会有中考的学生；即使他自己用不上，他也可以拿去送给身边的人，反正对他只有好处，没有坏处。"郎书胜说。

"行，那就赶紧落地吧。制作也需要时间，尽量6月1日开始全城派发！"徐上进说。

"对了，还准备一组海报，配合着持续刷屏朋友圈！"

几天后，《人生松弛考试指南》如约摆上了财信·名筑印象的物料架。

当置业顾问和渠道人员趁着晚上下课时间去几个高中门口派发时，很多接送孩子的家长都放下手机，手捧册子，聚精会神地看了起来。那一刻，赵笑律觉得这本有意义的小册子，应该传递给更多有需要的人。

他当即和徐上进达成一致，将这本《人生松弛考试指南》免费共享。赵笑律第二天便在自己的公众号写了一篇文章。

财信·名筑印象《人生松弛考试指南》手册

"你只需要转发此文章到朋友圈或微信群,把截图私信我,我便把文件发给你(包含文案、设计稿源文件)。是的,你没看错,设计稿的源文件我们也共享给你!

"你只需要改成自己项目的 Logo,或者在最后加几页项目内容,就可以拿去制作了。如果这本手册能多影响一个孩子、一个家庭,善莫大焉!"

很快,全国七八十个地产朋友参与了转发分享。有些朋友还第一时间将制作出来的手册拍照发给了赵笑律。赵笑律倍感欣慰,回复了一排赞!

或许,这就是营销最大的价值和意义吧!

17. 最文艺发布会：读书人的理想家

一转眼，时间来到了 7 月，也迎来了炎热的盛夏。太阳一升高，温度就直线上升，还没到中午，地面就像个大蒸笼一样。到了热浪袭人的中午，没有一丝风，湛蓝的天空中没有一朵云，头顶上那一轮大火炉似的"毒日头"又开始撒野了，烤得人心烦意乱。

不过，对郎书胜和销售团队来说，越是炎热，越是忙活！因为财信·名筑印象售楼部已经在做软装了，马上就要交付案场。置业顾问本月全部停休，正式进入备战状态。

他们每天顶着大太阳，去园林示范区一遍遍练习销讲说辞。售楼部的空调还没装好，在里面哪怕站一小会儿，都会汗流浃背，湿透衬衫。

郎书胜要求每个置业顾问佩带腰挂式扩音器，必须时刻以最饱满、最自信的状态讲解项目。每一个置业顾问讲完，大家便指出其亮点与不足，及时帮其优化改过。同时，大家还要时不时地接受贺皮久、徐上进、开发商的突击考核。

功夫不负有心人，置业顾问不惧"烤"验，更经受住了考验，正一步步成长为财信·名筑印象的战斗者、代言人。

这天上午，徐上进叫住了正在园林示范区听置业顾问讲解的赵笑律，告诉他财信·名筑印象正式对外开放前，要先做一场产品发布会。赵笑律以为让他配合出一些海报、物料，便一直点头。谁知徐上进后面说的一句话，差点惊掉他的下巴！

"我和贺总商量了一下，需要你上台做个演讲，分享一下名筑印象的生活理念。"

赵笑律张开的嘴巴还没合上，脑子一片空白，顿时不知道说什么好，竟在那里呆呆地愣了好几秒钟！没等他缓过神来，徐上进继续说道："就是平时你给大家培训的那些内容，你自由发挥，绝不限制你！"

"可……是……这么重大的场合，我没讲过啊，可不能砸了场子，要不让贺总来讲……"赵笑律有些结巴，依然不敢接招。

"没事，我们都商量过了，你讲最合适，就这么定了哈！"

徐上进拍拍赵笑律的肩膀便离开了，留下赵笑律站在原地不知所措。不知道什么时候，赵笑律的额头上也出满了汗，他不知道是热的，还是紧张的。

整个下午，赵笑律都呆坐在电脑前，没有任何头绪，也没找到合适的资料做参考。他合上电脑，决定去图书馆溜达溜达，换换心情。

赵笑律远远地就看到了那个书本造型的门，矗立在聊城市图书馆前的广场上。没想到读书月过去两个多月了，这些装置艺术还在。走近一看，装置艺术完好无损，上面的金句和图案如前，徐上进说会有人定期来维护，原来是真的。

聊城市图书馆里将近三层楼高的巨幕广告也还在，站在一楼看，依然很有冲击力。赵笑律随便找了个沙发坐下来，静静地盯着眼前书籍造型的光岳楼出神。

"这里是策略的原点，没有那次来图书馆，就不会有后面的想法。"赵笑律又回忆起了第一次和徐上进、林沛、尚云端来图书馆时的场景。正是那次的直接感受触动了赵笑律，才有了后面的一系列营销策略。

"那为何不回到原点，接着讲读书呢？"赵笑律猛然醒悟，当即端坐了起来，而且越想越兴奋。

他想起了《人生由我》中，梅耶·马斯克在很小的时候，跟随家人到卡拉哈里沙漠旅行。当父母规划下一程的路线时，他们这些孩子就在一旁静静地读书，大家的脸甚至都埋到了书里面。

赵笑律又想起自己的一个朋友，把家里的客厅直接改成了图书馆，书架上摆满了书。每天早晨，他们夫妇就陪着孩子早起读书，渐渐地，孩子养成了读书的习惯。

这些都是身边真实存在的故事，是多好的素材啊！何况自己就是一个读书人，最好的故事，不就是自己的经历吗？思忖再三，赵笑律决定现身说法，以读书人的身份，讲一讲如果自己住在财信·名筑印象，会怎样彰显这个家的价值。

说干就干，赵笑律当即起身离开图书馆，一路小跑着回到了售楼部。他要赶紧准备课件！

7月7日晚上八点，财信·名筑印象产品发布会如约召开。赵笑律穿上了那件挚爱的"我是读书人"T恤衫。从财信·名筑印象读书月开始，赵笑律每天都穿着这件T恤衫。郎书胜很豪爽地给了他近十件，并开玩笑地告诫他，只能穿这件衣服。慢慢地，这件T恤衫成了赵笑律的标签。

第三章 来访量

财信·名筑印象产品发布会

这是一场针对媒体、渠道、意向客户举行的产品发布会，同步进行线上直播。开发商财信城发的牛总先上台致辞。随后，中国建筑上海设计研究院院长杨亚军、蓝调集团创始合伙人任刚分别解读了财信·名筑印象的建筑规划理念和园林景观规划理念。

赵笑律最后一个上台，分享了名为"一个读书人的理想家"主题演讲：

大家好，我是财信·名筑印象的产品体验官，一个每天必看书的终身学习者。我每年都会买一些书，目前累计有书籍超过1000本。不过，它们都散乱地分布在家里、公司里……我也很希望能有一个单独的地方，把这些书集中在一起。

我有个儿子叫年年，今年7岁，上小学一年级。年年两三岁的时候，我带他去的最多的地方就是书店、图书馆，并且我几乎每周都会给他买书。比如，宫西达也系列、郑渊洁童话系列、皮特猫系列、丁丁历险记系列、怪杰佐罗力系列、冒险岛数学奇遇记系列等等，各种比较受欢迎、评分很高的书，我都会给年年买。

我也认可一句话：如果你有100本书，孩子可能读80本；如果你有80

151

本书，孩子可能读 50 本；如果你有 10 本书，那么你的孩子应该不会爱上阅读……如果你的孩子读了 1000 本绘本，他的脑袋里就会装下一座美术馆。

所以，想让孩子养成读书的习惯，其实很简单。多买书，多看书！尤其是我们家长自己要多看书！

现在，年年已经养成了每天看书的好习惯，甚至上厕所都书不离手。而我给他买书的速度，已经赶不上他看书的速度了。

我是一名心理咨询师。我认为，好的家庭教育不是管理，而是示范和引导。要想从小就培养孩子良好的学习习惯，最关键的是父母身体力行的言传身教。我理想中的家，是一个充满书香之气的家。这个家里，有浓浓的读书氛围，年年可以在学习中找到快乐、自信满满。

这个家，我把它叫作"房子里的学区"。

我相信，对年年的人生而言，培养自主学习的内驱力，远比考试成绩更有价值。

01
人工智能时代的最大赢家是学会"自主学习"

人工智能时代的到来，放大了很多家长的焦虑。因为社会发展更快，不确定性就更多了，我们需要做的是如何为下一代正确地铺路。

确实，在人工智能时代，社会需要的知识与技能会不断增加和变化，"能吃一辈子的技能"正在逐步消解，大多数将走向灭绝。

在未来，正规的学校教育将不那么重要，因为孩子的主要学习方式，会从向老师学习转向自学。换句话说，你自己家的书房，就是最好的学区房。

一份来自浙江的调查显示，只有 46.5% 的在读大学生和 47.5% 的毕业学生认为，自己的专业能与工作种类相匹配；95% 的毕业生承认，大学所学专业知识在实际工作中最多只能用上 20%。

真正能在社会上立足的人，靠的都是"自学"。在人工智能时代，尤其会这样。"终身学习"不再是一个选项，而是"不得不的必需"。

02
大语文时代
得语文者得天下

我太太是一名小学老师,她给我看了2022年新版国家课程课时。我发现语文已经成为全科第一,大语文时代真的来了。学霸的终极差距,就落在了语文身上。

事实也确实如此。对比这几年的高考语文,我发现考试难度越来越大了。

首先,体现在字数的增多上。高考语文试卷已经从之前的7000多字,增加到了10000多字。单是阅读题目,就要耗费三四十分钟。

不止语文,数理化试卷的卷面字数也增加了2~2.5倍,比如,数学卷的文字量也突破5000字。

其次,十分考验阅读能力。2023年高考语文作文题再次刷屏,成为全网热议的焦点。全国甲卷"掌控时间和时间仆人"的思辨,有的孩子看完直呼头疼;确定了立意,却拿不出论据。全国乙卷的"吹灭别人的灯,不会让自己更光亮",主题看似简单,但很考验考生的见识以及思想高度。新课标Ⅰ卷"故事的力量",可发挥空间大,却有不少人表示:讲故事不难,但是把故事讲好很难。新课标Ⅱ卷的"安静一下不被打扰",立意不好把握,想写得出彩要有深厚的表达功底,不然就容易写成流水账。还有北京卷的"续航和亮相"、天津卷的"与有肝胆人共事,从无字句处读书",上海卷的"探索陌生世界和好奇心"的论证,表面上似乎简单,实际上都需要足够强大的知识储备,若不用心打磨,则很难交出一份满意的答卷。

一位亲戚的孩子在考完语文后直言:现在终于知道,读那么多书、积累那么多新知识到底有多重要了。在学习这件事上,你偷过多少懒,将来就会吃多少亏。在人生中的一场场大考中,"阅读量"的多少,迟早会拉开孩子之间的距离。

考试可以说是对孩子阅读能力最直观的考察。部分阅读能力差、速度慢的学生,甚至连作文都写不完。

如果阅读题目的速度跟不上,理解能力差,那么孩子可能连试卷都做不完。语文教材总主编温儒敏就曾明确地表示:语文高考,就是最后要实现让15%的人做不完。

2023年高考作文也再次证明：小时候不做好阅读积累，长大后步步都是难关。图书馆才是孩子高效学习、弯道超车的最好地方。

同时，新课标里体育与健康的课时占比上升到了第三。

运动改造大脑。运动会完善思维模式，以提高警觉力、注意力和驱动力。运动还能促使神经细胞相互连接，以及新的神经细胞生成，让孩子精力充沛、反应敏捷。

所以，孩子要结交"两个朋友"：一个是图书馆，一个是运动场。

03
把儿童房打开
更容易培养聪明的孩子

我也看了很多关于教育理念的书籍，其中《打造让孩子自主学习的住宅》和《小家大变局》，是我和太太特别认可的。我们很欣赏书里的观点：孩子在开放的家庭公共区里学习和做作业，比独自关在封闭的儿童房里学习，更有利于身心成长。

这也吻合教育心理学上提到的：孩子玩耍和学习的主要空间，在三个年龄段，有三次地理重心切换。

年年今年才7岁，如果将学习区布置在公共空间，有三个好处：

第一，更符合孩子的心理需求。孩子渴望自己被父母关注，渴望得到肯定。在父母工作普遍繁忙的当下，日常的陪伴更加重要。在同一个空间里，即便亲子没有语言交流，也有无形的情感交流，有助于整个家庭内在力量的增长。

第二，更符合孩子的成长规律。12岁之前的儿童，自制力比较弱，适当的监督是有正面价值的，尤其是孩子对电子产品的使用，应该规范化纳入家庭管理，以免在孩子偷偷沉迷许久后才发现。

第三，能在一定程度上缓解教育焦虑。有人说，教育是一盏灯，美好就从划破黑暗开始；有人说，教育是一艘船，教研就是我们航行的指南。我想，教育应该是这个世界一往无前的希望，而我们，永远不会因任何情况暂停学习。

04
打造让孩子
自主学习的住宅

我们一家三口现在住的三室，因为是精装修，家具买的都是成品，导致收纳不到位，很多空间都浪费了，家里的书很凌乱地堆砌，加上采光不是很理想，我们一直想换一套更适合营造书香家庭的房子。

我和太太来财信·名筑印象看过三次了，很喜欢这个位置。不拥挤不嘈杂，放眼望去很通透，内心很容易平静下来，尤其是，走一个路口就是聊城市图书馆，这对一个爱读书的家庭来说，诱惑实在太大了，简直无法抗拒。更让我们欣慰的是，年年也很喜欢这个图书馆，现在每周末都主动要求我们带他来。

当然了，我们也希望孩子上名校，但更希望在自己的家里就有"学区"。

读书是我们家的共同爱好，我和太太一致认为，应该围绕"全家共同学习"这一主题打造房子，让孩子在充满书香和文化传承的环境中长大，从小就培养他阅读的兴趣、自学的习惯。

我深知环境对人的影响非常大。如果小区外部有图书馆，小区内部有户外书吧、流水美学馆等配套，房子里营造"自主学习"的氛围，试问，哪个父母不心动、不梦寐以求?

财信·名筑印象对面就是新一中,颐中外国语、北大培文、度假区小学也在这附近。这可都是我们聊城顶级的教育资源,真是太幸运了。深思熟虑之后,我和太太决定在这里实现我们的书香家庭之梦。

既然选择了财信·名筑印象,那么室内该怎么布局装修呢?我理想的家究竟是什么模样呢?我觉得要有各自的私密空间,也要有一家人亲密的共处空间。当然,具体还是要根据实际需求来规划。

05
既是学区里的房子
又是房子里的学区

赵笑律的家庭需求清单

第三章 来访量

下面以财信·名筑印象 168 平方米四室两厅两卫的户型为例，看看我打造的"房子里的学区"。

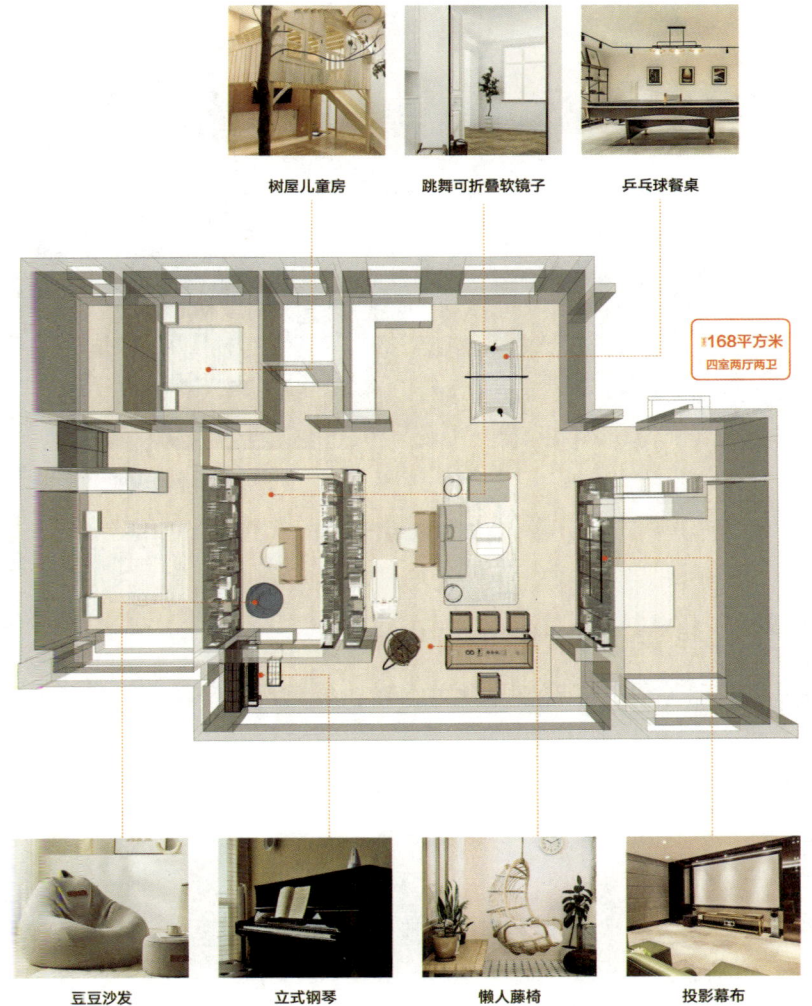

财信·名筑印象 168 平方米户型"房子里的学区"场景

万能桌：乒乓球桌取代餐桌

现在，家里的餐桌完全成了我的办公桌。我们一家三口吃饭，还是去客厅茶几。因为餐桌很高，对年年来说不友好，而且椅子很笨重，占地方，每次挪动都不方便，还制造噪声，所以我们决定放弃餐桌，换成乒乓球桌，这样就成了一个万能桌：书桌、餐桌、茶桌、球桌……既能提高使用频率，又能通过运动强壮身体、增进亲子交流，提升家庭温情。

当然，这个只是我的家庭需求，不一定适合你，仅供参考。

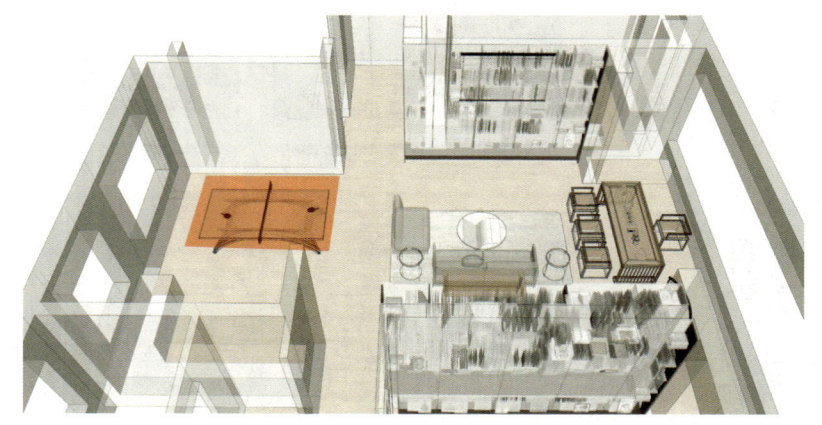

赵笑律家的万能桌

学习区：书桌屏风 + 书包收纳

年年在这里学习，在露出眼睛的同时，能遮蔽手部动作，兼顾私密性和开放性。

书桌旁边围上半高屏风，既能遮挡凌乱，又能减少学习时不必要的干扰和分心。采用升降桌腿，随着年年长高可自由调节。书桌下部的带轮收纳箱，方便放孩子的书包。

学习区正对着电动投影幕布，方便上网课，也能兼顾家庭影院，不用担心伤害年年的眼睛。

阅读区：也是太太的兴趣区

对我们一家人来说，三个卧室就够了。

将南向次卧改成阅读区，多一个学习场所。两面墙摆满书，添置豆豆沙发、躺椅、桌椅。

朋友来家里做客，大人和小孩也能有更多独立玩耍的空间，互不影响。拉上玻璃门，还能满足临时住宿的需求。

墙上装上可折叠软镜子，太太跳舞专属，顺便增加了室内采光。阳台刚好放三立式钢琴，太太的兴趣爱好，必须重视。

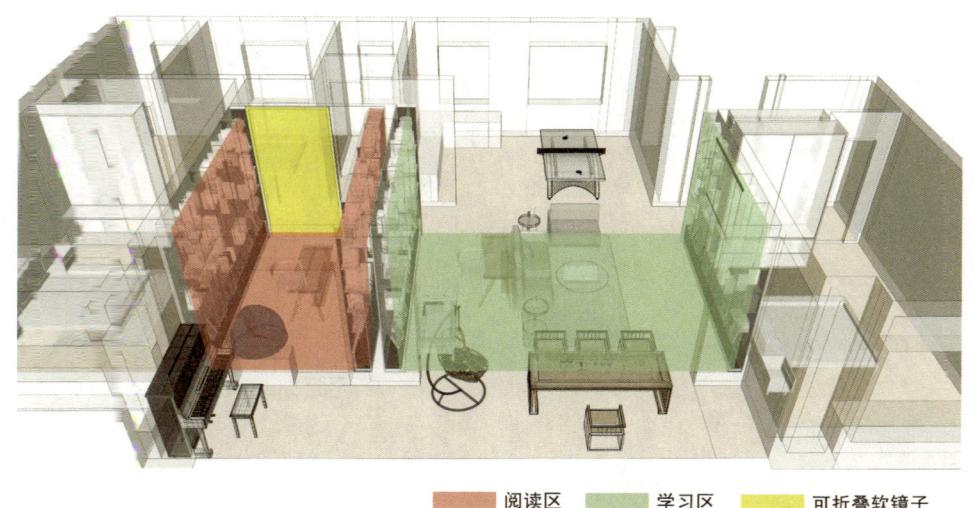

赵笑律家的功能分区

有许多才是享受。不同的空间，不同的椅子，怎么看书都不会腻，绝对是读书人的极致体验。

10+ 松弛读书场景，坐卧仰躺皆是享受

当然，读书无关房子大小，并不是只有大面积的户型，才能打造自主学习的住宅。比如，财信·名筑印象143平方米和128平方米的户型，也可以满足我打造"房子里的学区"的需求。

 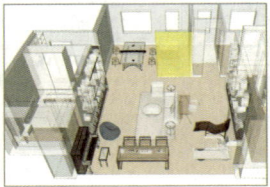

143平方米三室两厅两卫"房子里的学区"

 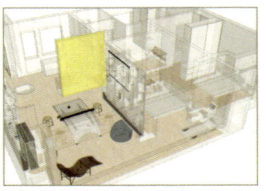

128平方米三室两厅两卫"房子里的学区"

06
教育贵于熏习
风气赖于浸染

"教育贵于熏习,风气赖于浸染。"大教育家郭秉文的这句名言,既是我的座右铭,也是对这个家最好的诠释。

一个家庭里面,如果人人都喜欢看书、喜欢思考,那么,善良、诚信、孝顺……这些良好品质,也会自然而然地出现在他们的下一代身上。家里有书香,是家庭的传家之宝。

好家风,才是你留给孩子最珍贵的资产。

全家人聚在一起,父母和孩子共同学习,浓浓的书香家风。这就是我理想中家的模样,希望早日在财信·名筑印象实现。

18. 最人文伴手礼：人见人爱帆布包

7月8日，财信·名筑印象营销中心正式开放，所有工作人员早上七点半准时到岗，开发商财信城发的领导也来参观。

前一天晚上的产品发布会很成功，现场来的媒体及渠道朋友也都表示，和以往房企的发布会不太一样，比较有特色，听得下去。聊城房产网直播数据也破天荒地突破了20万次，财信·名筑印象成功引起了市场关注。

发布会开了个好头，今天的开放活动，徐上进自然想再添一把火。她特意从济南引入了香奈儿艺术展，这是聊城的首次，势在彻底引爆整个聊城房产圈。

趁时间还早，徐上进想让大家迅速进入状态，便提议按照正常接待流程，再考核一遍说辞。置业顾问宋池作为代表，带上腰挂式扩音器，从入口处开始讲了起来。

"您好，我是置业顾问宋池，欢迎光临财信·名筑印象。我们现在所在的位置就是财信·名筑印象的宋代美学园林示范区，也是未来实景交付的样子。总的来说，财信·名筑印象就是针对我们高知客群，打造人生巅峰期的松弛感生活享受。

"为此，我们花费了很大价钱，参考了国内一线高端豪宅金茂府，打造了这个聊城第一个围合式的院落大门，造型高端大气，视野开阔敞亮，让您在回家的前一刻，内心就平静下来，身体放松，心情愉悦。

"道路两旁我们也是用尽心思打磨，我们称它为'金色迎宾水轴'，不仅引入了中国古代山水名画《水墨山径图》的元素风格，点缀出质朴幽静的意境，更是通过阵列式的空间布局，结合特色定制灯具、文化景墙肌理，营造出满满的仪式感，舒适又自然。

"整个景观大道，地势渐高，缓缓上升，寓意我们财信·名筑印象的高知客群，事业步步高升。

"在中国传统园林建筑中，一直有'园中必有水'的传统，就是所谓的'水随山转，山因水活'。同样地，我们利用高低的地势，营造出错落有致、跌宕起伏的水景，丰富景观形式的同时，也激发了我们的想象，产生美妙的意义。同时，水为财源，象征富贵长流，源远流长。中国古话说'上善若水'，当我们回家走在这条路上，听到水声，看到水景，仿佛进入一片世外桃源时，整个人也会不由自主地松弛下来。

财信·名筑印象园林景观实景

"我们再看两侧的树，这些树冠有些像塔的落叶乔木，是2015年从北美引入国内的，叫'娜塔栎红橡树'。它的景观效果特别好，在一年四季里，可以呈现出7种不同的颜色，我手中平板电脑存有照片，一会儿可以加个微信，我发给您看一下。

"娜塔栎红橡树不单单有绿色、红色、黄色，还有橙色、褐色甚至渐变色……住在财信·名筑印象，您以后每个季节都有景可观，一年四季给您带来不同的松弛感受，以后必将成为松桂大街上最亮丽的风景。另外，红橡树在欧美也被称为'森林之王'，是长寿、强壮、力量的象征。

"请注意我们的脚下，这里有一句诗词：'闲朝向晓出帘栊，茗宴东亭四望通。'这是唐代女诗人鲍君徽写的《东亭茶宴》里的一句。大概意思是：闲来无事，可以卷起东边的帘子，看看初升的太阳；品茶的亭子视野开阔，可以看到四面八方的景色。

"'茶宴'古代专指文人以茶为主题举办的雅集活动。'雅集'可以说是古代文人之间最松弛的聚会方式，一般围绕'琴、棋、书、画、诗、酒、花、茶'这些主题展开。我们把这句诗刻在这里，是在传达财信·名筑印象松弛的生活理念，也就是紧紧围绕高知客户，搭建'生活、事业、修为'的圈层平台，形成专属于财信·名筑印象的社交纽带。古有文人的'茶宴'，今有名筑印象'松弛'的生活理念。

"记得之前有一个来看房的客户说，'你家小区什么档次，看园林景观就知道了'。他一眼就看出了门口这两棵树的与众不同。没错，这两棵树就是对节白蜡，国家二类保护树种，苍劲挺拔、刚劲坚毅，有'植物活化石'之称，一般只有在高端别墅区才能看到。

"白蜡一棵树的价值高达20万元，是世界景点、盆景、根雕家族的极品，被誉为'盆景之王'。白蜡的观赏效果特别好，它生长缓慢，寿命长，四季常青，耐寒耐旱，寿命可达2000年，因此被誉为'长寿树'，寓意健康和如意。同时，白蜡的花语是成功和顺利，代表着我们高知客户都拥有成功的事业。

"我们的建筑门廊，用的是干挂白金石，属于高端花岗岩中的精品，花纹细腻，晶白剔透，含铝不含铁，越晒越亮白，主要用于高端别墅、高档会所、大型甲级写字楼的建筑墙面和地面铺装，装修效果奢华大气，带给我们高知客群满满的尊贵感。

"现在我们看到的是3D立体山水画堂，整个像是一方打开的水景卷轴，平铺开来，呈现出一幅意境悠远的山水画卷，与一镜池水相互映衬。水底铺装采用的元素，出自'中国十大传世名画'之一《千里江山图》，意境雄浑壮阔，气势恢宏，充分表现了自然山水的秀丽壮美。

"每次回家，都像走进一幅画里。水中的鲤鱼，跃龙门而上，比喻事业成功或地位高升。对学业而言，更是意味着金榜题名、状元及第。

"其实，造林的秘籍，总结下来就是：园林以花木起家。我们眼前的这棵树，也是名贵树种，叫作'黄杨'，用叠水和画卷进行烘托，布局精妙，还不失传统韵味。黄杨枝条飘逸，像是迎宾礼仪，在古代是君子的象征。在盛唐时期，黄杨是镇宅辟邪的吉祥树，四季常青，终年可观赏。俗话说：'家有黄杨，世代栋梁；家有黄杨，黄金万两；家有黄杨，子孙满堂。'黄杨有生财吉祥、招财纳宝的美好寓意。

第三章 来访量

财信·名筑印象园林景观实景

'入口'右侧下沉式的方形卡座，像古代的'茶宴''雅集'，是高知客群喝茶聊天、思想交流的闲暇场所，藏于水庭之中，可以在此轻抚瑶琴、浅吟低唱。闲看庭前花开花落，坐看天边云卷云舒。豁达开朗，从容不迫，自在人生，自然松弛。

"网上曾经有个调查：你最理想的世界在哪个朝代？出现最多的答案是宋朝。原因很简单，宋朝并重理想与现实，兼备大俗与大雅，是最适合生活的朝代。

"园林是文化生活的重要载体，而宋代美学园林，不仅是宴饮游乐、赏花作诗的生活场所，也容纳了自然山水于尺寸间的造景美学，寄托了宋代文人士大夫追求隐逸的情致。财信·名筑印象倾力打造的宋代美学景观园林，追求返璞归真和清雅飘逸，是当代高知客群，人生巅峰期最松弛的生活享受。"

……

赵笑津虽然之前断断续续听过几次置业顾问练说辞，但完完整整地听完，今天还是第一次。果然功夫在平时，徐上进听完很满意：

"希望大家无论是面对客户，还是接待领导，都保持这个状态：自信，绝对自信，超级自信！因为单论'园林含金量'，不管是聊城的其他楼盘，还是千篇一律的中式风格，都比不了财信·名筑印象'大、宽、美、精'的宋代美学园林！"

诚如刘德科所言：比手机更新换代更迅猛的，是住宅产品的更新迭代！而驱动住宅产品更新迭代的，主要不是技术，而是观念。因此，房企的观念一定要及时更新，因为一旦你的产品落伍了，客户就有可能随时抛弃你，而我们自己也会错失很多美好。

其实，无论是园林示范区，还是样板间、年底会实景呈现的流水美学会客厅、地下车库等，财信·名筑印象都在更新聊城的产品观，尤其是大宽厅、大阳台、地库星空顶等设计，带给聊城的都是最新潮、比肩一线城市的居住理念。

这背后，得益于开发商财信城发对好产品的精益追求。成立才三年，财信城发已经开发了六个楼盘，还储备了两个新地块。它们都不在主城区，都算不上好位置，但正是因为财信城发自身的蜕变和进化，产品一直在优化升级，每次楼盘亮相都带给市场很大的惊喜，让人眼前一亮。所以，网传一个不成文的段子：不是好位置都让财信拿了，而是财信拿了都成了好位置！

总之，财信·名筑印象的亮相，犹如平地一声雷，惊动了市场，惊艳了客户。赵笑律在样板间，就亲耳听到一位女士坐在 7.2 米的大宽厅，直呼："你们的户型设计得太赞了吧，这 143 平方米怎么感觉比我家 180 平方米的还好呢！你们确定这只有 143 平方米？"

财信·名筑印象也震惊了同行，上至高层决策者，下至普通员工，各条线一波一波地前来一探究竟。四处打量，各种拍照，物料架子上的广告物料也全被拿走了，一个都不放过。只因他们觉得财信·名筑印象的现场包装不一样，广告物料做得很全、很细。

在赵笑律看来，宽阔气派的大门，宋代美学园林，大宽厅的样板间，还有楼书等物料，以及聊城首次的香奈儿艺术展……都是峰值体验，给客户带来了不一样的感受。

当然，最受欢迎的，还是财信·名筑印象和聊城市图书馆联名款的"精神食粮"帆布包。

这个财信·名筑印象读书月时定制的礼品，不是在加印，就是在加印的路上，目前累计已经送出去一万多份了。无他，太受欢迎了！赵笑律骑共享单车时，见人背过，坐公交车时，也见人挎过，在图书馆，放眼望去，绝对

财信·名筑印象帆布包很受欢迎

有"显眼包"的存在。

这次售楼部开放,财信·名筑印象给所有到访的意向客户一人一个帆布包,外加一本楼书,这可以说是聊城最人文的伴手礼了。

峰值精彩绝伦,终值回味无穷。财信·名筑印象犹如一匹黑马,脱颖而出,火爆出圈,人气口碑一路见涨!

正所谓,人文所在,人杰在!人杰所在,人气在!

19. 最高调性楼书：人生巅峰期手册

确切地说，这是一本 53 页的楼书！

一开始，赵笑律并没有打算做楼书。他只是想着，必须给财信·名筑印象的客户提供一份可带走的物料。但是，考虑到前期设计的物料太多、太散，他决定整合到一起，方便客户带走。

赵笑律本来想着做个六折页，或者像《人生松弛考试指南》那样的小册子就行了，在整理内容时才发现，素材太多了，不放哪个都说服不了自己。他最终决定，干脆做本楼书得了！

只是，在做与不做之间，大家产生了分歧。

徐上进一听说又要花钱，心里的小算盘打得啪啦响，迅速计算着利弊得失。但是，她隐约觉得财信·名筑印象确实需要一本高调性的楼书，所以比较纠结，毕竟这又是一笔不小的开支。不过，她决定以退为进，先看看大家的想法再定夺。

反倒是周觉册，一改以往沉默的本性，率先力挺：

"我们项目的价值理念，确实不好讲透，有一本楼书可以拿回家慢慢看。"

林沛和尚云端态度很明显，打心底里很抗拒：

"现在哪还有楼盘做楼书啊？"

"都是为了拔高调性，费时、费力、费钱，根本没什么用！"

"而且太赶了，时间根本来不及……"

尤其是尚云端，脸上写满了不情愿，吓得出去抽烟压惊。毕竟，一本楼书的设计工作量可不是一般的大，要做，熬夜加班是免不了的。

郎书胜倒是很乐意，只要有助于销售，她来者不拒："工期我们可以赶赶，只要是正确的，必须做！"

徐上进见大家都不作声，便说："那就做吧，名筑印象这么优质的楼盘，得有一本和它匹配的楼书！"说完转向周觉册，调侃道："这是你做过的最快的决策！"然后补充一句，"没准儿也是最好的决策！"众人大笑。

接下来又是赵笑律和尚云端的"加班二人转"。好在很多内容之前都设计好了，只需要调整一下尺寸即可。为了保持视觉统一性，尚云端沿用了"爱马仕橙，封面也参考了爱马仕的包装礼盒。极简的设计，配上冲击力的颜色，顿时让这本楼书高级感满满，一经面世，便大受好评，备受欢迎！

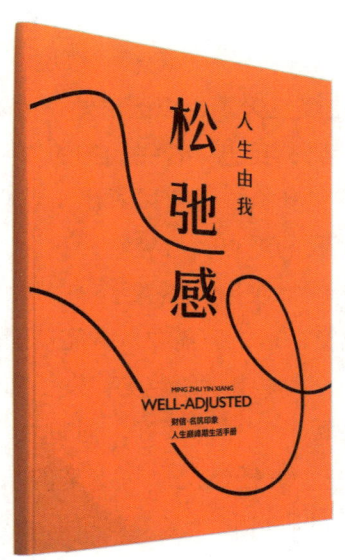

财信·名筑印象楼书，解答了项目的"灵魂三问"：为什么买度假区？为什么买名筑印象？为什么现在买？

果然被周觉册说中了，财信·名筑印象的客户极其需要这本楼书！

因为很多客户是事业单位的，比如老师、医生等。他们有个共性，就是性格大多很强势，雷厉风行。如果用 DISC 性格模型来判断，大多数客户属于支配型，D 老虎特质偏高一些。尤其是领导层，他们在单位都是说一不二、指挥别人的，根本不愿意听置业顾问讲，会时不时地打断你。他们要求自己看，有问题了，置业顾问回答就行。现场展示的物料，他们也是粗略地扫一眼，根本没时间细细地看。等他们离开时，正好送上一本楼书，信息很全，回家了慢慢看，也方便和家人交流，一起做决策。

另外，财信·名筑印象的产品力非常硬核，有很多产品细节、生活场景，写一本楼书，素材绰绰有余。

不过，这本楼书的受欢迎程度，出乎所有人的意料。有些客户看过了，会在第二次来时多要几本，好送给自己的朋友。

最欢迎的还是同行。财信·名筑印象开盘火出圈后，有聊城之外的地产朋友，远道而来，正好赶上楼书加印还没到货，很是失望："我就是想来看看你们的楼书！"无奈之下，置业顾问只好加了微信，承诺到货了给他寄一本，对方这才不情不愿地离开了。

在后来的全国地产大咖游学中，赵笑律也收到了两位朋友对楼书的评价。

一位朋友直接发了朋友圈：

"这本册子拿到手里已经三天了，今天出差路上安静下来，终于研学了一遍。这是一本项目价值手册，我想，看完我拍的六张图片，大家可以清晰地知道这个项目最大的卖点是什么，也可以看出卖点之下操盘者提出的价值理念是什么……首先说一下我的观点。看完它，我会对这里的房子感兴趣。当下市场有很多老板觉得干啥都没用，不卷了……选择躺平……问一下，你真的躺得平吗？营销可以改变命运，但需要双方完美配合！"

另一位朋友看完楼书，大早上就给赵笑律发了私信：

"您那本楼书我详细看了，写得真好，通过读书，生活就能穿透人心。写得非常用心，带着热爱、责任、使命写出来的东西是不一样的。隔着文字，我都感受到了您付出的心血和汗水，对知识毫不保留，拿出生命的力量将心血注入，全心全意服务于财信·名筑印象。这次来收获很大，这个楼盘的成功完全在于人和，人定胜天。我更加坚信，有些楼盘的失败，不仅是天灾，更是人祸……您楼盘的成功，在于开发商财信城发，选择了合适的人＋信任＋放手＋充分授权＝成功，向优秀者致敬！"

赵笑律表示了感谢，然后回复道：

"您可能是第一个把这本楼书仔细看完的！向优秀者致敬！"

20. 家风征集：给孩子最珍贵的资产

这天中午，赵笑律去食堂吃饭，迎面和郎书胜撞个正着。郎书胜赶紧把他立到一边，小声说："下班了别急着走，一起参加晚会，听听置业顾问梳理一下最近遇到的客户问题。"

"几点呢？"

"等我通知！"说罢，郎书胜拿着碗出去了。

可这左等右等，一直等到晚上八点半，还没等到郎书胜的通知。其间，赵笑律多次去楼下案场察看，一直有客户在。他还碰到了徐上进和周觉册，原来大家都在等着开晚会。郎书胜也很无奈：

"最近每天都是这样，白天天热，晚上客户多。"

"这是好事啊，看在人气这么高的分上，原谅你了！"

"一会儿结束，请你们吃烤串。"

"我怕我饿得撑不到那个时候了！"

郎书胜白了赵笑律一眼，便忙活去了。赵笑律则找吧台要了瓶苏打水，坐在旁边听置业顾问讲盘。一直等到晚上九点，客户才陆陆续续离开。

郎书胜赶紧招呼所有置业顾问过来开会，赵笑律见坐不下了，就在后面靠着壶旁听。

眼见时间已经很晚了，大家脸上写满了疲惫，郎书胜直奔主题："大家最近接待客户，有没有遇到什么问题，我们一起来解决。"

"我们售楼部有个展架写的是：'孩子要交两个朋友，图书馆和运动场！'有个客户看到了说，不能因为你们项目离图书馆近就这样写吧。你们为了卖房子，什么都敢说！"置业顾问陈竹启说。

"那你是怎么回答的？"郎书胜问。

"我什么也没说，我不知道怎么回答。"陈竹启说。

"你还真沉得住气！"郎书胜有点生气了。

"这可不是我们编造的啊，是有出处的。"赵笑律站起身来解释，"之前分享提到过这一点吧。应该是2016年，北大新任校长王恩哥向学生提出了十句话，引起不少年轻人疯传，其中有一句就是：'孩子要结交两个朋友：一个是

图书馆,一个是运动场。'

另外一点,2022年新课标里,语文课时占比已经成为全科第一,体育与健康的课时占比则上升到了第三,这也正好论证了'孩子要结交两个朋友:一个是图书馆,一个是运动场'。"

"这个问题先过,下一个!"郎书胜说。

"我这里有一个客户说,图书馆又不是名筑印象的,我住哪儿不都能去,为什么非得买你们名筑印象呢!"置业顾问金泵说。

"这是个好问题,你怎么回答的?"赵笑律问。

"我觉得他说得挺对的……"

"那完了,你被客户牵着鼻子走了。这个你回答不了,他不可能再相信你了。"赵笑律扫视了一圈,接着问,"其他人呢?你们觉得应该怎么回答比较好?"

"距离图书馆500米,和距离图书馆2000米,是'每天去'和'周末去'的差别,是'一天去几次'和'想起来就去'的差别,是'去了想待多久'和'去了能待多久'的差别。每天去图书馆,和偶尔去图书馆,是两种完全不同的人生。你离图书馆有多近,你的家庭离成功就有多近。"置业顾问宋池说。

"大家觉得这段话熟悉吗?"赵笑律点点头,又看向其他人,继续说道,"在你们的销讲说辞里,也在提供给你们的物料里。"

"可能有人会想,不就是多去图书馆吗,住哪里不行啊,无非是近点、远点的问题。远了大不了骑电车、坐公交,或者开车。表面看没什么影响,其实细想差别还是挺大的。

"因为住图书馆旁,家庭有别,孩子不同。图书馆能让读书从'一时间的热度',变成一家人'一辈子的厚度'。一个头脑中只有一个书架的人,和一个头脑中有一个图书馆的人,注定是截然不同的命运。

"再说得通俗点,住图书馆近了,家庭矛盾都减少了。比如,你和孩子有矛盾,带他去图书馆;你和另一半有冲突,带他去图书馆。请问,你们进了图书馆,还吵得起来吗?那么安静的环境、神圣的读书氛围,你们的心是不是瞬间就平静下来了。

"有句话叫'学钢琴的孩子不会变坏'。同样地,常去图书馆的孩子不会变坏,常去图书馆的家庭更幸福。人生一切争吵、矛盾、不愉快,交给图书馆。所以，离图书馆近了，家庭矛盾就少了，身体更健康了，健康还能长寿，何乐而不为呢？"

"还有客户说，我们列举的图书馆名人案例，都比较老了，过时了！"置业顾问郑典谦说。

"那你是怎么回答的？"郎书胜问。

"我说故事可能会过时，但读书永远不会过时！"郑典谦说。

"这个回答特别好，估计客户听完也会忍不住高看你一眼。"赵笑律忍不住竖起了大拇指，然后接着说，"觉得故事太老，这个简单哪，你们自己可以再更新。

"我给大家补充几个。一个是我们熟知的经典电影《肖申克的救赎》。电影中，安迪坚持六年，每周向政府写信，最终州里决定给肖申克监狱每年800美元的补助，安迪用它买了各种旧书和唱片。

"原本狭窄破旧的图书馆，很快就成了新英格兰州最大的监狱图书馆。几乎任何领域的书籍资料，安迪都能想方设法弄到。在27年与世隔绝的日子里，美国社会发生了翻天覆地的变化，安迪靠着图书馆里的海量资源，始终和时代保持同频。

"尽管身体被囚禁，但安迪的灵魂始终是自由的。因为通过阅读，他能不断学习新的事物，尽可能触摸时代的脉搏，而不至于被体制化慢慢杀死。书犹良药，可以医愚；书如巨尺，可以丈量世界。也许我们身囚于三尺之地，但仍能通过读书，感受外部世界生生不息的变化。

"提到监狱，我正好想到一个故事。狱警杨警官所在的是全国最大的重刑犯监狱，90%是10年以上刑期的罪犯，其中，60%是死缓、无期。你想想，这些人要在监狱里错过多少外面世界的精彩，还要在孤独和寂寞里挣扎多少个轮回？

"杨警官和其他狱警不一样，他先是和服刑人员一起传阅着看书，还交流各自的感受。后来，他又把在得到App里订阅专栏的文稿，一段段复制下来，整理成Word文档，自己掏钱打印成册，拿给服刑人员看。不久后，监区里发展了一个五六人的分享讨论小组。他们经常在晚上闲下来的时候，坐一块儿探讨课程的内容，做笔记，分享彼此的想法。

"与此同时，他们不断成为新的传播节点，影响更多的人加入学习。很快，学习得到App课程的服刑人员就有十几个人了。这些课程对他们帮助非常大，他们都觉得为自己打开了一个重新跟这个世界连接和重新认识自我的方式。而杨警官也把自己活成了一束光，照亮了周围的人。

"再举一个案例，是最近比较火的书《纳瓦尔宝典》。纳瓦尔出身寒门，9岁从印度移民美国，最终从一个无名小卒，成为硅谷著名投资人，还投资了推特、优步等数百家公司，成为数百万人景仰和学习的楷模。其中的核心就是阅读，大量的阅读，甚至是博览群书。纳瓦尔说，书是他最好的朋友！因为他住的小区不安全，图书馆就成了他的课外活动中心。每次放学，他都会直接去图书馆，一直待到闭馆才离开。

"所以，给孩子最好的教育，从每天逛超过120万册藏书的聊城市图书馆开始！这一切在财信·名筑印象就是每天的日常。毕竟，距离图书馆才500米，我们是唯一。

"这么多人深受图书馆的影响，取得了伟大的成就，只要你的孩子也经常来图书馆读书，他们必将成为未来社会精英中的一分子。"

"我还有一个问题，就是感觉客户都不是很着急，我们马上要开盘了，有没有什么办法快速逼定？"置业顾问陈竹启说。

"客户不急，很正常啊！他们本来就不缺房子嘛。主要是他们不急，你急了吗？你可不能急，你更要沉住气。"郎书胜说。

"其实，就是解决'为什么现在买'的问题。我还是建议多打开客户的'心理账户'，找到他愿意花钱的点。最好的方法就是激发他们对父母、对子女、对另一半的爱。大部分人不愿意在自己身上花钱，但对家人很大方。我们梳理的人的生命周期、松弛感、家风传承，其实都是在打开客户愿意花钱的'心理账户'。

"按照人的心理发展，孩子12岁上初中住校之后，就要疏远父母，和父母保持距离，开始有自己的秘密，因为他们慢慢地会有自己的朋友圈。所谓父女母子一场，只不过意味着你和他的缘分就是，今生今世不断地在目送他的背影渐行渐远。你站立在小路的这一端，看着他逐渐消失在小路转弯的地方。他用背影默默告诉你：不必追！所以，童年很短暂，你能陪伴孩子的只有12年，12年之后，他就把精力用到自己的朋友身上了。

"总有一些东西是无法用金钱衡量的，比如，你对家人的爱，你对父母的孝心。很多时候，可能因为忙于工作和事业，我们没有很好地陪伴家人和孩子，对他们充满了亏欠。就像之前说的'人生五大遗憾'一样，我们总不能等到弥留之际,才去怀念孩子天真烂漫的童年时光,以及爱人的亲密陪伴吧。那时候才后悔总是把大把的时间给工作,却冷落了自己爱的人与爱自己的人,已经晚了。童年很短暂,老年转瞬间。给家人最好的,就现在。父母晚年舒心,孩子童年开心,夫妻生活顺心,这才是人生最大的成功。"

"当然,重要的是你们要自信,最重要的是你们的状态要松弛……"

………

不知不觉,开完会已经十点了。郎书胜记得徒骇河边开了很多露营烧烤,便执意带徐上进、周觉册、赵笑律去尝鲜。

"现在白天太热,大家没地方去,湿地公园这边就开了一些'露营+烧烤'的网红打卡地,一下子火了起来,我在抖音上刷到过几次,一直没时间来。"

几人正有说有笑着,郎书胜一个拐弯,便远离了大路上的车水马龙,进入了另一番景象。刚停好车,还没到露营基地,就看到流光溢彩的灯光在夜空中竞相闪烁,随即飘来了歌声、欢笑声。

当天晚上,一场相亲会在这里举行,30多人齐聚一堂,有的在烤肉串,有的在表演才艺,有的在饮酒行令,每个人都能找到自己的快乐方式。

几人挑了个安静的角落位置坐下,周觉册顺手点上了蚊香,赵笑律摆弄着卡式炉,徐上进拆洗着餐具,郎书胜则拿着菜单去点餐。

"我们来得有些晚,老板说食材不是很多了。"郎书胜回到天幕下说。

"没事,简单吃点,主要就是来感受一下氛围。"徐上进说。

"好久没有闲工夫来这种场合了。"说罢,郎书胜坐了下来,拿起手机开启了自拍模式。

"还没开盘呢,硬仗在后面!"徐上进冷不防的一句,像泼了一盆冷水,郎书胜拍照的心情瞬间没有了。

"盘要开,饭也得吃!现在进入松弛时刻,我们不谈工作,只谈风月。"赵笑律赶紧打圆场。

郎书胜又乐呵呵地拿着手机跑一边拍照去了。徐上进坐在位置上摆弄着造型,时不时地来张自拍。不一会儿食材上来了,周觉册"主烤"。趁着大家修图、等着菜熟,赵笑律打破沉默:"看到这个草地,我想到了之前在书里写的内容:种草>狩猎!"

"哦,对,我有印象,就是把样板间的庭院直接改成菜园。"郎书胜盯着手机,头也不抬地说。

"大概意思是,种下一片草(菜园),引来第一只羊(业主),业主邀请亲戚朋友来访(更多羊),然后亲戚朋友再传播,吸引更多客户来看(更多羊),从而筛选出意向客户。或者是,客户看完样板间了,内心种下了草(菜园),再去看其他项目,对比之后,还是觉得我们项目好。最终再次到访甚至购买(变成羊),接着传播给身边人,吸引更多客户来看(更多羊)。"徐上进补充道。

"是的,就是先投入,效果会滞后,但会持续受益。慢一点,反而快!"赵笑律接着说,"'狩猎'就是传统的获客形式,比如,拓客、分销,动作凶猛见效快,但动作不能停,一停就会断客户。我是觉得,对一个项目来说,'狩猎'要有,'种草'也不可或缺!"

"你是不是有什么想法?"徐上进听出了赵笑律话里有话。

"我想在名筑印象上也做两件'种草'的事!"赵笑律说。

几人顿时来了兴致,郎书胜也不修图了,放下手机,倾着身子仔细聆听。

"第一个是发起一个'家庭必读书目'的投票,所有人都可以推荐,最后我们按照书单把书买回来,就放在小区流水会客厅和户外书吧里!让所有业主都能免费看。"

"你是不是自己都能列出几百本的家庭书单了!"郎书胜笑着说。

"哈哈,列个几十本还是有可能的!"赵笑律笑了笑,接着说,"我有这个想法,是突然有一天想到了航天员桂海潮!"

"5月30日,神舟十六号载人飞船发射升空,上了热搜!"徐上进补充道。

"对对,《人民日报》发文盛赞,'哪一刻让你觉得读书特别有用?这里有一个目前飞行高度约为400公里的答案,名叫桂海潮'。看到这句话,我很受触动。

"当一个人读过的书、学到的知识化作冲天的烈焰,能送他前往心心念念的星辰大海时,我们就不能不深信'读书真的可以改变命运'。读书不对任何人设防,是任何人通往星辰大海的起点——"赵笑律说得有几分激动,赶忙端起桌子上的茶喝了一大口,接着说,"当时也快高考了,人民日报还发了一条微博,内容我记得特别清楚:6岁时躺在山坡上放牛牧星的孩子,36岁时真的去天上摘星星了。少年,你呢?"

"这篇文章我也看了,关于桂海潮的新闻引起很多人的感同身受,也激荡出了特别强的能量。"徐上进也喝了口水,接着说,"这个好执行,无非是后期物业管理的问题。那第二个呢?"

"第二个是发起一个'家风征集'的活动。"赵笑律接着说,

"我为什么突然有这个想法呢?是因为有一天在售楼部,我看到有一位妈妈带着孩子,看完房子后,并没有急着离开,而是从书架上拿了两本书,母女二人就坐在洽谈区,旁若无人地看了起来。我一下子就被眼前这一幕深深打动了:妈妈翻阅着《人间至味》,孩子捧着《人间草木》。任凭售楼部人来人往,热闹欢腾,她们都不为所动,始终沉浸在汪曾祺的世界里,寂静欢喜,目光盈盈。

"我想,这就是松弛吧!当心境变得悠闲时,炎炎夏日也没那么难熬了。而且,一家人一起看书,这是多么让人羡慕的家风啊。"

赵笑律现在想起来,还有点激动,他接着说,"不过,提到'家风',就属于老生常谈了。什么'一门好的家风,胜过千万名校','家风才是最好的不动产','好家风,才是你留给孩子最珍贵的资产'……估计大家都听腻了。但是,听得多,真正能落地的很少。

"我最近一直在看关于家风的书,《南怀瑾家风家教》《诗礼传家:江南家风家训的变迁》,等等,家风不仅可以传承家族文化和价值观,还可以影响家族成员的行为和思想,让他们更加注重家庭和社会责任,形成家族的社会形象和声誉。

"我听到的最打动我的答案,就是最好的家风包括三部分:闻到书香、听到安静、看到从容。

"先看'闻到书香'。为什么我们反复提到要多去图书馆?因为一个家庭里面,如果人人都喜欢看书,喜欢思考,那么善良、诚信、孝顺……这些良好品质会自然而然地出现在他们的下一代身上。书香是家庭最好的传家之宝。

"再看'听到安静'。一个会沟通的家庭,往往是安静的、心平气和的,而不是争吵的、鸡飞狗跳的。因为他们懂得,和睦才是一个家庭的兴旺之道。一对平和的父母,才是一个家的顶配,是家庭最好的传承。

"最后看'看到从容'。言传不如身教,家长是孩子的第一个榜样。一个家庭最好的风水,是母亲有松弛感,父亲有力量感。母亲放松情绪,让家更有活力;父亲的榜样力量,让家更有方向!松弛感的家庭是孩子一生的宝贵财富。

"而家庭的'松弛感'需要三次放下：放下过高期待，亲子关系不控制，孩子更愿意亲密；放下过多责备，遇事不指责，孩子更幸福；放下无谓攀比，教育不焦虑，孩子走得更远。

"有些家庭非常富裕，但孩子看起来并不开心。即使能给孩子提供各种好的物品，比如文具、玩具、衣服，也会因为缺乏一种松弛感，孩子永远处在紧张的氛围里，永远怕说错话、办错事。而有些家庭，虽然很普通，甚至拮据，但是因为家庭氛围很松弛，一家人总能有说有笑。"

"我记得，小时候有一次早上上学打碎了一个开水壶，中午回家我以为妈妈会大发雷霆。但是妈妈并没有，还说没关系，破了再买个内胆放进去就行，你没有烫伤就好。这件事我至今记得，后来，我对待孩子也是，每当他们犯一些小错误的时候，一起解决就好了，而不是先埋怨'你真笨''都怪你''你看你又做错了'。"郎书胜说道。

"所以，我想在名筑印象发起这样一个'家风征集'的活动，先广泛征集，让大家写出自己理想中的家风，再发起投票，选出公认的几条。然后，我们对外开一个发布会，把名筑印象的家风公布出来，后期把它呈现在小区里，类似于良渚文化村的'村民公约'，还可以做成卷轴，送给每一位业主，买房的时候就送。"

"这就是'种草'，我们通过价值观吸引理念一致的客户，加深他们的认同感。虽然见效有点慢，但话题很持久，会一直受益！"

"你说的这些，我们都懂，我只是担心，会有人参加吗？"徐上进提出了自己的疑虑。

"可以试一试，征集和投票，写篇文章就行，没什么成本。真是担心没人参与了，我们就自己拟定一个'名筑印象家风'。只要这个理念是对的，形式就没那么重要了。"

"不是说好不谈工作的嘛！"周觉册忍不住打断他们，"快吃烤串吧，再不吃都烤煳了。"几个人大笑，随即大快朵颐！

一片绿茵、一块天幕、一顶帐篷、一桌美食……三五好友在星空下围炉夜话，徜徉在灯海之间，傍着凉爽的晚风，倾听灯光闪烁的声音，观赏这座城市美丽的灯光夜景，尽享夏日之夜的美好。

第三天，"家风征集"的文章便从财信城发的官微发了出去，售楼部还放了一个二维码，由置业顾问引导客户现场填写。一个星期后，赵笑律看了看后台，竟然有二十多组客户参与了征集。他把后台收集到的内容整理了一下，发给徐上进、郎书胜和周觉册。

有的写格言古训：

> 勤俭治家，和顺齐家；诗书起家、忠孝传家。
> 勤为本，德为先，诚为贵，学在前，禁赌博。
> 早把甘旨当奉养，夕阳光景不多时。
> 欲高门第需为善，要好儿孙必读书。
> 不得以有学之贫贱，相比于无学之富贵也。
> 闻过则喜，知过不讳，改过不惮。

有的写对联：

> 善炳千秋，趋庭承训家声远；
> 勤廉传万里，养德修身福泽长。
> 注：上比孔鲤的"趋而过庭"，下比诸葛亮的"修身养德"。

有的写了大段的解释：

> 我的家训：两边是两句话"尊天亲地念祖恩，积德行善苦读书"，中间一六个字"正己守道，修身养德，仁孝继世，耕读传家"。意思是为人做事要知敬畏遵天地，有尺度，要常念祖德，端正自己的行为，修养自己的德行，以仁对待别人，以孝教育孩子，以勤耕苦读为治家方略。
> …………

徐上进、郎书胜、周觉册看着这些"投稿"，也颇受触动，他们没想到还真有人愿意参与。

苟笑律则显得有点兴奋，他指着这些内容说："这哪里是在种草啊，我觉得更像是在种树。还能有什么比'家风'在客户心里扎得更深吗？家风的后续生命力，该有多旺盛啊，不仅能持续人的一生，甚至能传承到整个家族。"

徐上进点了点头，当即拍板："这件事列入计划，值得好好做！"

179

21. 开盘爆火：最好的团建是打胜仗

财信·名筑印象开盘当天，7月23日，正好是大暑。

"如果我中暑晕倒了，请不要报警，你只需要在我的耳边轻轻说一句'我要交定金'，我会依然匍匐前进！"

这是置业顾问宋池发的朋友圈。无他，只因为财信·名筑印象卖火了！开盘劲销450套7.6亿元！

这个业绩怎么样呢？

据说全山东第一！当然，即使放到全国来看，这战绩也不差！

比如，7月22日，京州有两个项目开盘，一个共推出198套房源，仅去化5套，另一个共推出120套房源，仅去化12套。

至此，财信·名筑印象稳坐度假区头把交椅。

回过头来，细数这些成交客户。

有的客户是因为住的小区太一般，甚至还有安置房，看中了名筑印象过硬的产品品质，第一次来当场就决定购买。

同样首访就成交的，还有一对中年夫妻。他们来看房时正下着大雨，看完样板间，他们说："看过这么多楼盘，只有你们这里让我有想买的冲动！"

有的客户是因为无法忍受邻里矛盾，坚持卖掉房子，哪怕暂时租房，也要换一个高端社区。同样不堪邻里搅扰的，还有一对夫妻，他们总能听到楼上邻居吵架、摔东西的声音，多次协调无果，铁了心要换房。

更出人意料的是，一个在开发区做生意的客户，前前后后来了十几趟，知道财信·名筑印象事业单位客户买的多，坚持要买高端小区，原因是想突破自己现有的圈子往上走。

还有聊大的老师，看了样板间，直接说要在客厅放个大书架。另一个在管委会上班的客户是带着孩子来看房的，谁知孩子捧起样板间厚厚的《DK百科大全》这本书，怎么叫都不愿意走，最后同意他把书看完才恋恋不舍地离开。

有的客户孩子在上高中，特别关注大语文教育和高考，坐在洽谈区聊了两个小时，才意犹未尽地离开。

有一对老两口，觉得住市区太嘈杂，公园少，还经常被孩子占领，乱糟糟的，就想买在这里安静地养老。

有一个客户，之前孩子在新一中上学，她在旁边小区租房陪读了三年。孩子很争气，去年考上了一所好大学。这次她买了最前排的房子，能直接看到教学楼，无他，为情怀买单。

有兄妹三人一起买的，大家住在一起，相互之间有个照应，孩子以后上学也方便。

有一位极其低调的客户，一次性买了3套200平方米的房子，都给孩子住。这位客户既看中了图书馆，也为以后外甥、孙子孙女来新一中上学做准备，可以节省花在路上的时间。

有的客户在"人文所在　人杰在"的广告墙下拍照留念，只因为他觉得这句话很硬核，他很喜欢。

…………

归家有暖灯，桌上有热汤，家是有形，又是无形的。对于买财信·名筑印象的客户来说，刚买的房子，看上去方方正正、空空荡荡，但心里是满满当当、热热乎乎的。哪怕一点点的心里安定，都值得付出。这样的情绪价值，只有他们自己懂。

财信·名筑印象样板间实景

再看名筑印象全年的成交客户：年龄段以 35~45 岁为主，占比 37%；45~55 岁占比 22%；30~35 岁占比 19%。客户基本上已经处在或即将进入人生的巅峰期。他们对项目的景观园林、户型设计非常认可。一个项目能够被市场记住，在于销售环节创造的一个个数字，更在于在时间的长河里，被发现的一个个感动人的细节。

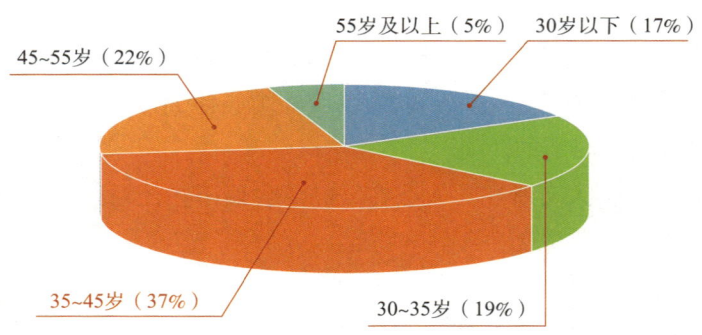

财信·名筑印象成交客户年龄分析（截至 2023 年 12 月）

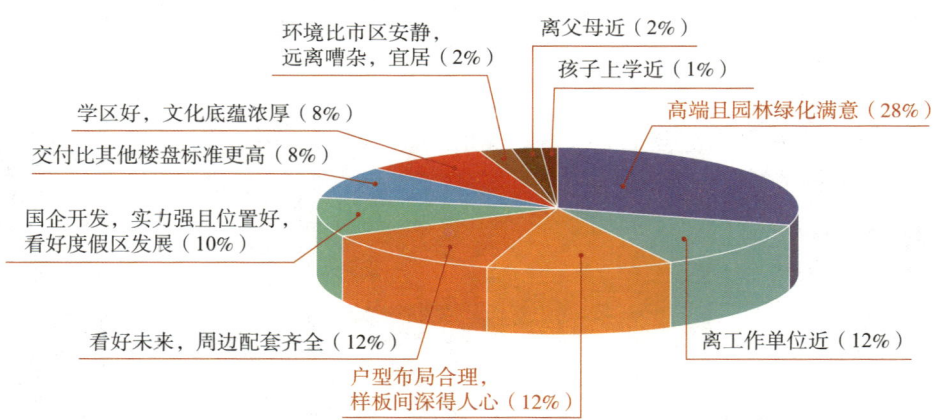

财信·名筑印象成交客户认可亮点分析（截至 2023 年 12 月）

当然，一切成绩都是团队的成功。

打胜仗，才是最好的团建。团队上上下下对目标的坚定；做计划过程统一的意志和决心；打胜仗的勇气、极强的执行力；7 月的全员无休，其他项目同事的大力支援……

一场胜仗，带来了团队凝聚力、团队士气的提高。在面对不确定、市场下行的时候，更需要打一场胜仗增强信心。

九龙辰品校长刘显才，分别在 8 月和 9 月组织了两次全国地产大咖游学财信·名筑印象活动。赵笑律再次见到了之前在苏州见过的一些老朋友：宁夏易联房策的强哥、搜好房的海洋总、鹤壁天智顾问的标哥……老友久别重逢，大家相谈甚欢！

财信·名筑印象为什么能成功？其实，大家都看得很透！

无非是产品、价格、推广、渠道，营销 4P 全做到位了。

首先，过硬的产品。眼见为实，聊城无出其右者！一位慕名而来的客户，在听完置业顾问的介绍后，当场夸赞："你们的品质和价值，比我打听到的还要好得多！"

其次，价格给力。财信·名筑印象还未入市时，已经有传言要卖到 12000 元/平方米了。赵笑律去快递驿站寄楼书时，超市老板翻了一会儿，直接问："这房子 1 平方米不得卖 13000 元？"

结果开盘均价接近 12000 元/平方米，还略低些。客户感知到的价值大于价格，物有所值，果断买！

接着，渠道、推广，自不必多说。执行力就是财信·名筑印象团队的最大撒手锏！

在赵笑律看来，还有一点不容忽视，那就是踩对了点。

和主城区的一些改善盘相比，财信·名筑印象拿地早了三四个月，使得工程进度更快，售楼部、景观示范区、样板间也得以先呈现出来，凭实力赢得了高端客户的认可，加上早开盘，自然抢占了先机。

诚如一位朋友总结的：

第一，产品做到了极致；

第二，价格做到了均好；

第三，营销的价值打透！

营销不是一下子去干一件大事，而是努力做对一系列的小事，要在客户购买的每个环节找效率。营销所有的事就是这一件事：提高效率、做增量。

22. 名筑之歌:《名筑印象欢迎你》

如何表达对一个楼盘的喜爱？
写本楼书著书立说！
如若言之不足，不妨歌之！
歌之亦不足呢？拍 MV 之！
这便是财信·名筑印象的主题曲：《名筑印象欢迎你》！
每句歌词都是项目的价值点，浓缩了赵笑律对财信·名筑印象这个项目的理解。
改写的歌曲，你肯定也熟悉：《北京欢迎你》。
之所以用这首歌，是因为某天工作时，赵笑律无意中哼唱了起来，感觉和项目很合拍，然后就动手把歌词改了。
从传播的角度来看，这是听觉传播，是要把受众卷入，用朗朗上口的旋律唤醒大众的集体潜意识和美好情绪，让大家忍不住去传诵，降低项目的传播成本。
用华与华方法论来讲，这叫"品牌寄生"。我们传出去的是一首歌，但能把消费者脑子里对这首歌几十年的集体潜意识抓出来，这就是寄生在《北京欢迎你》这首歌上的力量。
不过，歌有些长，拍摄、剪辑可难坏了电视台。主要原歌就长，赵笑律也没想着删减，就直接录完了。
歌是提前在录音棚里录好的。赵笑律有幸参与了一把，不过自己听自己的声音，是真心难听。
其实，这个过程更像一次团建。让项目员工尽量都上个镜，留下些美好的片段，以后回忆起来都是感动。
最后，歌词被设计成了歌谱，上面附有 MV 视频二维码，装进礼盒一起送给客户，作为成交伴手礼。
你不妨拿起手机，用微信扫一扫二维码，欣赏一下这诚意之作！

第三章 来访量

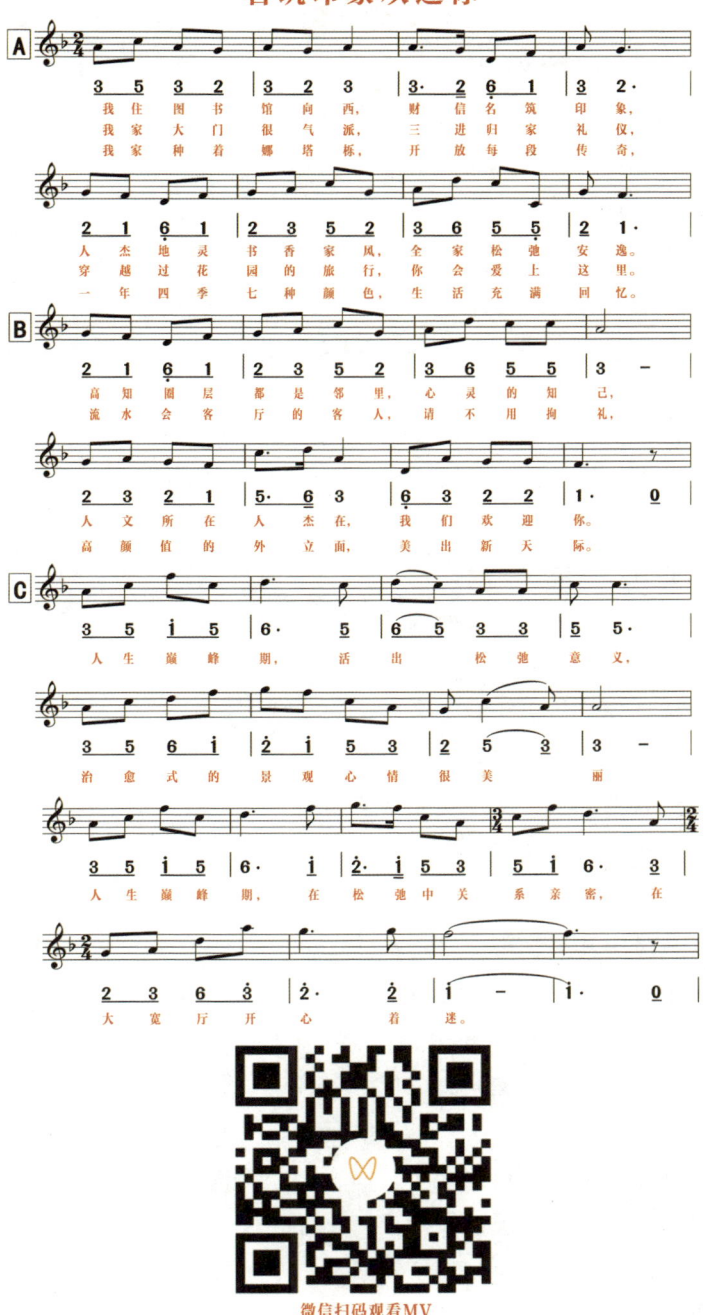

《名筑印象欢迎你》歌谱

名筑印象欢迎你

我住图书馆向西,财信名筑印象
人杰地灵书香家风,全家松弛安逸

我家大门很气派,三进归家礼仪
穿越过花园的旅行,你会爱上这里

高知圈层都是邻里,心灵的知己
人文所在人杰在,我们欢迎你

我家种着娜塔栎,开放每段传奇
一年四季七种颜色,生活充满回忆
流水会客厅的客人,请不用拘礼
高颜值的外立面,美出新天际

人生巅峰期,活出松弛意义
治愈式的景观心情很美丽
人生巅峰期,在松弛中关系亲密
在大宽厅开心着迷

我家书房不算大,聊城市图书馆
新一中就在路对面,学习效率第一
孩子要交两个朋友,图书(馆)运动场
书香家风在传递,家族塑门第

人生巅峰期,活出松弛意义
让我们都通透不苛责自己
人生巅峰期,人生由我才了不起
自主学习刷新成绩

第三章 来访量

人生巅峰期,活出松弛意义
治愈式的景观心情很美丽
人生巅峰期,在松弛中关系亲密
在大宽厅开心着迷

人生巅峰期,活出松弛意义
让我们都通透不苛责自己
人生巅峰期,人生由我才了不起
自主学习刷新成绩

我家大门很气派,三进归家礼仪
穿越过花园的旅行,你会爱上这里
对节白蜡造型黄杨,高贵也高级
浪漫星空顶入库,诗情又画意

人生巅峰期,活出松弛意义
治愈式的景观心情很美丽
人生巅峰期,在松弛中关系亲密
在大宽厅开心着迷

我家大门很气派,三进归家礼仪
穿越过花园的旅行,你会爱上这里
高知圈层都是邻里,心灵的知己
人文所在人杰在,我们欢迎你

人生巅峰期,活出松弛意义
让我们都通透不苛责自己
人生巅峰期,人生由我才了不起
自主学习刷新成绩

人生巅峰期，活出松弛意义
治愈式的景观心情很美丽
人生巅峰期，在松弛中关系亲密
在大宽厅开心着迷

人生巅峰期，活出松弛意义
让我们都通透不苛责自己
人生巅峰期，人生由我才了不起
自主学习刷新成绩

人生巅峰期，人生由我才了不起
自主学习刷新成绩

人生巅峰期，人生由我才了不起
自主学习刷新成绩

第三章　来访量

手册三：
人生巅峰期生活手册

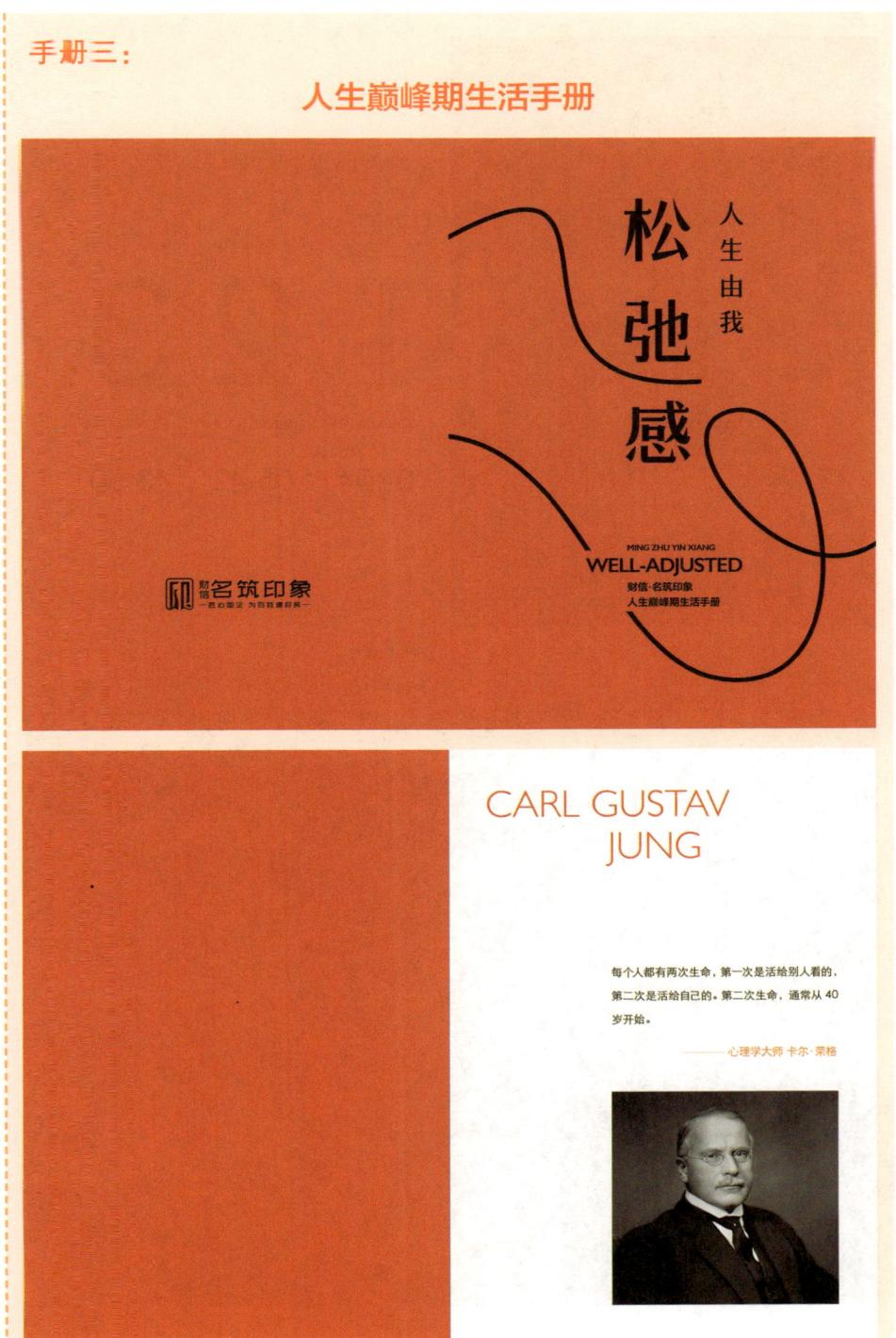

人生由我
松弛感

MING ZHU YIN XIANG
WELL-ADJUSTED
财信·名筑印象
人生巅峰期生活手册

CARL GUSTAV JUNG

每个人都有两次生命，第一次是活给别人看的，第二次是活给自己的。第二次生命，通常从40岁开始。

——心理学大师 卡尔·荣格

第三章　来访量

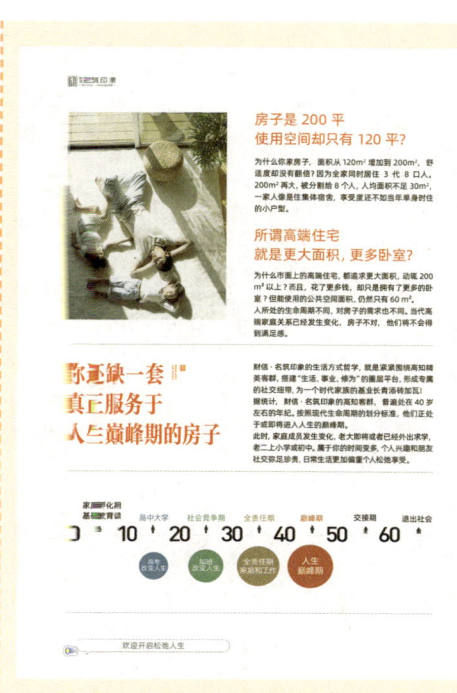

房子是 200 平
使用空间却只有 120 平?

为什么你家房子,面积从 120m² 增加到 200m²,舒适度却没有翻倍?因为全家同时居住 3 代 8 口人,200m² 两大,硬分割给 8 个人,人均面积不足 30m²,一家人挤住集体宿舍,享受还不如当年单身时住的小户型。

所谓高端住宅
就是更大面积,更多卧室?

为什么市面上的高端住宅,都追求更大面积,动辄 200m² 以上?花了更多钱,却只是拥有了更多的卧室?但能使用的公共空间面积,仍然只有 60m²。
人所处的生命周期不同,对房子的需求也不同。当代高端家庭关系已经发生变化,房子不对,他们将不会得到满足感。

你还缺一套
真正服务于
人生巅峰期的房子

财信·名筑印象的生活方式哲学,就是梁架围绕高知精英群体,搭建"生活、事业、修为"的赢智平台,形成专覆的社交纽带。为一个时代家族的基业长青添砖加瓦!
据统计,财信·名筑印象高知客群,普遍处在 40 岁左右的年龄。按照现代生命周期的划分标准,他们正处于或即将进入人生的巅峰期。
此时,家庭成员发生变化,老大即将或已经外出求学,老二上小学或初中,孩子的时间变多,个人兴趣和朋友社交足珍贵,日常生活更加偏重个人松弛享受。

家庭周期化阶段
基础教育期　高中大学　社会竞争期　全责任期　巅峰期　交棒期　退出社会
0　10　20　30　40　50　60
备考　加速　全责任期　人生
改变人生　改变人生　事业和工作　巅峰期

欢迎开启松弛人生

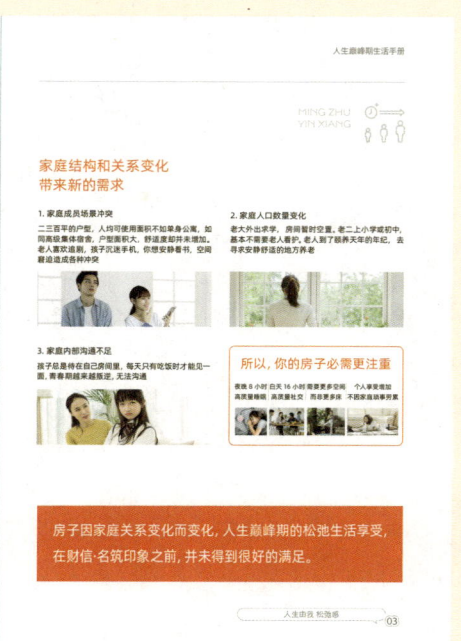

人生巅峰期生活手册

MING ZHU
YIN XIANG

家庭结构和关系变化
带来新的需求

1. 家庭成员场景冲突
二三百平的户型,人均可使用面积不如单身公寓,如同具集体宿舍,户型面积大,舒适度却并未加强。老人喜欢清静,孩子沉迷手机,你想安静看书,空间营造造成各种冲突

2. 家庭人口数量变化
老大外出求学,房间留时空置,老二上小学或初中,基本不要客人看护,老人到了颐养天年的年纪,去寻求安静舒适的地方养老

3. 家庭内部沟通不足
孩子总是待在自己房间里,每天只有吃饭时才能见一面,青春期越来越深,无法沟通

所以,你的房子必需更注重
夜晚 8 小时 白天 16 小时需要更多空间　个人聚餐加高质量睡眠　高质量独处　不同家庭场景共聚

房子因家庭关系变化而变化,人生巅峰期的松弛生活享受,在财信·名筑印象之前,并未得到很好的满足。

人生中段 松弛感

项目鸟瞰图

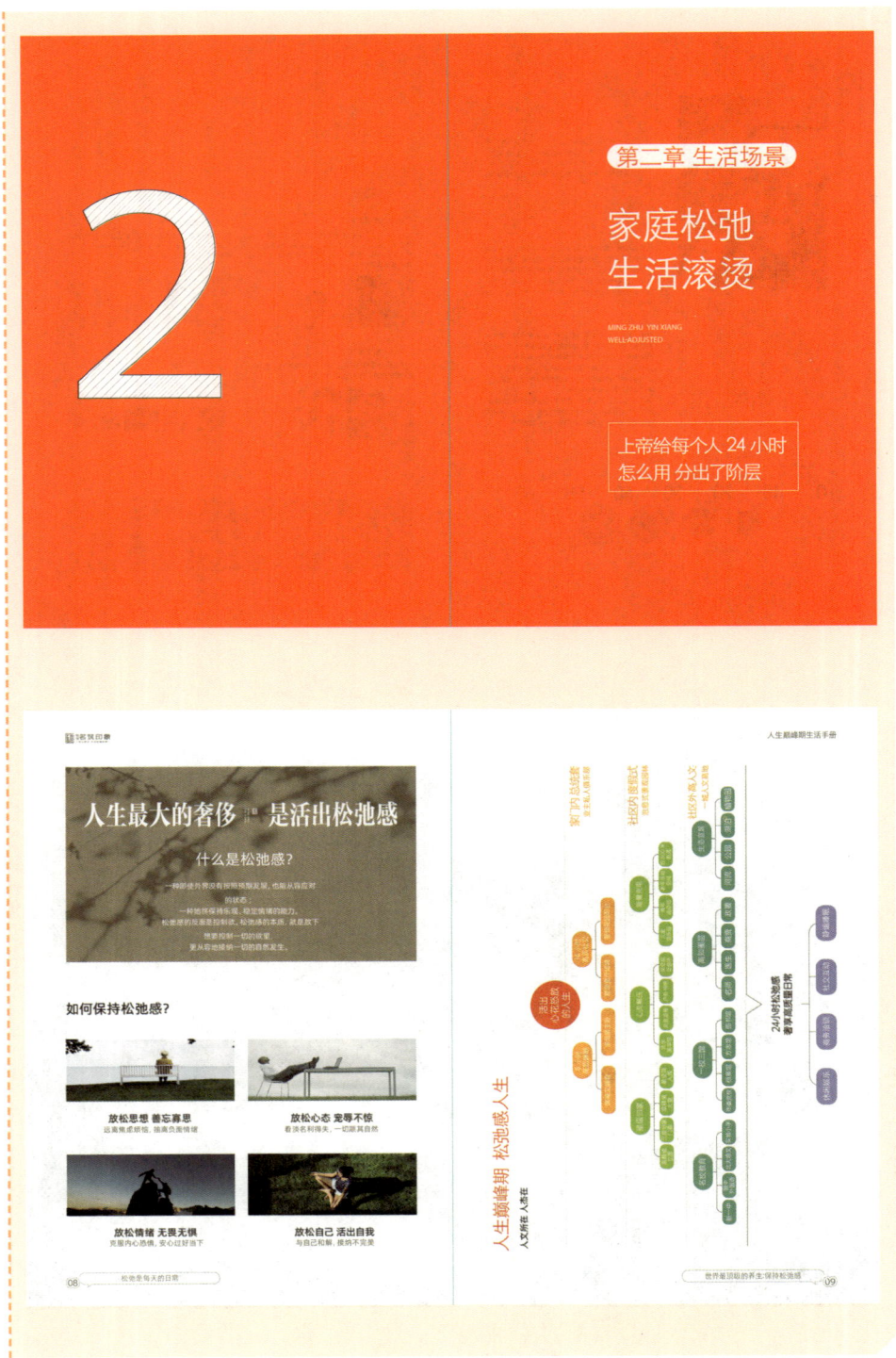

第三章　来访量

地产营销力 2
财信·名筑印象全案策划纪实

人生五大憾事 千万别等失去后才后悔莫及
MING ZHU YIN JIANG

我希望 能过属于自己的人生 而不是按他人的期望生活 （临终以遗憾）

名筑印象温馨提示：人生需要松弛感。至少给自己几次冒险的机会，去尝试心中憧憬已久的梦想。尤其在身体状况允许时，更应该努力追求生命中的所思所爱。健康陪他人的自由，别等到失去以后才后悔莫及。

我希望 能多和朋友联络

在人生路上，每个人都不约而同地想起了生命中那些重要的朋友，但往往日后难以失去联系很多年。他们深深遗憾于，自己拼命赚钱却没能抽出足够的时间与精力来维持友谊。只愿你珍惜之际多忘多联系。

名筑印象温馨提示：人生一路走来最重要的不是钱、地位、名利，而是爱和关怀。因为当你一步步走向死亡，只有"爱"和"关怀"会陪伴你走完最后的旅程。

我希望 没有那么拼命工作 （病人都这么说）

他们拾起失真长仁薄的最晚时光，以及是眼人的亲密陪伴；他们后悔是他大部分的时间留给工作，冷落了自己最爱的人与蜜宠的家人。

名筑印象温馨提示：人生需要松弛感。你并不需要你以为自己需要的那么多钱，你同不停步，给自己多点休息，你会变得更开心，也会更积极地迎接生命中的挑战。

希尔姐，比尔是美大利定的一名护士。多年来一直从事缓和医疗这项特殊工作，照顾临终病人。当听到病人，不久后不会了？她得一次时她是发前才发现的那种痛苦与恶，希尔姐一一及与你病人交心之前的现实与感受写成了这本本书，名为《病人临终之前的五大愤事》。

人生哪能多如意，万事只求半称心。 人生由我松弛感。

我希望 更勇于表达自己的感受

为了与他人和平相处，拼命压抑自己的感情、结果，只是加重他们满足于平静的生活，却从未有完为自己真正想成为的人。萧中积抑，许多心理问题就显现了。都和压抑向自己的感受息息相关。

名筑印象温馨提示：高品的人生，是活得松弛自开朗、不紧缩、不忙乎、不忖怀，不委屈自己，不取悦他人，懂得自爱，也能爱人。

我希望 能让自己过得更开心

因为害怕改变，害怕被约束追忆，他们墨守成规，习惯过去的习惯，他们到别人认各给，也到自己在各给；看到不对生活巨大变迁，但自内心深处，他们渴望能重获真正自由自在，放开可以没心没肺的欢笑。

名筑印象温馨提示："快乐"其实是一种选择，而不是任何事的结果。我们时时随地都可以让自己快乐！

22 别让100分把孩子童年变成100岁

AI时代的最大赢家是自主学习 23

最好的学区房是你家书房

智能时代，社会所需要的知识与技能会不断增加和变化。"能吃一辈子的技能"正逐渐消减，大多数很难灵光。

在未来，正规的学校教育不再那么重要，因为孩子的主要学习方式，会从向老师学习，转向自学、换句话说、你自己的书房，就是最好的学区房。

最好的书房是图书馆

聊城市图书馆，国家一级馆标准馆划设计，馆舍建筑约2.7万㎡，一共5层，藏书120万+，现设12个借阅区，设有24小时自助借阅、朗诵学等特色功能区。堪称城市级最美、功能最全、内容最丰富、最受聊城人欢迎的文化殿堂。

财信·名筑印象与图书馆一路之隔、仅约500m，距离近的时光、是每天都能去，一天能去好几次，去了不想身多久就去多久，我家书房不大、不过一个图书馆。

财信·名筑印象
500m
我家书房不大 不过一个图书馆

24 最好的学区房是你家书房

AI时代的最大赢家 是学会"自主学习"

一份来自浙江的调查显示，只有46.3%的在读大学生和47.5%的毕业生，自己的专业与工作种类相匹配，95%的毕业生承认，大学所学专业知识在实际工作中都是只能用上20%。

真正能在社会上立足的人、靠的都是"自学"。智能时代里尤其是这样。"终身学习"不再是个口号，而是"不得不的必修"。

培养"自学能力"的四个原则

1.越早培养越好
多给机会，让孩子自主思考解决问题的方法。"有问题自己解决"，是自学能力的起点。

2.以生产为导向
学习过程可以拆分什么"学"他"用"让"手重要环节，无论学什么，时刻都要意识到它所在生活里，尤其是所在生产中

3.让孩子养成自己搜索的习惯

**4.学校教育是锻炼"自学能力"的工具

*资料来源《李希莱谈 AI时代的家庭教育》

最好的书房是图书馆 25

196

第三章 来访量

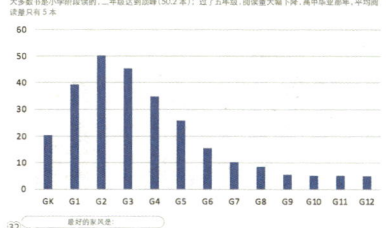

第三章 来访量

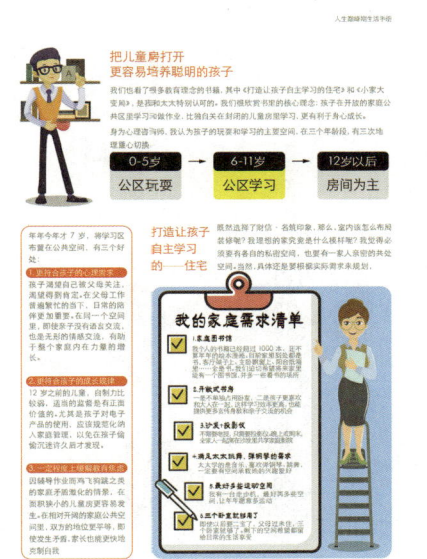
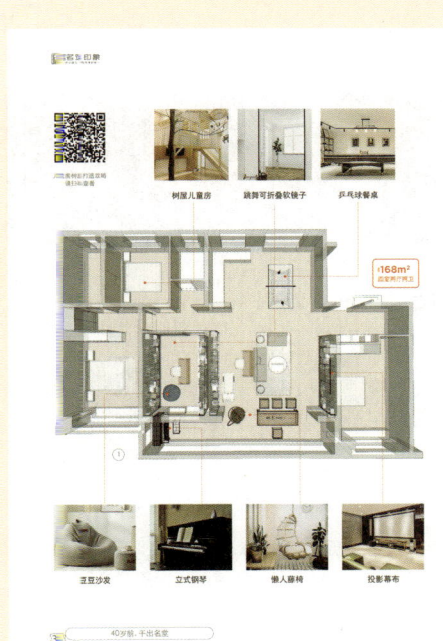

第三章　来访量

3

第三章 生活红利

身心改善
宜居首选

MING ZHU YIN XIANG
WELL-ADJUSTED

今天的郑重选择
都会成就明天的值得

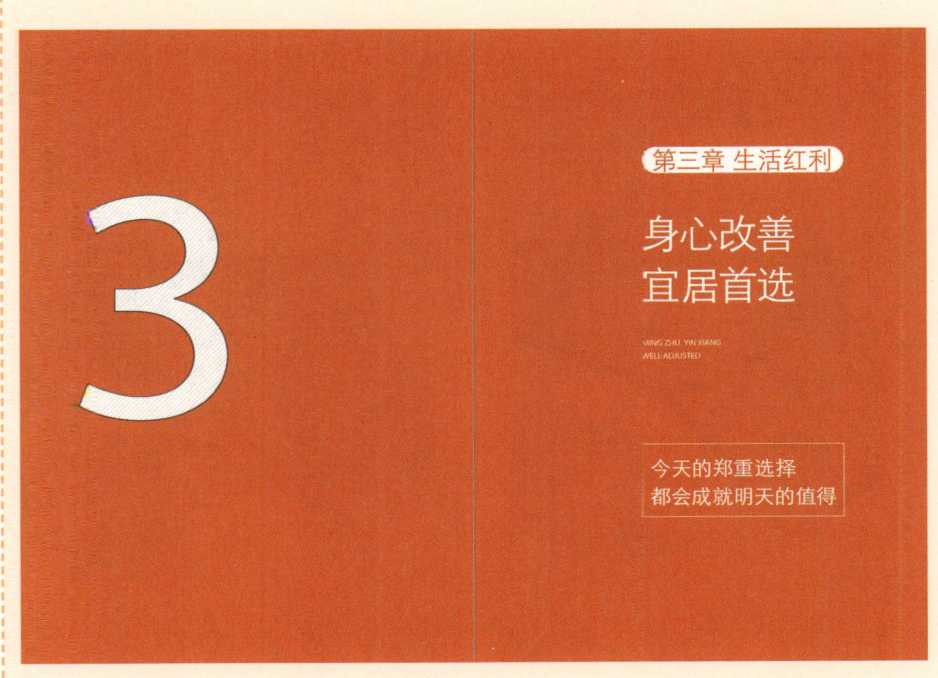

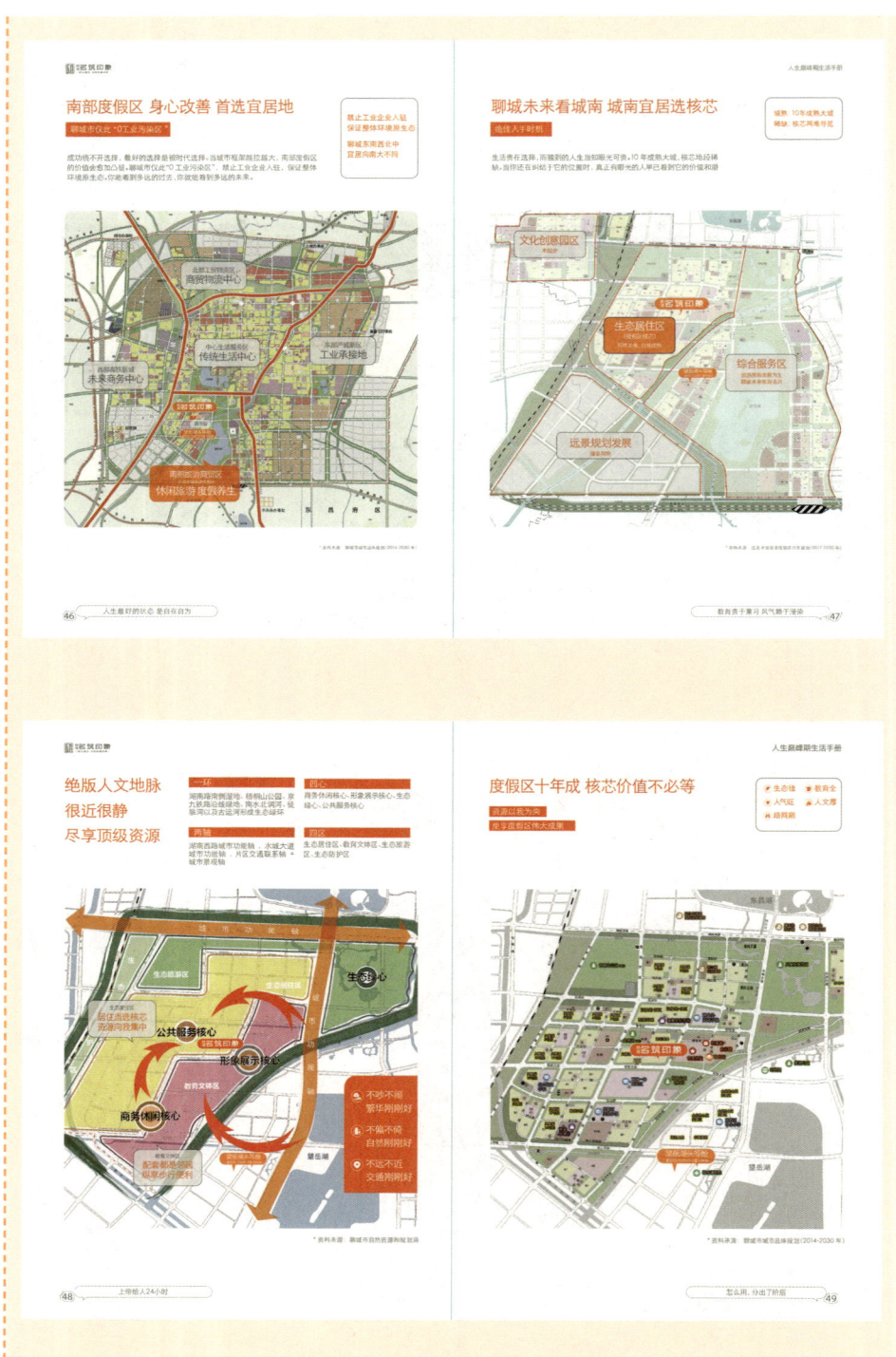

第三章 来访量

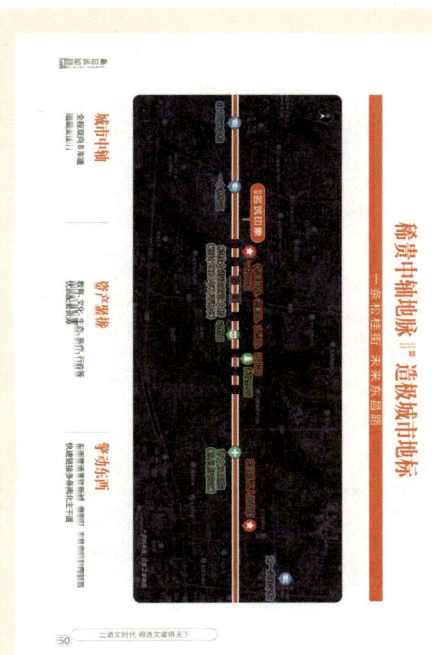

（注：为了方便阅读，对手册三图片做了不同程度的处理，不作为最后的出街成品）

第四章　复盘

亲力亲为 · 全力以赴 · 合作共赢

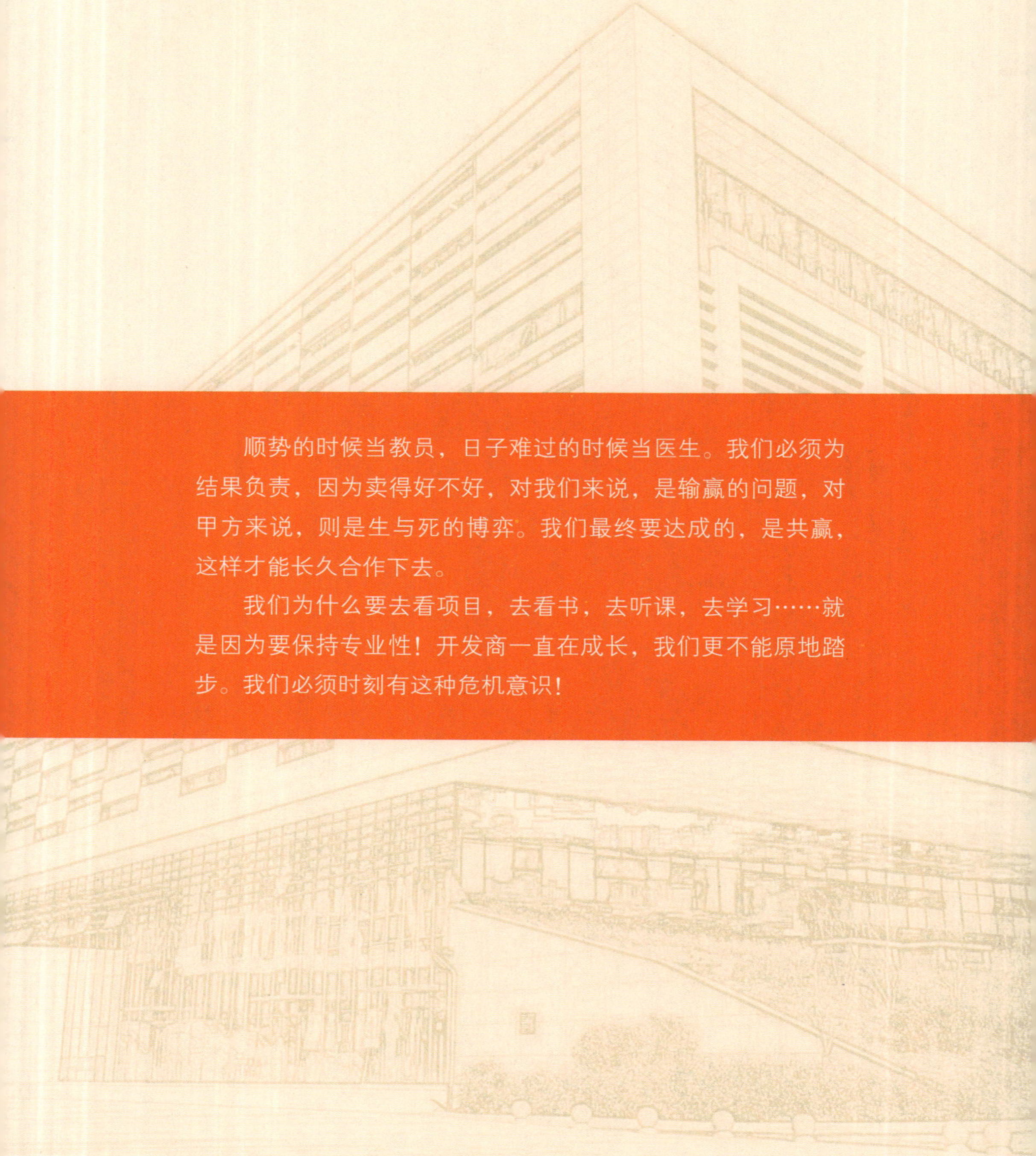

　　顺势的时候当教员,日子难过的时候当医生。我们必须为结果负责,因为卖得好不好,对我们来说,是输赢的问题,对甲方来说,则是生与死的博弈。我们最终要达成的,是共赢,这样才能长久合作下去。

　　我们为什么要去看项目,去看书,去听课,去学习……就是因为要保持专业性!开发商一直在成长,我们更不能原地踏步。我们必须时刻有这种危机意识!

第四章 复盘

23. 丙方思维：公平独立，合作共赢

贺皮久、徐上进准备和开发商财信城发一起去广州考察项目，为新地块做产品规划寻找思路。徐上进邀请赵笑律同去。赵笑律想了想觉得不太妥，毕竟自己属于第三方。

徐上进一句话就打消了他的顾虑："我们一起去，是为了同频，方便以后沟通。主要后面还有项目，你可以大展身手。"

中午吃过饭，三人在贺皮久的办公室等着和开发商会合，一起坐车去济南遥墙机场。赵笑律进来时，又瞥了一眼墙上，那张硕大的《地产营销方》脑图依然在。

时间还早，贺皮久边清洗茶具边说："今天只喝茶，不喝酒。"

赵笑律还没来得及高兴，贺皮久又似笑非笑地说，"晚上到了广州，再喝！"

徐上进笑着打圆场："少喝，都少喝，以看项目为主！"

赵笑律也跟着笑了笑，正好今天有机会，他问了一个藏在心底很久的问题：'贺总，我一直想当面请教你一个问题，为什么启点能在行业里发展20多年，这背后有什么秘诀吗？"

"你是不是问过其他人？应该有答案了吧！"

"我想听你本人当面说。"

"我不知道啊，你问问徐总。"

"哈哈，你自己觉得呢？"

眼见贺皮久和徐上进都不接话茬儿，赵笑律思考片刻，大胆地说道：

"我觉得一是公司文化特别好，没有办公室政治，更没有勾心斗角，大家都在踏踏实实地做事。二是中高层很稳定，10年及以上的老员工很多。大家集体意识很强，荣辱与共，愿意共患难。"

说话的间隙，贺皮久已经泡好了茶。他一边倒茶，一边笑着说："主要我们都没有那么大的野心，大城市混不下去，只能待在小地方混口饭吃。"

赵笑律一时不知道该怎么接话，只能尴尬地笑了笑。

徐上进见状，补充道："主要是我们遇到的开发商都比较好，愿意给我们

207

机会，一直有项目可以合作下去。"

"我后来也去了咱们的其他项目：九州印象、水城印象，还有冠县云境。去得多了，跟大家都熟了，才发现每个项目都有一个客服经理，窦姐、燕姐、袁姐，还有芳芳，她们就像总指挥、大管家，大事小事统筹得井井有条。我突然意识到，原来客服才是我们的撒手锏啊！"

"这样一说，确实是啊，她们几个在公司资历也很深了，一直在挑大梁！"贺皮久说。

"我最早在公司做的就是客服。"徐上进有些不好意思地说，"公司的客服确实很给力，他们会人事，懂财务，还了解营销，特别全能，而且一直很稳定，做事很让人省心。"

"铁打的客服，流水的销售。"赵笑律笑着说。

三人随即大笑了起来。赵笑律端起茶杯，一口气喝了下去，接着问：

"咱是怎么和开发商沟通的呢？我感觉这中间好像很顺畅，基本上有了想法都能立即执行。不像我们之前合作的项目，各种流程审批，各种返工改稿，时间全都耽误了。咱是怎么说服开发商接受的呢？"

"我们不是乙方，而是丙方。"

看着赵笑律脸上写满了不解，贺皮久接着说，"以前，我一直觉得社会上只存在两种角色：甲方和乙方。我们作为营销代理公司，扮演的角色便是乙方。但王志纲写的书《丙方的观点》让我耳目一新，我们必须是独立的丙方，既不依托甲方，也不依托乙方。

"我们要成为一个'特立独行的思想者'，既不趋炎附势，也不谄媚顺从，而是凭借自己的智力，投身于市场经济，获取报酬，赢得尊严。不因甲方身份而妄自菲薄，不因甲方反对而闻风而动、唯唯诺诺，凭借自身专业，提供独立的价值判断，坚定地走平等互动、平起平坐的'第三种生存方式'。我想这也是我们能够长久立存的原因之一吧。"

"因为我们是具有独立人格的丙方，具有第三种生存方式下的第三种眼光，才使我们有可能在甲方那里，表达出特立而不独行、同流而不合污、超然而不乖张的声音。"徐上进补充道。

"这么多年来，我们操盘的每个项目都是硬仗，一场场硬仗打下来，我深刻意识到，我们不是一般意义上的乙方。"贺皮久点燃一支烟，一番吞云吐雾后，说道，"我们要因时、因地、因人、因事制宜，在充分了解甲方显性与隐性需求的基础上,以高屋建瓴的创新思维,为他们提供一整套系统的营销解决之道,也就是告诉甲方'能不能做,做什么,怎么做'。"

"我只听过这种理念,但现实中,还真没遇见过这样的企业。"赵笑律说。

"确实不多,但王志纲和他的智纲智库做到了。王志纲代表知识分子,走出了一条既'财智双赢'又不扭曲自身人格的道路!我们还在努力中。"贺皮久说。

"其实,仔细一想,大多数乙方潜意识里已经形成了固化的'甲方思维',就是'一切从甲方出发',将'这是甲方要求我们做的……'作为工作准则。说白了,就是谁付钱听谁的!谁出钱就迎合谁、取悦谁!时间久了,这种心态会使自己的专业立场,以及理解真正市场需求的能力逐渐丧失。"赵笑律从业这么久,也有自己的体会。

"我觉得'乙方心态'可以解释为——外行指导内行,内行言听计从。就像家长告诉老师,这孩子不听话您一定要打,打坏了算我的。称职的老师当然坚持要避免体罚,以正确的教学方式培养学生;而不称职的老师,往往就会改变教学方式,开始有体罚的行为。"贺皮久说。

"我们是营销代理公司,必须跳出来看项目,否则就无法制定正确的方案。选择做一个坚守独立人格的营销人是必然的,如此才能客观地认识项目,而不受甲方干涉,专注于项目本身,这样才能帮助双方良性发展。"

"我大概明白了,你们的价值观,就是你们的核心竞争力。"赵笑律喝了口茶,继续说道,"就是坚持丙方观点,既不用看甲方脸色行事,也不用像别的乙方那样当'孙子',而是具有超然独立的地位,受甲方的尊重和信赖。"

"那什么是价值观呢?"贺皮久说完端起茶杯抿了一口,说道,"所谓价值观,就是取舍,就是放弃哪些利益。如果不愿放弃一些利益,就没有价值观。因为你只要不愿意放弃那些利益,就总能把它解释得符合你的'价值观'。"

"顺势的时候当教员,日子难过的时候当医生。我们必须为结果负责,因为卖得好不好,对我们来说,是输赢的问题,对甲方来说,则是生与死的博弈。我们最终要达成的,是共赢,这样才能长久合作下去。"

"要想保持住丙方立场,关键在于用专业度抵消不确定,有实力你才能在甲方那里'任性'。我们为什么要去看项目,去看书,去听课,去学习……就是因为要保持专业性!开发商一直在成长,我们更不能原地踏步。我们必须时刻有这种危机意识！"徐上进说。

"其实，对于'丙方思维'，我这两年又有了新的理解。"贺皮久吸了口烟，笑着说，"开发商是甲方，客户是乙方，我们是丙方。我们为甲、乙双方牵线搭桥，让乙方从甲方那里买到更满意的房子，实现三方共赢！"

赵笑律感觉很在理，想了想，便说："像媒人！"

"嗯，确实是这样的。买房如相亲，我们就是媒人！身为'媒人'，既要了解开发商，又要懂客户，只有同时满足了开发商和客户的需求，我们才有价值。"

这时，贺皮久的手机响了，他拿起手机看了一眼，还没接通电话，就说："把这杯水喝完，我们要出发了！"

24. 贯彻到底：一切小生意，都要亲力亲为

贺皮久、徐上进带着赵笑律，由兵哥开车，一起去看一个即将合作的项目。

看完项目，也到中午饭点了。天气炎热，几人又累又饿，不想跑远，就决定在旁边的面馆简单吃一点。

面端上来时，赵笑律发现碗的内侧写了一句话："小生意用心做！"便忍不住拿起手机拍了照。

贺皮久也发现了，正在端详。

赵笑律说："看到这句话，虽然我还没尝到面怎么样，但是已经对这家店产生了好感！"

只一会儿工夫，面和菜就上齐了。几人也是饿了，便低着头大快朵颐了起来。过了一会儿，徐上进抬起头看大家吃得很香，便笑着说道："味道还挺不错！"

贺皮久点点头，一边剥大蒜，一边说："大厨就是老板，老板就是大厨。他能用心做，味道还不错，说明他不离一线，一直在亲力亲为。这就表示：第一，老板跑通和熟悉了业务流程上的所有环节，所以想要瞒他、骗他非常困难。第二，老板掌握了核心业务——颠大勺。身为老板，随时可以挽起袖子，穿上围裙，去厨房里颠大勺。这样一来，没有任何一个大厨敢拿捏他，没有任何一任采购敢欺瞒他，知道老板随时能颠大勺，整家餐厅的内部关系就会非常和谐，因此生意就可以做得长久。"

赵笑律先是皱起眉头，随即露出敬佩的目光。他没想到吃个饭，贺皮久也能看出这么多门道。

"我想起来兵哥带我去吃的'金刚砂锅'了，算得上聊城的老字号，味道、菜品什么的都没的说，挺好吃的！"

"金刚砂锅是20多年的老店了，老板到现在没换！"兵哥说道。

"这就是亲力亲为的红利，亲力亲为有时候也可以叫'跟进'，亲力亲为是跳下场去做，跟进是从全局把控。"贺皮久说。

"我觉得也是时间的红利，一个人在某方面的成就，最终离不开投入的

'总时间'。静待花开，一切都是'时间的玫瑰'。"徐上进笑着说。

贺皮久将剥好的蒜给每个人分了一个，然后大口吃起面来。

等大家都吃得差不多了，贺皮久喝了口茶，说道："我给大家分享两个故事吧。第一个故事：洞房花烛夜，当新郎兴奋地揭开新娘盖头时，羞答答的新娘正低头看着地上，她忽然掩口而笑，并以手指地：'看，看，老鼠在吃你家的大米。'

"第二天早上，新郎还在酣睡，新娘起床看到老鼠在吃大米，一声怒喝：'该死的老鼠！敢偷吃我家大米！''嗖'一只鞋飞过去，新郎惊醒，不禁莞尔一笑。

"不妨问问自己，面对从事的工作，是旁观者态度，还是主人翁心态？我们将心注入了吗？我们的心真正过门了吗？"

贺皮久点燃一根烟，一番吞云吐雾后，接着说，"第二个故事：一天，猎人带着猎狗去打猎。猎人一枪击中了一只兔子的后腿，受伤的兔子开始拼命地奔跑。猎狗在猎人的指示下飞奔去追赶兔子。可是追着追着，兔子跑不见了，猎狗只好悻悻地回到猎人身边，猎人开始骂猎狗：'你真没用，连一只受伤的兔子都追不到！'猎狗听了，很不服气地回道：'我尽力而为了呀！'

"兔子带伤跑回洞里，它的兄弟惊讶地问它：'那只猎狗很凶呀，你又带了伤，怎么跑过它的？''它是尽力而为，我是全力以赴呀！它没追上我，最多挨一顿骂，而我若不全力地跑就没命了！'兔子回答道。

"人本来是有很多潜能的，但是往往被我们的借口所扼杀，常见的就是'我们已尽力而为了'。事实上，在现在这个时代，尽力而为是远远不够的。

"不妨问问自己，我今天是尽力而为的猎狗，还是全力以赴的兔子。"

见大家都不作声，贺皮久继续说道，"以前，房子都是十套百套地抢着卖，现在是一套一套地卖，还很吃力。怎么办？"

"躬身入局，亲力亲为！"赵笑律笑着说。

"《诗经》里写道：'弗躬弗亲，庶民弗信。'意思是，如果主君不是事必躬亲处理政务，亲力亲为，老百姓就不会相信他。营销人也一样！"贺皮久吃了口菜，接着说，"因为营销的灵感，从三个地方来。一是从经验来，<mark>没有丰富的经验，就没有灵感</mark>。这就需要勤笔头、深思考、多反刍、快吸收，把尊重常识、敬畏规律、尊重人性，融化到血液里，落实到思考、行动中。

"只有一个思想独立的人，才会抽丝剥茧、拨云见日，才不会照本宣科、

第四章 复盘

偏听偏信。思辨能力起步于空杯心态,成长于思考和实践的螺旋迭代,在战争中学习战争,事上磨炼,知行合一。对项目的反复总结和深度思考,是我们磨炼思辨能力的不二法门。经历永远只能是经历,没有复盘永远不能成为经验。

"大部分创意不是想到的,而是知道的,知道有人这样干过,而且能成。做事之前找参考,搜尽奇峰打草稿。往往常识就可以提供足够的专业知识。

"二是从现场来,一切答案都在现场。对营销人来说,成长没有所谓的'奇效'和'捷径',有些境界你苦求不得。当你不苛求了,只是一步步去践行,去现场'感受炮火',而不是在办公室闭门造车,充实而谦恭地过好每个当下时,你会在不经意间发现已经到达了。慢一点,反而快!

"三是从'无我'来,这是最重要的。老是关注自己的表现,关注别人怎么看我,就无法关注解决问题。世上小聪明的人总是太多。小聪明的主要特征,就是做事不舍得投入,不然何以显得自己聪明?

"其实,一旦选择了正确的方向,成功的根本便取决于总投入,包括时间的投入、心力的投入以及持续的投入。其中,又以时间的投入最重要。有人说应该是方法更重要啊。问题是,如果没有足够的时间投入,方法也是难以真正掌握的。"

"借用《繁花》的一句台词,目标从来就不遥远,一步步,一天天。只管全力以赴,剩下的交给时间。"徐上进说。

"这让我想起了阿甘精神。"赵笑律一边喝茶,一边继续说,"营销人应该学习的是阿甘精神,饱和性地投入,只问耕耘,不问收获。有些人总是喜欢拿天赋、智商和效率说事儿,拒绝进行饱和性的'傻'投入,总是设法取巧、找捷径,结果呢,反而一生平庸。"

"凡事毕恭毕敬、亲力亲为,是做好一切事的基础。这个世界,不怕有钱人,也不怕有权人,就怕有心人。"贺皮久吸了口烟,吐出烟雾后,接着说,"你在一个行业干五年以上,就是行家;干十年以上,是专家。如何证明你是专家?看有没有行家主动向你请教!"

赵笑律赶紧把这句话记在了手机备忘录里,随后问道:"贺总,你觉得房地产是小生意吗?"

"必须是啊!"贺皮久斩钉截铁地说,"别看规模不小,你去网上搜搜,看看开发商的净利润,有没有余额宝高。总之,一切小生意,都要亲力亲

213

为！比如，餐饮店、夫妻店……还有房地产！"

返程的路上，赵笑律还在想着"房地产是小生意"的问题。

他想起香帅老师说的，经济下行，现在没有以前那么多风口了，钱不再来自那种突然暴涨的泡沫，而是来自许多不同方向的涓滴。整个社会投资回报也从"厚利、暴利"转向了"微利"。

微利时代，我们不能再当风口上的猪了，而要当扑蝴蝶的小花猫，机敏地接住来自四面八方、小点的财富机会，即使在不太乐观的宏观波动下，也依然有机会过得不错。

"今天看的这个项目，你觉得怎么样啊？"贺皮久的突然问话打断了赵笑律的思绪。

"位置特别好，绝版地段，挨着河，还是学区房。不过，劣势也很明显，烂尾快10年了，而且留下的这几栋高层，公摊大，户型很一般。关键是市场上的负面舆论很多，都觉得买烂尾楼太没面子了。"

"套用一个朋友的评价：一块劳力士手表，磕破了块皮，你买不买？"

"哈哈！这个比喻太恰当了！"

"那你买还是不买？"

"这个嘛……"

"或者，如何说服客户购买？"

"这……"

欲知后事如何，且听下本书分解！

参考文献

[1] 逯薇. 小家大变局[M]. 北京：中信出版集团，2022.

[2] 四十万靖，渡边朗子. 打造自主学习的住宅[M]. 北京：清华大学出版社，2018.

[3] 郑渊洁. 郑渊洁家庭教育课[M]. 天津：天津人民出版社，2018.

[4] 周璐. 阅读教育：做孩子的成长合伙人[M]. 北京：中信出版集团，2023.

[5] 冯唐. 冯唐成事心法[M]. 北京：北京联合出版有限公司，2020.

[6] 李筱懿. 自在：关于生活智慧的100个基本[M]. 北京：中信出版集团，2023.

[7] 马斯克. 人生由我[M]. 北京：中信出版集团，2020.

[8] 余秋雨. 君子之道[M]. 北京：北京联合出版有限公司，2020.

[9] 余秋雨. 余秋雨人生哲言[M]. 上海：上海人民出版社，2007.

[10] 余秋雨. 余味：跟随余秋雨品中国文化[M]. 北京：新世界出版社，2012.

[11] 黄蔚. 服务设计：用极致体验赢得用户追随[M]. 北京：机械工业出版社，2022.

[12] 汪志谦. 峰值体验：影响用户决策的关键时刻[M]. 北京：中信出版集团，2021.

[13] 小马宋. 卖货真相[M]. 北京：中信出版集团，2023.

[14] 华杉. 华与华正道[M]. 南京：江苏凤凰文艺出版社，2021.

[15] 华杉. 华与华品牌五年计划[M]. 南京：江苏凤凰文艺出版社，

215

2023.

[16] 华杉，华楠．华与华方法［M］．上海：文汇出版社，2020．

[17] 吴昊．人的痛苦：从平庸到精英的三大考验［M］．广州：广东经济出版社，2018．

[18] 吴昊．需求制造：让产品畅销的方法［M］．广州：广东经济出版社，2018．

[19] 吴昊．生活方式：房地产的社会价值［M］．广州：广东经济出版社，2020．

[20] 哈叔．认知进化：掌控人生，改变自己，持续成长［M］．北京：人民邮电出版社，2021．

[21] 池谷裕二．考试脑科学2：记忆、压力、动机的脑科学真相［M］．北京：人民邮电出版社，2023．

[22] 周岭．认知觉醒［M］．北京：人民邮电出版社，2020．

[23] 周岭．认知驱动［M］．北京：人民邮电出版社，2021．

[24] SCALERS．学习的学问：走出低效与无序的实践法则［M］．北京：电子工业出版社，2022．

[25] 乔根森．纳瓦尔宝典：财富与幸福指南［M］．北京：中信出版集团，2023．

[26] 朱光潜．人看多了，还是书好看啊［M］．北京：北京联合出版有限公司，2022．

[27] 徐志频．教子也烦恼：左宗棠的23封家书［M］．成都：天地出版社，2022．

[28] 南一鹏．南怀瑾家风家教［M］．北京：中国大百科全书出版社，2021．

[29] 梁实秋．我看世间一切有情：梁实秋的自在人生［M］．成都：天地出版社，2020．

[30] 朱光潜．万事只求半称心［M］．武汉：长江文艺出版社，2023．

[31] 小野．松弛感［M］．北京：北京日报出版社，2023．

[32] 胡渐彪．松弛感：成为有办法的人［M］．北京：中信出版集团，

2023.

[33]加藤谛三.松弛感：把能量从敏感焦虑中释放出来[M].北京：人民邮电出版社，2023.

[34]吴军.吴军阅读与写作讲义[M].北京：新星出版社，2021.

[35]楠本佳子.引导：帮助孩子自主学习的47个方法[M].北京：北京时代华文书局，2022.

[36]帕金斯.最优解人生[M].上海：文汇出版社，2023.

[37]刘润.胜算[M].北京：民主与建设出版社，2023.

[38]王志纲.大国大民[M].北京：国际文化出版公司，2020.

后　记

　　书稿写完的时候，正赶上财信·名筑印象成为微短剧《大佬别跑闪个婚》的取景地。

　　与此同时，名筑印象也喜获两项殊荣：财信·名筑印象 1#、2#、3#、9#、10#、14# 楼住宅工程，上榜"2023 年度山东省工程质量管理标准化示范工程（优质结构工程）"；财信·名筑印象 143 样板间，在第十八届金盘奖·空间类华中、华北、东北地区评选中，荣获"年度最佳改善户型空间"！

　　荣誉鉴证实力，这体现出了开发商财信城发在极致产品力上的不断精进！本着"匠心国企　为百姓建好房"的理念，财信城发一直致力于基于地域文化底蕴，深度洞察客户需求，不断追求卓越，让美好生活更美好。

　　祝愿财信城发，开发出更多深藏城市荣光的美好作品！

　　而财信·名筑印象，随着地下车库、地下精装大堂、流水美学馆等更多交付样板的实景呈现，客户看了现场都很喜欢，即便是没有买房需求的客户，也动了心起了买房的念头。

　　基于此，财信·名筑印象的营销策略除了人文书香外，又增加了一个新的宣传点：一个看了都想买的楼盘！不看名筑不买房，看过现场都说强！

　　只有愿意投时间、投精力做的好项目，才会在时代的洪流中熠熠生辉！

致 谢

感谢开发商财信城发，没有财信·名筑印象的硬核产品力，就不可能有后来的一切美誉。更感谢各位领导的赋能和信任，为我们提供了一方自由创作的净土。

感谢聊城启点营销的所有同事，一群人，一条心，善打大仗，敢打硬仗，能打胜仗！尤其是策划部的周留杨、张凌晨、张凌丽、张飘飘，他们组成的四人小组，能扛事，能成事，是财信·名筑印象的幕后智囊。

感谢图灵营销所有同事的辛苦付出，尤其是杨鹏飞对画面的全力支持。他是我见过的最会变通、最爱研究新技术、一直在进步的设计大神！

感谢中国经济出版社葛晶老师、焦晓云老师及相关人员在本书排版、编校、设计等环节的细心付出，因为有他们，这本书才得以顺利出版、发行。

感谢在预售期间，给予本书大力支持的公司、团队及个人，它们是（排名不分先后）：

旺小宝科技（AI 营销）	郑州二生三传播
贵州盛禧地产	西安麦芒传播
宁夏易联房策	金地广州公司
兔巴哥置地营销部	聊城新高度传媒
中南置地营销部	易大同策
广州国华团队	安徽名仁居营销
河南永旺集团	重庆竞渝地产 | 抖界 MCN
百达行湖南分公司	聊城财信城发
聊城上略机构	聊城启点营销

还有很多朋友即使没有购买需求，或者离开了地产行业，也依然帮忙转发宣传，在此一并表达真诚的感谢。你们所有人的支持，就是这本书最大的价值所在。

最后，感谢全国所有地产界朋友的参观游学和诚意指导，地产行业一定会因你们的躬身学习而越来越好！